情動のエスノグラフィ

南タイの村で感じる*つながる*生きる

西井凉子 著

目次

図表目次

情動のエスノグラフィ

序章　情動のエスノグラフィにむけて

「自分は何のために人類学的調査を行っているのか」「彼らと生を共にすることで書くエスノグラフィの目的は何であるのか」。南タイの村に住み込みで調査を初めて二〇年以上たっても、こうした疑問が、氷解することなく、調査地の人々にいつも一方的にお世話になってばかりいる、という後ろめたさとともに心に引っかかっていた。

自分の生まれ育った場所を離れ、異国の地でフィールドワークを行い、その時自分が感じた落差を、その落差からの気づきを、エスノグラフィ（民族誌）として書く。もしくは、異文化にいる人々と、共に生活し身体で感じることによって、自らが当たり前だと思っているやり方や考え方などを反省し再考する、という人類学実践やその目的に関する教科的な答えを、私自身、人類学の講義では解説してきた。しかし、こうした「答え」は、二〇年以上調査地の人々と関わってきた今、むしろどこか肝心のことを捉えそこねていると感じる。

ゴドリエは、人類学者が「フィールド」で占める場所は、自分の社会の内部と外部に、そして対象社会の内部と外部に、同時に位置づけるような場所であるという。二つの文化、二つの社会のあいだの二重の距離と微妙なバランスによって、人類学の仕事は、一人の男や一人の女が他者や自分自身とのあいだでもちうる関係についての独自で特異な経験となるのであるという（ゴドリエ　2011: 47–48）。私の場合には、人類学者として、この微妙なバランスをとることがもはやできなくなっている、つまりバランスが崩れているといえるのかもしれない[1]。では、どうすればいいのか、私のすべきことは何か、という問いが本を執筆する動機となったのである。

一九八七年から一九八八年にかけて初めてのフィールドワークを行った後、数年を費やした博士論文は、もっぱら調査村での生活の中で収集した記録や思い出の洪水におぼれそうになりながら、なんとかまとめたものである。その後一〇年以上が経過し、その間、家庭をもち子供を生み、育てる中で、長期間にわたる調査を行うことはできなくなったが、年に一度は同じ調査村に通い続けた。いや、むしろ短期間しか行けなかったがゆえに、すでに馴染みのある同じ村に通い続けざるをえなかったという方が正確であろう。しかし、二〇年の間に変化したのは私ばかりではない。フィールドの人々は、ある人は成長して子供から大人になり、親となった。またある人は年をとり、死んでいった。偶然に調査村を選び、偶然に知り合ったその村や人々の生は、私の生とどのように交差しているのか。当初は、期間を限定したフィールドへの没入のつもりだった。フィールドでの私と、日本に帰国し、大学で研究教育活動に従事し、はたまた母親や妻として生活する私は、それぞれの場で周囲との関わり方を切り替えて対処しているというつもりであった。しかし、二〇年の関わりのうちに、フィールドの人々に対してもつ負い目が、人類学者としてのみならず、私自身の生き方そのものに関わる責務としてのしかかってきた。

その責務の終着点を見極めることがなかなかできず、ここ数年は企図していたエスノグラフィの結論は宙に浮いたまま、冒頭の「彼らと生を共にすることで書くエスノグラフィの目的は何であるのか」をめぐって逡巡を重ねていた。

ようやく、エスノグラフィの最終章を書く踏ん切りがついたのは、二〇一二年の三月に一週間ほど村を訪れた短期調査の時だった。そこで、自分なりにある了解に達した(本書第7章)。またそのことにより、私が逡巡していたのは、じつはフィールドとの邂逅の偶然性をいかに自らの中にとりこむのかということであり、そしてこれこそがフィールドワーク及び自らの人類学的営為の課題であることを逆照射した。こうした中、その前年に思わず知らず次のような短いコメントを書いていたことを思い出した。「フィールドワークは偶然を自分の中で必然としていく過程だと思います。それはつまるところ、フィールドワークも日常生活も同じなのだという思いに至る今日この頃です[2]」。そしてそこから、エスノグラフィを書くにあたって私のやるべきことは、私自身が、私の身体が、共鳴体となり、出来事を感受し、それを人に伝えるように記述することであると、その目的を思い定めることができた。本書は、こうした身体による感受を、〈情動〉というキータームによって焦点化してエスノグラフィを書くことを主題としている。

一　人類学のフィールドワーク

人類学的営為は、出来事の細部にこだわり、細部から生を照らし出す営為である。社会哲学者の今村仁司は

(1)　松田素二も、ターンブルをとりあげて、二つの立場のバランスをとることをリアリティへの有効なアプローチとして認める。人類学が科学か文学かという問いや、ロマン主義か啓蒙的科学主義かといった二項対立的な分類の不毛さを指摘し、「ターンブルが見せた、啓蒙主義とロマン主義とのあいだで絶妙なバランスをとる技芸は、人類学を現実から乖離させず、同時に現実を無条件に賛美しないための技法でもあった」という（松田 1999: 236）。

(2)　アジア・アフリカ言語文化研究所の広報誌『フィールドプラス』の執筆者の一言欄から（西井 2010: 32）。

ある研究会の場で、「ミクロ分析が人間認識にとってどれほどの生産的展望を出すことができるのか」という問いを投げた。(3) それは、人類学的営為の根幹にかかわる問いかけとして、私がそれ以来常にフィールドにおいて、またフィールドのデータから考察するにあたって意識してきた問いである。言葉を換えると、人類学におけるフィールドワークからの思考は、人間認識においていったいいかなる意義を有するのかということになろう。

人類学におけるミクロへのこだわり、細部への執着はしばしば言及されている。田中雅一は、まさに『ミクロ人類学の実践』というタイトルをもつ論集を編集し、その中でミクロ人類学を次のように説明している。「(ミクロ人類学とは) 端的にいえば、権力が作用する場としての日常生活を対象とし、「全体化 totalizing」の誘惑に抗する人類学である」。ここでの含意は、自由に行為を選択可能であると想定される個人二者間のやりとりに注目する相互行為の研究にえてして欠落しがちな権力作用を、日常生活においても感知し、文化や社会といったまとまりのある全体を想定して、神の位置にたって初めて可能となる全体を「所有する＝眺める」ことができる高みに上がるという誘惑を拒否する立場である (田中 2006: 2) と説明する。こうした立場にたって、田中が継承すべきとしているのは、体を張った実践であるフィールドワークというアプローチである。フィールドワークとは、「文化」といった全体化の呪縛から解放された地平に立って、日常生活での語りや抵抗、想像力、身体あるいは感情に注目する知的実践であるという (田中 2006: 7)。

春日直樹もまた、一九世紀後半から現在までの人類学を通覧して、人類学を人類学ならしめるものとして、制度的な連続性のほかに「細部へ執着」することを挙げている。「人類学のテキストは何らかの、というより無数の細部に充ち満ちており、その細部の存在感をつうじて主張を成り立たせている (春日 2011: 28)」。そして春日が「静かな革命」とする、ポストモダン人類学以降の新しい潮流を、細部自体を基準として内側から差異を生成し、その差異をもって外部の差異へとつながっていくこと、そうやって、外側にむけて新しい現実を作り出していくことにみている（春日 2011: 28–29）。春日は、「静かな革命」とは、細部に力を宿す人類学の本領を、現実批判として発揮する運動なのであると総括する。

このように、人類学の本来の力はその細部にあり、時代を通して輝きを失わないのは、時代の潮流によって変遷していく理論ではなく、むしろ細部が記述されている人類学のエスノグラフィにある、と私も考える。例えば、マリノフスキーの『西太平洋の遠洋航海者』（一九二二年）や、エヴァンズ＝プリチャードの『ヌアー族』（一九四〇年）、リーチの『高地ビルマの政治体系』（一九五四年）、論争をよんだが、ターンブルの『ブリンジ・ヌガク』（一九七二年）など、五〇年も一〇〇年も前のエスノグラフィでも、いまだにわれわれに人間についての新たな知見をもたらしてくれる。しかし、なぜミクロ、もしくは細部が力をもつのであろうか。そのミクロは、それぞれの人類学者が田中のいう「体を張った」フィールドワークによって初めて記述しえたものである。

かつてマリノフスキーを嚆矢とする長期のフィールドワークは、現地に長期間滞在し、同じものを食べ、言葉を理解し、現地社会の一員として受け入れられるといった調査を原型としている。それは五感を通して感じる身体知であり（松田 1991、川田 1998）、対象のきわだった性格を直感的に把握する（関本 1988）ことである。[4] 同様のことは、人類学のフィールドワーク論においては言葉を変えて繰り返し主張されている。二〇一一年に刊行された日本文化人類学会監修の『フィールドワーカーズ・ハンドブック』においても、「さまざまなかたち

（3）「今村仁司先生の遺したもの」『集団　人類社会の進化』（西井 2009）参照。
（4）そこから「自己の経験から対象が分離し形を帯びてくる過程を下絵にして叙述を展開している（関本 1988: 278）」のが、よい民族誌であるとされる。

でおこなわれうる文化人類学のフィールドワークを貫くものがあるとすれば……自分の日常生活とは違う生き生きとした生のかたちを体験し、そこで出会いつきあった人びと、すなわち人が生きるうえで欠かせない他者というものの存在を、理解するのではなくもっと生理的、身体感覚的に感じ取ることで、人間が生きるということについての考えを深めることである」（鏡味 2011: 10）と述べられている。

こうしてみると、ミクロとは、身体を通して、感覚を通して、もしくは直感によって感じ取られた何かということになる。では、こうした身体や感性を通したミクロな記述がなぜ力をもつのであろうか。

二　人類学と感性 ―― 芸術との共通性

その考察のためには、感性が中心的な意味をもつ芸術との比較がヒントとなるであろう。ベイトソンは、芸術的パフォーマンスにおける無意識の要素の豊かな広がりを認め、芸術はわれわれの無意識の層を伝え合うエクササイズであるとしている。それは「意識と無意識をつなぐインターフェイスについてのメッセージ（ベイトソン 2000: 211–212）」である。ベイトソンは、芸術、宗教、夢などはわれわれの存在の深みに関わる現象であると見る。「単に合目的な合理性は、一種の病原体のようなものであって、生に対して破壊的に働くこと、そして、その破壊性の源は、生というものが偶発的性格をもつ諸回路が多数噛み合ったシステムとして成りたっているのに対し、意識はそれらの回路のうち人間の目的心が誘うことのできる短い弧の部分しか捉えることができないところにある（ベイトソン 2000: 220–221）」と、ベイトソンはいう。意識にのぼらない部分の重要性の指摘は、近年の人類学における日常性に注目する研究動向に一致している。日常の多くの局面が、ブルデューのいうそれを生み出す母胎としてのハビトゥスからの実践＝慣習的行為からなっていることが指摘されている（ブルデュー 1988、田辺 2003など）。ベイトソンは、芸術が生の多くを占めるその無意識の部分を映しているとしても、それだけで芸術になるわけではないという。そこには、芸術家の「腕」、もしくは技法が必要である。技（skill）なきところに芸（art）はない。芸術家とあるものとの関係（例えばトナカイの絵を描く芸術家とトナカイとの関係）についてのメッセージ、つまりトナカイへの共感のメッセージを伝える腕が必要だという（ベイトソン 2000: 219）。ここでは、モノ―芸術家―鑑賞者という共感の連鎖のプロセスが指摘されている。また、生というものが偶発的性格をもつことの指摘も重要である。

ジェルは、芸術の本性そのものの考察ではなく、芸術とわれわれの関係のプロセス、つまりどのように芸術作品がわれわれに作用しているのかについて焦点化して、芸術の人類学を呈示した。つまり、ジェルは審美的な芸術作品の理解を目的とするのではなく、出来事としての芸術の人類学を展開したのである。それは、芸術作品とそれをとりまく出来事を、エージェンシーを原因として発動するプロセスとして分析するという方法をとる（Gell 1998）。内山田康は、ジェルの芸術の人類学は、作品をインデックスとすることで、過去に働いたエージェンシーの続きが発動させられる未来のパフォーマンスを胚胎した技術の問題として取り上げていると指摘している（内山田 2008: 161）。「持続と関係を通して、作品に刻印された過去は未来に、未来は過去に、他者は自己の裡に、自己は他者の裡に、ある意図と指向性をもって現れる（内山田 2008: 173）」。そこでは芸術作品の再帰性が、他者と世界に対して開かれ、偶発性を内包して交換的な運動を行っていると述べる。

これとほとんど同様の指摘は、美学における芸術論においてもなされている。『感性論』の中で、岩城見一は「アートが、私たちの「現実意識」を支えるのであり、逆ではない」と述べる。

身体に内在化された重層的な「図式」、言い換えればイメージ構造化の論理が、現実の現実性（リアリティー）を生み出している（岩城 2001: 366）。「図式」は静的なものではなく、人間のイメージ認識を成り立たせているダイナミックな時間性であり、静止したかたちで人間の枠組みを決めているのではなく、ダイナミックに人間のものの見方、イメージの整え方を生み出している働きなのだという（岩城 2001: 367）。

岩城はゴンブリッチの例をひいて、ものの見方の変化について述べている。ゴンブリッチは、ルーベンスの『息子』を描いた作品を見て、そんなに「丸々した」子供が実在するのかと疑っていた。ところがある瞬間から、現実にそのような子供がどこにでもいるのを知って「驚いた」という。岩城は、変化したのは、「認知パターン」ではなく、ゴンブリッチの内部で働いている、イメージの構造化のダイナミックな論理だという（岩城 2001: 367）。

ここであげたルーベンスの絵の例は、モースの弟子の人類学者ルイ・デュモンが引用する次のような回想を思い出させる。それは、昨日まで個人だったものが、突然社会的人間と感じるようになったという「社会学的直覚知」を得た時のことである。

> 先日、僕が乗り合いバスの後部デッキにいた時、突然、同乗者たちをいつもと同じように見ていないことに気づいたのだ。……〝僕とかれら〟ということではなくなっていた。僕はかれらのうちのひとりになっていた。この奇妙な突然の変化の理由を僕はかなりの間考えた。そしてふいに、モースの教えのせいだ、とわかったのだ（デュモン 2001: 17）[5]。

これらは、芸術と人類学が共通してもつ力の一端を語っている。それは、現実性を生み出す感覚を変化させることで、現実そのものが変化する可能性を示す。

さらに、岩城は民芸運動の指導者柳宗悦の、井戸茶碗に美を見出した茶人の眼について述べた文章から、柳の唱える「曇りなき直感」について次のようにいう。

> 伝統的な自然や芸術に関する観念（知識）と、それに随伴する気分や感覚的質、これらのすでに身体の奥まで染み込んでいる記憶を、素朴に茶碗に投入し、この投げ入れられた自分の記憶を作品の精神的質（原因）として取り出してくるという、循環運動の手品なのだ。この堂々巡りの中で、柳の〈精神〉と作品の〈精神？・《原文ママ》〉とが、身体（視覚）を素通りして互いに支え合い、補強し合うかたちで強固な批評言説を編み上げていく（岩城 2001: 310）。

ここには感性と知性があいまって、身体の奥まで染み込んでいる記憶と融解しつつ批評言説が生成されていくプロセスがみえる。それは、まさに箭内匡がレヴィ＝ストロースについて述べている次の言葉と共振する。「「知性的なるものと感覚的なるものの乖離」を拒否しつつなしとげられるべき人類学という実践は、レヴィ＝ストロースにとって、その科学性と政治性を失うことなしに、芸術と通底するものにならざるをえない（箭内 2008: 151）」。

つまり、人類学のエスノグラフィも、フィールドワークの現場において身体で感じる感覚的なものと、思考

（5）田中のこの箇所の引用が参考になった。田中は、西欧近代社会を支配する自由と平等を権利とする個人の集合が社会であるという個人中心の考え方を批判する、デュモンの紹介においてこの文章を引用している（田中 2006: 9）。

があいまって言葉にして伝える一つの作品であるという意味では芸術作品との共通点を示す。

芸術作品としての文学は、イメージ喚起力をもち、深い身体の記憶に呼びかける。現実は私たちとの、つまり身体的感性的な存在としての私たちとの関係の中で成り立つという(岩城 2001: 259)。そうしたイメージ喚起力を共通にもつことを確認しつつ、エスノグラフィは、飛翔する想像力のみではいかんともしがたい生の共有の経験(すなわち直接性)を特徴とすること、そしてその存在の経験のアクチュアリティ[6]が細部に宿り、エスノグラフィの力となっているのではないかと考える。本書がめざすのも、こうした感性と経験による人類学的実践としてのエスノグラフィである。そうしたエスノグラフィをここでは「情動のエスノグラフィ」として呈示したい。

三　情動のエスノグラフィへ

本書の目的は「情動」を突破口としてこれまで述べてきたようなエスノグラフィを再考すること、それにより可能となるエスノグラフィの記述を実践することである。つまり、フィールドの人々がどのように生きているのかのアクチュアリティを伝わるように描写することである。

まず、本書で用いる「情動」について説明しておく必要があろう。「情動(affectus)[7]」とは、スピノザが外的な諸物体が物体(身体)の中に作り出す「動揺の状態」を呼んだ概念である(翻訳では「感情」となっている)(スピノザ 2007: 174)。それは、人間や自然、神についての考え方と不可分なものとして考えられている。ドゥルーズはこの概念をスピノザから引き出して用い、近年、批判理論や地理学において、「情動的転回 affective turn」と称して、「言語論的転回」に続く大きな視点の転換をもたらしているとされるが[8]、本書もこうした思考からヒントを得ている。

ここで注意しなくてはならないのは、情動が個体の怒りや悲しみといった通常の個人の感情とは異なっているということである。情動は、意識や主体を越えて、共在する身体が互いに触発しあうことで、新たな活動の力を生み出していくエネルギーのようなものであると考える。そうしたエネルギーが、自然や人、モノなど様々

(6) ドゥルーズは、ヴァーチュアル(潜在的なもの)/アクチュアルとポッシブル(可能的なもの)/リアルを区別する。「可能的なものとは、後から生産されたものであり、またその可能的なものに類似しているものに似せて、あたかも以前から存在するかのように捏造されたものである。……それとは反対に、潜在的なものの現実化は、差異によって、発散によって、あるいは異化=分化によって遂行される。……現実化、つまり異化=分化は真の創造なのである(ドゥルーズ 2007: 119–122)」。ここでは、何かを生成変化させる未来志向で力を捉えることを含意してアクチュアリティを用いる。

(7) 変様(affectio)を身体的なもの、感情(affectus)を精神的なものと区別する解釈もあったが、ドゥルーズは、affectio と affectus の差異は、身体的と精神的の区別ではなく、「身体の変様(affectio)やその観念がそれを触発した外部の体の本性を含むのにたいして、情動(affectus)の方は、その身体や精神のもつ活動力能の増大または減少を含んでいるところにある」としている(ドゥルーズ 2002: 166)。カントの自己触発論(Selbstaffektion)などもあり、affectus の訳語としては、「感情」「情動」「動揺の状態」「触発」「触発—情動」「変様態」などがある(箭内匡氏による教示:二〇一〇年四月一日『社会空間と時間研究会』メーリングリストより)。以下本書では「情動 affectus」はスピノザ的な意味で用いるが、括弧はつけず情動とする。

(8) こうした情動に着目する批判理論などにおける研究動向では、次のような焦点の転換があるという。すなわち、主体のアイデンティティから情動の関与へ、有機的身体の特権化から非有機的生命の探求へ、均衡的閉鎖システムからオープンシステムの複雑さへの関与へ(Clough and Halley 2007: 2)。

な反響関係から「出来事」[9]を生成していく。それは、主体やエージェンシーといった人間の意志を起点としてものごとを捉えていく方向性とは逆に、ものごとの流れに巻き込まれていく受動性と、そしてそこからそれでも生きていくという現実に焦点をあてる。生かされつつ、生きていくということを描いていく。そうした出来事を捉えるのは、そこに身体として共在する人類学者である。情動のエスノグラフィの方法論としてここで強調したいことは、身体として共在すること、情動の流れを感受しながら記述することである[10]。

その場に共在することの人類学的意義を説得的に示したといえるのが、近年のレイコフの「身体化された心」に注目した菅原和孝の感情論であろう。菅原は、メルロ＝ポンティの現象学的な身体論に依拠して、人類学的な感情論の探求を行っている。菅原は、感情を「行為空間に参入する主体の「表情をおびた身振り」」として捉えている。人類学者であると同時に霊長類学者でもあった菅原は、その表情を帯びた身振りである感情が、最も根源的な行為の動機づけとなっているという。その意味で、感情とは、群居性霊長類の共在を駆動しつづけるエンジンなのであるとし、そこに切断することのできない実存の流れをみる（菅原 2002）。菅原は、民族誌記述の方法論としてこうした視点を提示しているわけではないが、菅原の相互行為の現場における視点は、ミクロなフィールドワークの方法論の理論的な裏づけのヒントとなる。つまり、人類学者が身体として現場にあることによって、そこにおける人々との相互行為によって感得したものが、社会理論にとってなぜ独自の貢献をなしうるのかといった点について、一つの回答を呈示していると思われるからである。それは、人類学者も現地の人々も同じ地平で生きている現場の実践者であるという根拠づけによる。情動は、前述したように個人的な怒りや悲しみといった感情に限定されず、人やモノと反響して共鳴状態を生み出し、物事を突き動かしていく。菅原のいう共感能力としての「感情」は、本書でいう「情動」に通じる側面をもっているが、「情動」の人類学的意義としては、自己や主体といった存在を前提として考察するのではなく、そうした存在も身体やモノに共鳴する関係のうちに析出し、変化していく過程に焦点化していくところにあると考える。

それでは、情動に着目することにより、フィールドの現場では具体的にはどのようなことが可能となるのであろうか。それは、身体というマテリアリティとして存在する人間を起点として、身体や自然、モノなどが流れの中で影響しあって出来事を生成していくフィールドの現実を捉えることができるということである。つまり、フィールドワークにおいて、人類学者が「身体をもつ」ということを起点としてフィールドの現実を捉え

(9) 「出来事」に着目するエスノグラフィとしては、清水展『出来事の民族誌』がある(清水 1990)。清水は「出来事」を日常性を動揺させる契機とみなし、出来事が受容される過程を通して「社会固有の存在様式」を明らかにしようとしている。清水も言及するように、人類学においては社会を過程とみる方法としてターナーの「社会劇」があげられる(ターナー 1981)。社会劇とは、人々の相互作用の結果として、社会的時間の過程に文化の形式があらわれてくる「一まとまりの過程」である。ターナーは、文化とは一まとまりの全体といったものではなく過去の観念体系の破片や「落下物」をつなぎあわせたようなものとみて、複数のパラダイムをつなぎあわせたところに、一つの社会文化的な場が生じるとみる。ゆえに社会劇とは、発見されるのを待っている構造を明らかにするのではなく、具体的な場で起こる葛藤状態のうちに生じ、非調和とか不調を示す単位として見出される。ターナーの社会劇の単位が、清水のいう「出来事」に相当しよう。ターナーや清水の方法は、葛藤や危機に着目することで、日常生活においては潜在的である文化の究極的な形式やパラダイムを見出そうとする。本書はそうした形式やパラダイムを前提とすることなく、出来事そのものに内在することに依拠して経験を描こうとする点では異なっているが、経験の動態的なプロセスに着目する視点は共有されているものと考える。

(10) こうした情動の反響は、それ自体がドゥルーズのいう生成変化へとつながる。コールブルックはドゥルーズの思考を、「生とは情動のダイナミックな相互作用であり、他者へのたえざる生成変化なのだ」と説明する。「情動がこの非人称的な生成変化(新しいものを絶えず生み出し続けるという時間の力)の表現であるのは、情動が、いかなる行為者にも主体にも基礎を置かない出来事であるからだ。それは何らかの存在の生成変化ではない。自分自身の、他から区別される差異と流れ以外の何ものでもないような生成変化のことだ(コールブルック 2006: 123)」。

ていく新たな方法論として展開できる、と考える[11]。

例えば、箭内はワイズマンの映画製作は、ある意味で民族誌的フィールドワークに比しうる作業を内包しているとして、次のように指摘する。「ワイズマンが編集の中で強調点を置くのは具体的行動ではなくて、人物や事物の中の「動揺の状態」であり情動であって、それが他の登場人物の中の情動や、映像を見る我々の中の情動を反響してゆくのである（箭内 2011: 43）」。人が行為することによって情動の反響が生み出され、箭内の言葉でいうと「述語としての身体のあり方」により、身体と世界との反響関係が提示される。「身体をもつ」存在であることが、情動をわれわれの身体にダイレクトに反響させる。反響させるのは、誰の中にもある、潜在性としての生の問題である。生の問題と身体がここでは直接に関連づけられている。そうした関連づけが情動なのである。情動のエスノグラフィは、読み手の身体の情動に直接反響させることをもくろむ。「身体をもつ」存在である人類学者のフィールドで感得した出来事の記述が、「身体をもつ」読み手の情動に伝染するのである[12]。これが、本書が呈示しようとする、情動のエスノグラフィが拓く新たなエスノグラフィの方法論である[13]。

私は二〇年以上にわたってフィールドの現場において、私自身も変化しつつ、様々な出来事と関わってきた。フィールドの流れの中で、そうした出来事は、人や自然、モノとの関わりで渾然となって生成されてきた。それは、人々の悲しみ、喜び、生きる力が、時の流れの中で浮かび上がってくる過程であった。エスノグラフィにおいてはこうした生の流れは、自己や自我のようなまとまりが社会を構成しているという見方を解体し、感受した出来事そのものから記述していくという方策をとる。そこでは、有機的身体も非有機的なものも区別せず、そのただ中にあって浮かび上がってきたものごとを記述していく（cf. Thrift 2008, Massumi 2002, Navaro-Yashin 2009 など）。逆にいうと、その記述を出来事としてつなぐのが、フィールドに流れる情動であり、その流れの

（11） 脳科学者のダマシオは、情動を身体反応として捉え、感情はそれに伴って起こるとする。例えば、怖いと感じるから心臓がどきどきするのではなく、身体が硬直するから、その後に怖いという感情を経験するという。「情動は身体という劇場で演じられ、感情は心という劇場で演じられる。……情動、そしてその根底にある一群の関連反応は、生命調節の基本的なメカニズムの一部である。……情動とその関連反応は感情に対する基盤であり、感情は、われわれの心の根底を形成している（ダマシオ 2005: 51）」。つまり、進化史的にゾウリムシやハエにも情動をみて、有機体の生存を促すような単純な反応からなっているから、進化において簡単に広まったという。情動が感情に先行し、進化の最も高い（新しい）レベルのものが感情であるとみる（ダマシオ 2005: 54）。

ダマシオの場合、情動も感情も生命の維持という有機体の機能的側面が強調され、そこでは、情動も感情も個体の身体の行動に焦点化され、他者との共在といった視点はみられない。

（12） 箭内は、人間同士の直接的な関係、人間と物事との直接的な関係を、生き生きと描き出す方策が、「情動《アフェクトゥス》」への注目であるとして、「それらの映像は、言語化されてはいないが明瞭に対象化された形で、そこにある生の問題を直接に「感じる＝思考する」ことを我々に促すだろう」という（箭内 2011: 57）。

（13） もっとも、情動に着目することによって可能となる民族誌記述を実践するにあたっては、人類学が従来もってきた目的の独自性は保持されると考える。それは、個々の事態や出来事の記述を越えて、フィールドの人々の生のあり方を通して人間を理解し、それを読み手へ伝達するという究極的な目的をもっているということである。しかし、これとてじつは人の情動に反響するノンフィクションなども、著者の意図がどうあれ個々の事態を越えた人間のあり様を描き出しているといえよう。ただ、人類学のエスノグラフィの場合には、こうしたことが明示的にめざされているということにすぎないかもしれない。それは、人類学では従来、他者理解、異文化理解を通しての人間の理解をめざすと表現されてきたことであり、その理解を読者と共有できる形で伝えるということである。

人類学においてはその目的をめざすにあたって、文化相対主義の立場にたつのか、それとも普遍主義の立場にたつのかといった論争が繰り広げられてきた。そうした論争に関連づけて、「情動のエスノグラフィ」の立場を説明しておくことは、本書の目論見をより明確に伝えることにつながるであろう。

その論争とは、文化相対主義に基づいて、「異なる文化もつ人々は、異なる世界に住み、異なる概念体系をもち、経験を中に身体としてある民族誌家としての私である。よって、その記述は生の流れへの内在的視点をとるということができよう。(14)

四　エスノグラフィが生まれるプロセス

フィールドの現場における身体での感受と、エスノグラフィの記述の間には独特の時間性がある。フィールドの現場と本国の違いは、here and there などというように、シチュエーションの違いとしてしばしば指摘される。また、それはファビアンのように、時間性の違いとしてもとりあげられる（Fabian 1983、西井 2011a: 14–15）。しかし、エスノグラフィを書くには、そうした現地と本国といったコンテクストの違いのみならず、フィールドワークとエスノグラフィを書くことの間に、一定の時間を必要とする。それは、次のようにフェイズの違いとして捉えることができる。

フェイズⅠ　フィールドワークに全身で没入し、心身共にその場その時の状況に溶け込み、自らを開いて、そこで感じる何かを、出来事の流れを、受容しようとする。

フェイズⅡ　そうして受容したものは、自らの志向性や感性、思考などと混ざり合い何ものかを生み出す時を必要とする。それはたとえていうならば酒や味噌をつくる時のように、発酵させたり醸造したりする一定の発酵過程が必要となる。

異なる仕方で組織している」ことを前提として、究極的には文化の異なる人は理解できないという虚無主義に陥るのか、普遍主義の立場をとり「究極的には人間は同じ」として、結局すべて自己中心的な見方に回収してしまうのかといった、極端をとればどちらの立場も不毛な結果に終わってしまう二つの立場の間の論争である。こうした不毛さへ行き着くことを回避するためには、じつは文化相対主義と普遍主義といった対立の止揚ではなく、自民族中心主義かそうでないかの立場の違いが真に重要な対立であることを認めることである。このことは、浜本満が繰り返し指摘している（浜本 1985, 1996）。浜本によれば、自民族中心主義的ではない普遍主義も文化相対主義も、自分にとって自然と思われる判断を停止して他者に寄り添い、新しい地平に両者の判断を仲立ちする共通の足場を求めるといった点では一致している。相対主義がアド・ホックにその都度の理解の作業の中で構築されうるものと考えている共通の足場が、普遍主義にあっては、見出されるべき普遍そのものとされている違いであるという（浜本 1996: 82–83）。つまり、相対主義は、単一の全体性がもはや目標そのものとされることはなく、自己相対化を支える背景の位置に退いている、夢から醒めた普遍主義なのだ、とする（浜本 1996: 92–93）。浜本のこうした自民族中心主義を脱却して他者理解にむけて努力し続けるという立場は本書においても通底しているが、さらに本書では他者理解をめざす自己そのものが自明ではなく、出来事の流れの一部であること、そうしたことを外部から客観的に見つめることができないという諦め、もしくは受容から出発しているといえよう。それは、生かされつつ生きるというフィールドの現実であり、またそれは私自身を媒体とした記述である。

（14）生の流れへの視点についてインゴルドは、エージェンシーに関連させて次のように述べている。現代の人類学は「実在（entities）が作用するエージェンシーがあると主張するかわりに、エージェンシーがその中にとらわれている実在が「ある」ことを認める必要がある……このエージェンシーはその連続的な癒合のうちにある世界そのものの生成的な流れ（the generative flux of the world itself）に他ならず、その流れから人やモノがそれが存在する間にあらわれ、形をとるのである（Ingold 2007: 52）」。

こうした見方は、近年の存在論的転換とも称する動向とも軌を一にしている。春日は、次のようにその新たな動向について述べる。

「存在論的転換は、自然と人間、人間と非人間、主体と客体などの区分自体が瓦解した地平で、いわゆる自然＝普遍と人フェイズⅢ　そうして産出されるのがエスノグラフィである。つまり、エスノグラフィは、人類学者の身体においてフィールド経験をもとに醸造された生産物であるといえる。

これらのフェイズをもう一度簡潔に述べると、次のようになる。

Ⅰ　身を開いて受容する。

Ⅱ　身を閉じて体内で発酵させる。

Ⅲ　発酵させた生産物を生み出す。

よって、身体を開くフィールド経験によって書かれたエスノグラフィは、文学作品の中の登場人物とは異なって、いわば身体によって生み出されたものである。そして、長期のフィールドワークの経験が、その素材となり、その経験を取り込んだ人類学者も変容する。素材の違いや、発酵する過程の違いによって、同じフィールドに入っても、人類学者個人の経験や生と、フィールドの人々やモノ、こととの交差によって、一人ひとり異なった風合いの産物、つまりエスノグラフィとなるのである。それゆえ、先ほど述べたように人類学者自身が、その身体が、共鳴体となり、出来事を感受した記述となるのである。

身体に染み込んだ情動のエスノグラフィの記述は、読み手の身体の情動に直接反響する。ここでようやく、「エスノグラフィのミクロな記述がなぜ力をもつのか」という問いに対する一つの回答を示すことができる。すなわち、人類学者の身体から発した情動が、そのフィールド経験を経て、経験と情動が混合され、身体をもつ読み手に反響を引き起こす、そのアプローチの二つの時間性が、エスノグラフィに独特の力を与えているのである。一つは、身体に経験が染み込むフィールドワークにおける長期にわたる時間性である。もう一つが、さらにそれを自らの生の一部として取り込み人間理解にむけて自らの生を展開／変質させ、エスノグラフィに書き込む時間性である。人類学は時間がかかる営為なのである。

五　本書のテーマと構成

私のフィールドでの経験は、人の死という衝撃に彩られている。人々は死に向かって生きていることを自覚し、死についてしばしば言及する。死に向かって生きるからこそ、生の力や、生の喜びや快が照らし出される。そして、生の意味への問いをよび起こす。

それは、何を必然として引き受けるべきなのかを模索することである。そこでは、問いの転換がある。つま

間（文化）＝個別の探求という分業が成り立たなくなった次元で生じている。……存在が関係性の不断の生成によって顕現し続ける以上、存在の分析もまたそうした関係性の一部を形成して存在へと働きかけていく行為となるはずである（春日 2011: 20）」。それは、認識論（言語）と存在論（世界）の区分を瓦解させ、「知ることが何かを表象したり考察したりする方法ではなくなり、相互作用をつうじて対象を創り上げる方法に変容している（春日 2011: 16）」とする。

こうした視点は、ラトゥールらの人、モノ、観念などを同等のアクターとしてその諸関係を扱うアクターネットワーク論や（ラトゥール 1999, 2008）、芸術作品と人とを同様に出来事を引き起こすエージェントとして、作品とそれを取り巻く出来事を分析の焦点にしようとしたジェルとも共通している（Gell 1998）。春日はこれらの動向の特徴を、人間と主体に対する徹底して関係論的な認識であるという。

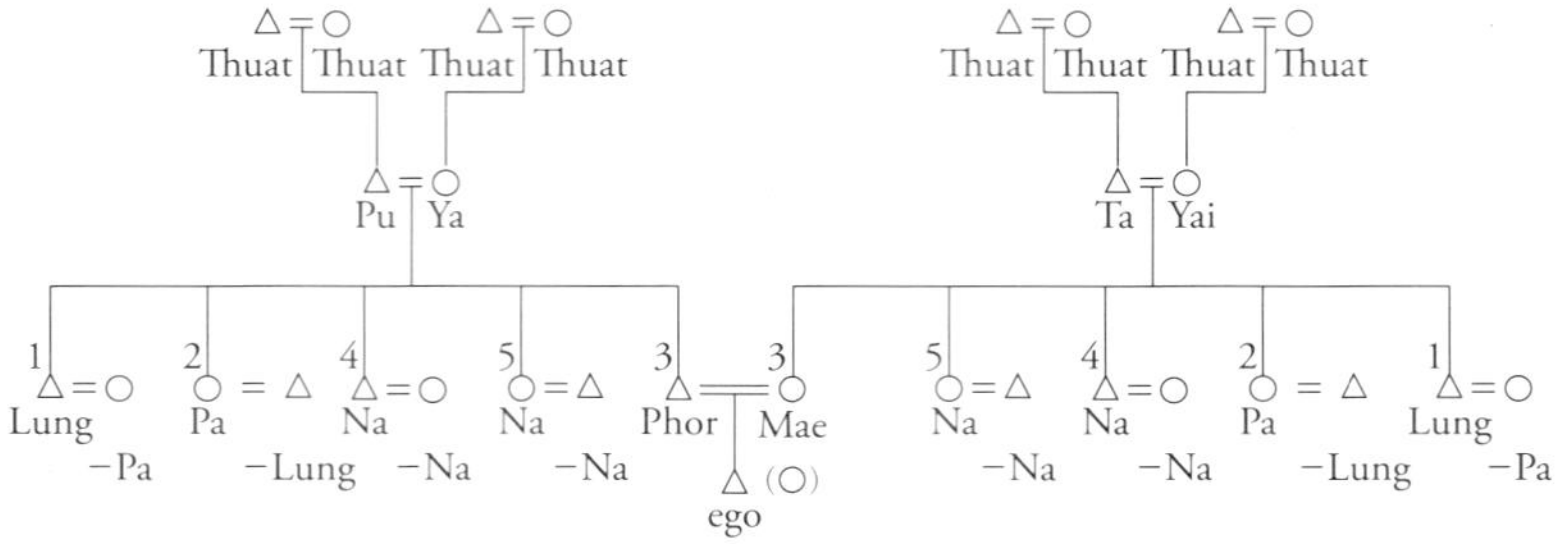

図序-1　タイ語の親族呼称

り、生のあり方の認識をめざすことから、生き方の探求へと向かう。自らを含めた生と死の問題へ、なぜわれわれがこうして生きているのかという生の根拠の問いへ向かう。そして、フィールドにおいてその問いを身体に胚胎させつつ、エスノグラフィを生み出すこと、それが本書のテーマとなる。

本書では、序章と第1章の調査地についての記述に続き、第2章では身体から身体へと情動が伝染する過程を学校における集団憑依の儀礼から描写する。それにより、身体／マテリアリティにおける情動の流れがいかなることを意味しているのかを示すことができると考える。すなわち、第2章を、第3章から第7章へと続く個人に焦点化した村の日常からの記述の前段階として、情動と身体の関係を直接に示す事例として位置づけたい。

第3章から第7章の各章は、私＝人類学者とフィールドにおける人々との邂逅の軌跡を示し、各章のタイトルは、人の名前[15][16]を主タイトルとし、私がフィールドで感受した中心的出来事を副題としている。エビ養殖（第3章）、姦通殺人（第4章）、老女の自殺（第5章）、エイズによる死（第6章）、一人暮らしの女性の生と死（第7章）のそれぞれの章において、「情動」は、偶然性と行為の流れ、関係性の倫理、運命観、感性――においと身体、生のリズム等々として描写される。ここで、情動に関連して全体を貫くキーワードになるのは、偶然性、受動性、必然性である。いずれも、テーマは生から死へ、死から生へと往還しつつ、共通して人々の生の中心において「時が至れば死ぬ」という諦観があること、そして、そうした生のあり方を受容しつつ、受動を能動に変えて生の現実をいかに生きているのかをめぐって記述する。

次に第3章以下、各章の概要を述べる。

第3章は、村に持ち込まれたエビ養殖に巻き込まれた人々の情動の流れを、生の偶然性と行為の流れへののめりこみやそこからの脱出のプロセスに見る。

第4章では、調査村であるマングローブ林の村という環境で起こった「姦通殺人事件」をめぐって考察する。殺人という出来事が身体的体験と密接に関係し、情動が、人としてのサックシー（矜持）やピーノーン（キョウダイ）という関係性においてどのように働いているのかが浮かび上がる。

第5章では、一人の老女の死が自殺かどうかをめぐって村人の見解が分かれる中、村の生活において常に人々が重視している関係性や、それをめぐるムスリムにも仏教徒にも通底する運命観が見出される。人の死は、身体としての存在が消滅する刹那に情動が最も明示化される場となり、「時が至れば死ぬ」という人々の死生観

(15)　村における親族呼称としては、タイ仏教徒、ムスリム、華人系タイ人の親族呼称が並存している。ここでは、煩雑を避けるためタイトルの名前にもあるタイ仏教徒の親族呼称（標準タイ語と同様）のみについて説明する（その他の親族呼称については西井 2001: 55–58 参照）。

タイ語の親族呼称は、祖父母の世代では父方と母方の区別をするが、親世代では父方と母方の区別はせず、父母よりも年上の男性がルン Lung、女性がパー Pa、年下は男女ともナー Na を名前の前につけて用いられる〔図序-1〕。タイトルの第5章のヤーイ Yai は母方の祖母、第7章のナーは叔母をさす。なお、第3章のクルー・ノームのクルー（Khru）は先生である。呼びかける時は名前の前にクルーをつけて用いる。

(16)　タイの場合には、住民票に記載された本名とは全く異なるニックネームが日常においては用いられるが、本書ではニックネームをもとに必要に応じて仮名としてある。

が現前化される出来事である。

第6章は、最初のフィールドワーク時に同居していた家族の一員である青年の死をめぐって、その死がにおいとして感受されていく過程を捉える。においはいやおうなく記憶を喚起して情動の反響を引き起こす。受動的に感受された情動の流れの中で、自然や物質が渾然となって出来事が生成されるさまを記述しようとする。

本書の結びとなる第7章においては、私が二〇年来調査のたびに同居してきた一人暮らしの女性をめぐって、彼女と家が一体となって生のリズムを刻むこと、その視点が主体としての人間を相対化することについて考察する。また、そうした生のプロセスに「私＝民族誌家」が巻き込まれ、私・彼女・家をめぐる情動の流れを偶然から必然として受容するに至った過程を示す。

※本論におけるタイ語のローマ字表記は Phya Anuman Rajadhon（1961）をもとに作成した（西井 2001: 8–9）による。声調記号は省略し、長短母音の区別はしない。

第1章

混住するムスリムと仏教徒

私の調査地

一　村の成り立ちと生業

調査村であるM村はマレーシアと国境を接する南タイの西海岸、マレー半島の中ほどのサトゥーン県北部に位置している〔図1-1〕。調査時には人口が約六〇〇人、世帯数は一三〇ほどでムスリムと仏教徒はほぼ半々であった(1)〔図1-2〕。

一二〇年ほど前に魚網を染めるためのマングローブの皮を採取するために、マングローブ森を切り開いて住み始めたことをその成立のきっかけとする。入植当初の職業は、マングローブの木材をペナンに輸出することだったという。その後マングローブを炭に焼いて輸出し始めた。それから一〇〇年、炭の原料であるマングローブ林が一九九六年に全面伐採禁止になったのをうけて、ついに一九九八年には炭焼き工場は閉鎖に追い込まれた(2)。一九九〇年頃からエビ養殖が村にも持ち込まれ、海岸に面した水田やサゴヤシ林が次々と養殖池にかわった。しかし、エビ養殖の衰退と共に、養殖池は水田に戻ることなく、魚などの養殖池に転換されるか、放置されたままになっている。村の生活は、過去一〇〇年以上にわたって木材や炭焼きでは直接的に、エビ漁で

---

(1)　村における家族構成や職業の変遷などに関する基礎的な項目の全戸調査は一九八八年、一九九一年、一九九四年の三回にわたって行った。

(2)　国有地における天然林の商業伐採は、一九八八年に南部で起こった大洪水の原因が森林の乱伐を黙認してきた政府にあるとする非難を受けて、一九八九年初頭に全面禁止になっている(佐藤 2002: 46)。しかし実際に、炭焼きに用いる村周辺のマングローブ森が全面伐採禁止となるまでには数年の時間差がある。

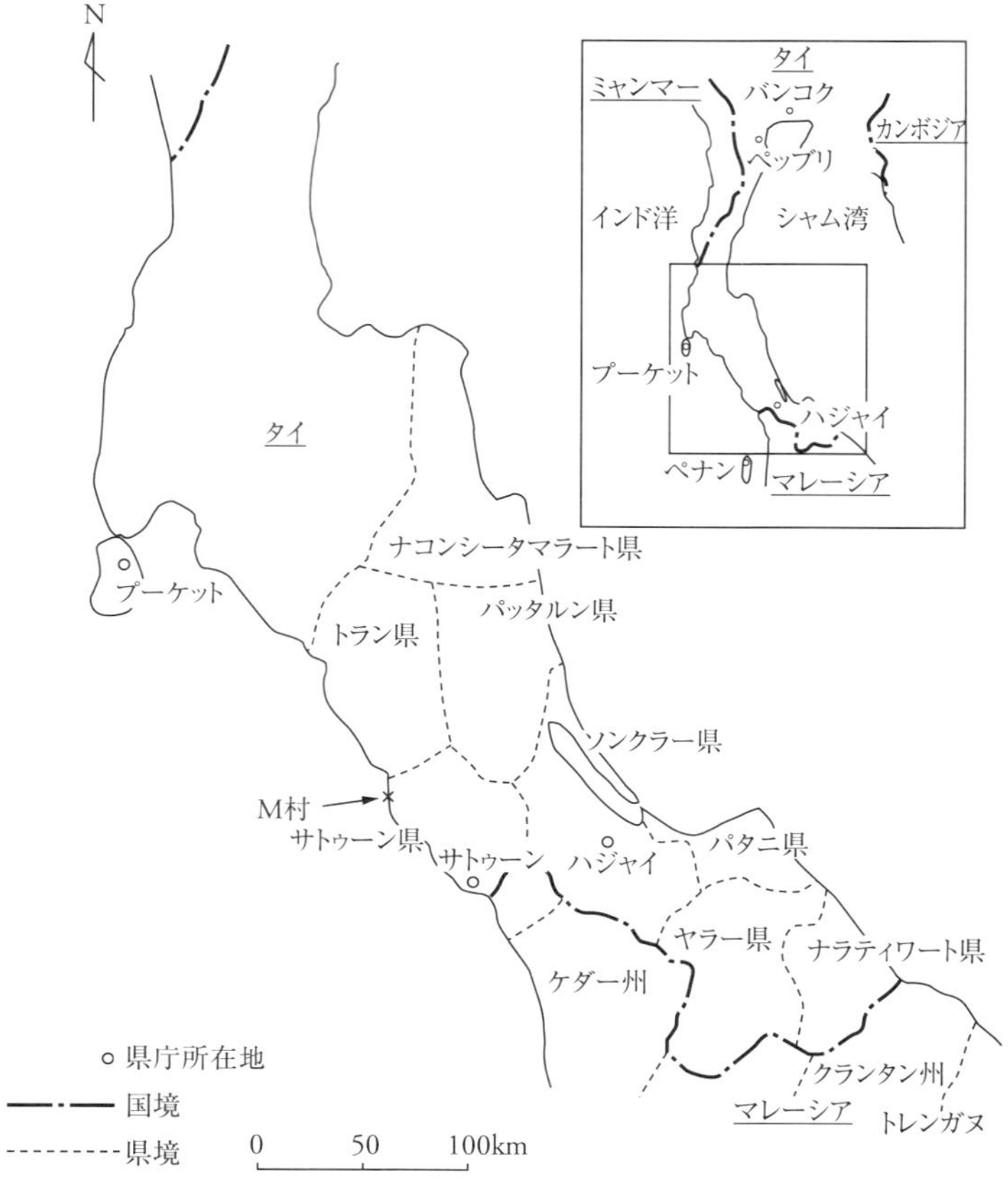

図 1-1　南タイ地域図

は間接的にマングローブ林に依存して成り立ってきたということができよう。

かつてはマングローブ森のただ中にあって、交通手段は舟のみであったが、やがて一九八二年に陸路で外部と結ぶ道が開通し、二〇〇〇年代に入ると、雨が降る度にぬかるんで滑っていた国道から村までの一六キロメートルの道も舗装された。ちょうど最初の長期調査が終わる直前の一九八九年九月、電気が村に引かれた。その時、南北一・六キロに及ぶ細長い村の

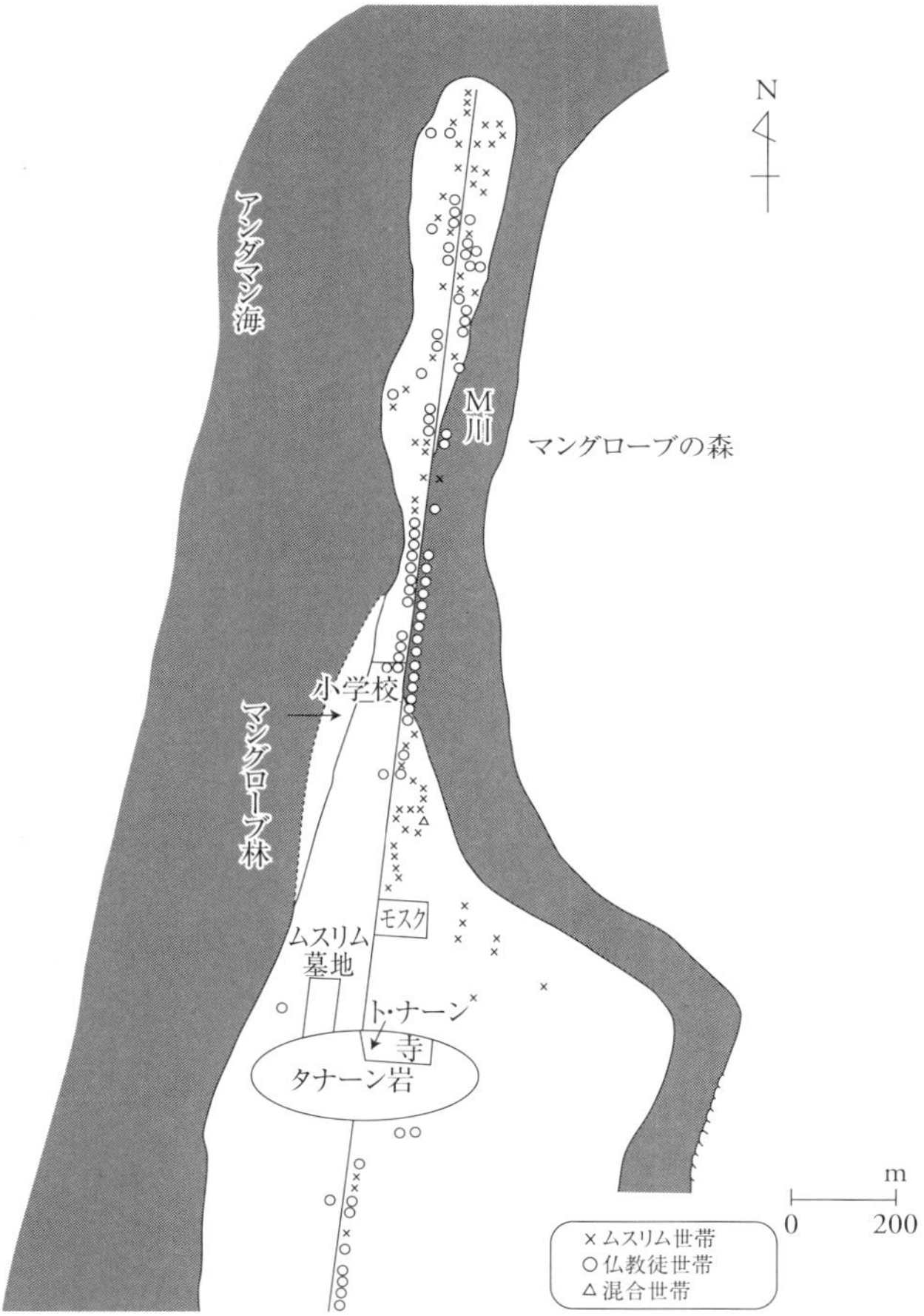

図 1-2　M 村概念図

端から端まで友人とバイクでみてまわり、夕方になって初めて村の家々に電灯が灯っていった様子は忘れられない。それまでは、夜は暗いオイルランプかロウソクでの生活であった[3]。そして二〇一二年にはついに、村はずれのタナーン岩（第3章参照）の池から水道を引く計画が進行中である。といってもこの水は生活用水で、飲み水は

（3）　私はバッテリーを電灯につないで使用していた。

相変わらず雨水であるが、この水道によりそれまで一部の家庭のみが井戸や雨水タンクにモーターをつけて使用していた洗濯機の普及が進むであろう。電話についていえば、公衆電話が一九九〇年代半ばに村に設置されたが、それまでは電話線が村まで届いていなかったために各家庭には固定電話はなかった。公衆電話の設置とほとんど時を同じくして九〇年代半ばに急速に携帯電話が普及し、一、二年の間に一気に村中に広まった。友人のクルー・ノーム（第3章）が携帯電話を購入したばかりの頃、日本にかけてみろと嬉しそうにいうので、母に電話した。電波の状態が悪く電話が途切れると、クルー・ノームは料金を心配して遠慮する私に、いいから、いいからと何度もかけかえさせ、その後届いた請求の額に驚いたという。その時から二年ほど後の一九九八年に母は亡くなったのであるが、今でも村から直接日本に電話が通じ母と話をしたことを印象深く思い出す。携帯電話が普及するまでは、調査中は近くの町まで出かけて先方払いで国際電話をかけることができるのみであった。

二　ムスリム－仏教徒混住村落としての特徴

タイにおいては仏教徒が九五％を占めているが、南タイ、特にマレーシアとの国境に近い四つの県はムスリムがマジョリティである。東海岸のムスリムが仏教徒とは異なるマレー語を日常語として話しているのに対し、西海岸ではムスリムも仏教徒も共に同じタイ語の南タイ方言を話している。

もともと、M村を調査地に選んだのは、ムスリムと仏教徒が村においてほぼ半々で混住して日常生活を共有している、すなわち二つの宗教が同じ生活空間内に共在しているという状況ゆえであった。それまでの南タイのムスリムに関する調査報告は東海岸に関するものが多く、そこではムスリムと仏教徒は別々の村に暮らしており、その接触は市場といった公共の場面に限られ、互いの通婚も稀であるというものがほとんどであった。(4)そうした中、ムスリムと仏教徒の間に日常的な接触があり、毎日顔をあわせる関係においては、両者はどのような関係を取り結んでいるのだろうか、という関心が調査の端緒にあった。

最初の長期調査は、序論でも触れたように一九八七年から一九八八年にかけて一年四か月間村に住み込んで行った。はじめは、バンコクで習った標準タイ語しか話せなかったうえ、現地の村人、特に老人の話す南タイ方言が聞き取れず、学校で標準タイ語を習う小学生に通訳してもらうこともしばしばあった。その後は徐々に相手のいうことは理解できるようになってきたが、私の話すタイ語はいつまでたっても南タイ方言と標準タイ語のまざったアクセントである「トーンデーン＝銅（字義通りだと赤い金、つまり純粋の金ではなく混ざり物がある金）」だと村人にからかわれた。初めての調査の後、一九八九年、一九九一年、一九九四年、一九九五年とそれぞれ約二か月間、村で調査を行った。出産による一九九七年と二〇〇一年の前後二年間のブランクをはさみ、それ以降も、毎年もしくは隔年で約二週間ほどの調査を継続してきた。

二つの宗教の関係と述べたが、最初の調査においては、具体的にはムスリムと仏教徒の通婚や、通婚にともなう改宗の実態を通して、宗教実践のあり方を考察した。(5)

（4）例外的にムスリムと仏教徒の密接な社会関係を扱ったものとして、東海岸のタイ語を話すムスリムの住むソンクラー県で調査したバー（Burr）の博士論文（Burr 1974）がある。

（5）これを一九九六年に博士論文としてまとめ、改稿したものを二〇〇一年に『死をめぐる宗教実践　南タイのムスリム・仏ムスリムと仏教徒の関係におけるM村の特徴は、両者間の通婚率が全婚姻数の二〇％にのぼることにみられる[6]。通婚においては、「夫婦は同じ宗教でなければならない」としばしばいわれる。つまり、ムスリムと仏教徒が通婚した場合には、どちらかが改宗する必要があるということである。しかし、他のムスリム社会の事例からみた時、両方向の改宗がみられること、すなわち仏教徒がイスラームに改宗するケースと、ムスリムが仏教徒になるケースの割合がほぼ拮抗している改宗のあり方はかなり特異的である。というのも、宗教を変えることを罪として断罪することのない仏教徒の側はともかくとして、ムスリムにとって棄教は重大な罪となるからである。つまり、ここでは棄教という重大な罪を犯すことへの畏れよりも、「夫婦の宗教を同じくする」ということがより優先されているのである。このことは同じタイ国内でも、ムスリムと仏教徒の通婚がほとんど報告されていない東海岸のパタニの状況とは大きく異なっている。例えば、東海岸の場合、ムスリムが改宗して仏教徒になってしまうと親や親族との関係がほとんど断たれ、村のムスリム・コミュニティからは切り離されてしまうという（Chavivun 1982, Winzeler 1985）。M村では、たとえムスリムが仏教徒になってしまったとしても、ムスリムである親の家には日常的に行き来することができ、親密な関係は継続しうる。

ムスリムと仏教徒の通婚の場合、どちらに改宗したのかは、仏教徒の側がイスラームに改宗した時にのみ、儀礼により明示化される。それは、カリモというイスラームへの入信表明を行う言葉（「アッラーの他に神はなく、ムハンマドは神の使徒である」）を証言した後に、トバート（torbat）[7]という誓いの言葉を述べることで完了するとされている。村では一般に仏教徒はトバートすることでムスリムになるのだと捉えられている。ゆえに、ムスリムと仏教徒が通婚した場合に、仏教徒がトバートを行えばその夫婦はムスリムとみなされるし、仏教徒の側が何もしないと自動的にこの夫婦は仏教徒とみなされることになるのである。

しかし、こうした異教徒間の通婚に何の障害もないのかというとそうでもなく、駆け落ち婚（ni tam kan pai）

の比率から、そこはやはり親は子供が同じ宗教の配偶者を得ることを望んでいることがわかる。駆け落ち婚とは、字義通りでは、手に手をとって逃げると翻訳することができるが、具体的には、どちらかが片方の家に親に無断で駆け込んで住むか、二人で別の場所に逃げて事実上の夫婦生活を開始するという形態の婚姻の開始の仕方をとることをいう。ムスリム同士の結婚では、六一ケース中四ケース（六・六％）、仏教徒同士六五ケース中三ケース（四・六％）に過ぎないのに対し、ムスリム-仏教徒婚では、三三ケース中一三ケース（三九・四％）にのぼる。しかし、いったん駆け落ちして既成事実をつくってしまったカップルの通婚が、「一緒になってしまったんだ。非難してもしょうがない（dai kan laeo wa arai）」と、許容されるところに、この地域では宗教の障壁がのり越え可能であるという特徴がみられる。

また、死者の遺言ともいえる「カム・ピー kam phi（死者の言葉）」には、ムスリムの側にのみ改宗に対する罪の意識をもつことがみてとれる。これは、死後の再改宗を言い残すことであり、通婚により仏教徒となった元ムスリムはこれにより棄教の罪を相殺できると考える。具体的には、葬式をイスラーム式でやってもらい、埋葬やその後の生者から死者への功徳もムスリムとしておこなうということである。このためには、子孫の誰かがムスリムであるということが前提条件となる。自らが仏教徒になっているので、子供は仏教徒として育つ。しかし、この地域ではムスリムと通婚して仏教徒からムスリムになっている子や孫がいる可能性は大いにあり

教徒関係へのパースペクティヴ』として出版した。

（6）　ムスリム-ムスリム婚が六一組、仏教徒-仏教徒婚六五組、ムスリム-仏教徒婚三三組。

（7）　イスラームにおける今後は過ちをおかさないという神への誓い。本来仏教徒から改宗する者は、ムスリムとして過ちを犯したわけではないのでトバートは必要ないというイスラーム知識人もいるが、村ではトバートは改宗の手続きとして捉えられている。

うる。こうして言い残された死者の遺言は、尊重しないと、病気になったり、不運なことが続いたりと何をしてもうまくいかないと村人はいう。

実際の通婚者の改宗の過程は、トバートの一時点で完了するとは限らず、極端な場合は二〇年近くムスリムと仏教徒の間で揺れ動いた例もある。また、通婚者の中には改宗を個人的な対人関係における戦略として用いる人もいる。ある元ムスリムの女性は、夫と喧嘩をする度にムスリムに戻るという改宗を繰り返し、村のモスクのイスラーム指導者であるイマームに「今後は夫婦喧嘩をしたからといってイスラームへ改宗することは認めない」と引導を渡され、これ以降喧嘩をした時には、改宗しないで他県にいる子供の許に家出するようになった。この他、親が死んだ時に親の供養(タンブン)のために仏教徒に戻って一週間出家し、還俗後に再度イスラームに改宗した元仏教徒の男性のケースなどもあり、様々な改宗のケースがみられる[8]。

死んだ者に功徳(ブン)を送ることは、最も重要な宗教的行為の目的として、ムスリムにも仏教徒にも共通して認識されている宗教実践である。しかし、その功徳を送る方法がそれぞれの宗教のやり方で異なっているのであり、功徳を送る方法は一つでなければならないとされる。よって、どの方法で送るのか、その人が死ぬまでには決定しなければならない。もしこれが定まっていなければ、死者は「足を二股にさかれて」(chik kha kham thang)寺にもモスクにも届かないとされる[9]。そして、生者から死者へ功徳を送るにあたって、最も死者に届きやすい関係が親子の関係であるとされている。よって、宗教の選択は、この子供の宗教の決定を軸におこなわれることになると考えられる。

ムスリムにとっても仏教徒にとっても共通しているのは、その宗教実践の究極の目的が、死をめぐっているということである。村ではムスリムと仏教徒という差異が死をめぐり常に人の生の中に潜在している。ムスリムの子供が病気になると、親や祖父母は誰か仏教徒の祖先が子孫に出家をさせたがっていると考えて願掛けをし、治癒すると出家させる慣行が一九七〇年代までは続いていた。たとえ明確に仏教徒の祖先の系譜が辿れない場合でもこうした願掛けは行われており、ムスリムと仏教徒が混住している村では日常的な差異をもった他者を身体に取り込みつきあう術を心得ていたといえよう。それは現前している差異が必ずしも絶対のものではなく、他者が自己になり、自己が他者になりうる遇有性を秘めている関係性が日常の生に潜在していることを示している。私の調査地はこのように生において偶然性と受動性に充ちており、それは死の刹那に露になり、それゆえ私は情動のエスノグラフィを書くように導かれたのかもしれない。

三　本書における主要な人間関係

本論に入るにあたって、本書にしばしば登場し、時に、それぞれの章の「主人公」となる人々を紹介しておく。

ノン　一九八七年から一九八八年までの最初の調査時に同居していたノン（第6章）の家族構成はムスリムから

（8）（西井 2001）の第4章、第5章参照。

（9）（西井 2001）の第6章参照。仏教徒からイスラームに改宗した男性の死をめぐって、ムスリムの妻と仏教徒の親が遺体を奪い合った事件について考察した。

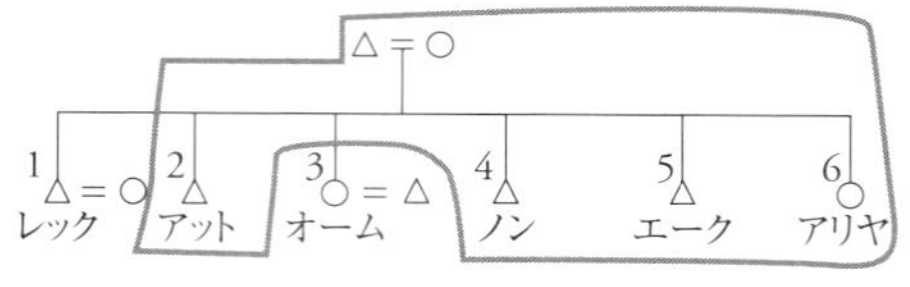

図 1-3　同居したノンの家の構成員（ケイで囲んだ人）

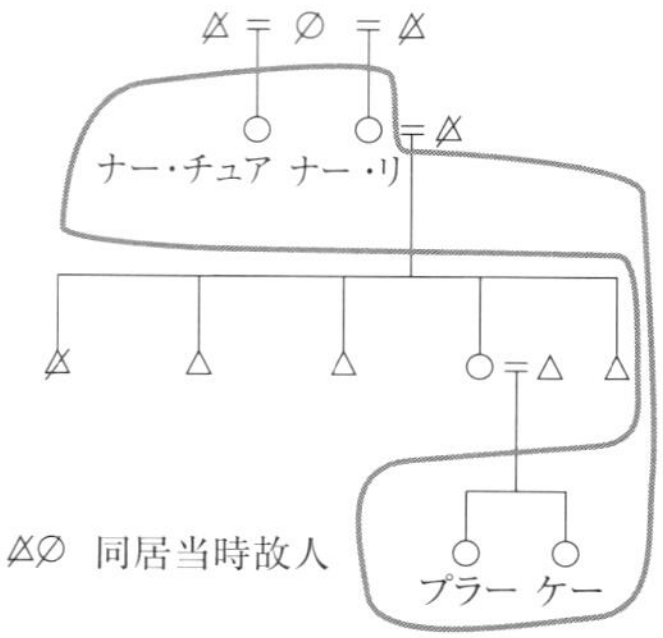

図 1-4　同居したナー・チュアの家の構成員
（ケイで囲んだ人）

仏教徒になった母親と父親、長男レック、次男アット、長女オーム、三男ノン、四男エーク、次女アリヤの五人キョウダイである〔図1-3〕。長女は最初の結婚でムスリムになったが、再婚して再び仏教徒に戻り、現在は家族全員仏教徒である。

ナー・チュア　一九八九年の調査時以来同居しているのは、ナー・チュア（第7章）、そして時に同居したり別の家に住んだりしているのが同母異父の妹ナー・リ、ナー・リの孫のプラーとケーである〔図1-4〕。いずれも仏教徒である。

クルー・ノーム（第3章）　元M村小学校の仏教徒の男性教師で、妻ピンはムスリムから仏教徒になっている。私が村に入った初日に好奇心旺盛な彼は早速訪ねてきて、小学校の校庭に教室から机を出して料理をつくって歓迎会を開いてくれた。その後のフィールドにおいて、身体的危険に遭遇した時や人間関係などで悩んだ時に常によき相談相手となってくれた人である。現在は別の小学校に勤務している。

ペン　M村小学校の仏教徒の女性教師で、冷静な判断力と豊富な知識をもち、常に私のよき助言者であり友人である。ナー・チュアの家の近くに住んでいるので、よく夕食後に遊びにいっては村人からきいた話の確認や解説をしてもらった。

チェーオ　仏教徒女性。第4章で扱う殺されたチャイの娘でカニの罠漁の名手。村では私と年齢が近く、しばしば一緒に町へ遊びにいったりおしゃべりに興じたりした。菓子づくりが上手で、今でも村へいくと食べたい菓子の材料を渡しては作ってもらう。

ウダ　ムスリム女性。村で尊敬されている長老格のムスリム男性ハメーの娘で、椰子の木の間の広々とした敷地にムスリムばかりの親族が数世帯住んでいる。ナー・チュアの家はM村の中心にある小学校の隣でムスリムと仏教徒が混住しつつ密集して住んでいる地区にあるが、それに比べのんびりとした雰囲気で、最初の調査当時から彼女の家に遊びにいっては、彼女の父親や母親、多くのキョウダイ親戚などからムスリムの生活や考え方などを教わった。

コー　M村における調査助手の仏教徒男性。隣村に住むナー・チュアのいとこの子で、村近辺では比較的高学歴で高校を出た後二年間の専門学校を卒業している。一九九〇年代半ばから時々インタビューをテープに録音してトランスクリプションをはじめたが、妻が幼稚園の先生をしていて無職で家でぶらぶらしていたコーは、正確なタイ語が書けるので、調査に行く度にトランスクリプション担当兼調査助手として雇うようになった。

第2章

集団憑依
——伝染する情動

学校・身体・精霊

本章は情動が身体から身体へと伝染するさまがまさに可視化された事例として学校における集団憑依を扱う。それは、これまでの人類学において憑依をめぐる議論の前提であった、憑依を非日常的な現象として日常的な生の場と対極的に位置づけることを問い直すことから出発する。ここでは、憑依という現象を、「今、ここ」で生成している出来事として捉え、学校の場において情動がマテリアリティとしての身体の動きの中で反響し、伝染していくさまを記述する。それは、次章以下の日常の中での個人の生に焦点化した情動の流れの記述に入る前に、身体から身体へ情動が流れるまさにその場を描写するのに適した事例であると考える。まずは、タイの新聞に掲載された本章で扱う集団憑依に関する記事をみてみよう。

「仰天、憑霊する学校 ―― 身もだえする生徒を互いに制止」

タイの全国紙「タイ・ラット Thai Rat」にこのような見出しの記事が掲載されたのは二〇〇四年一二月一八日のことである。M村のすぐ近くの学校で起きた事件であった。その記事の内容は次のようなものである〔図2-1〕。

集団幻覚（upathan mu）の様相に似ている！

……しかし、村人は原因は「祠」（san phiang ta）を取り壊したことにあり、それゆえ問題が起こったのだという。呪われた学校をみつける。中・高等学校の生徒が奇妙な症状を示す。健全だった生徒が、金切り声をあげて泣き喚き、身もだえしてもがき苦しむ。友人たちが助けあって止める。ようやく平静に戻っても、ふたたび何の原因もなく繰り返し同時に何人にも起こる。ついには残りの生徒たちが勉強することができない状態になる。これは何年にもわたって起こってきたことである。学校側は病院へもつれていったが、検査しても何も異常なところは見つからない。そこで、今度は呪術的（saiyasat）方法を使うことにした。呪

ผวา ร.ร.ผีสิง นร.ผลัดกันชักดิ้น

ลักษณะคล้ายอุปาทานหมู่! แต่ชาวบ้านว่าเหตุมาจากรื้อ 'ศาลเพียงตา' เลยเกิดเรื่อง

เจอโรงเรียนอาถรรพณ์ เกิดอาการประหลาดกับเด็กนักเรียนมัธยม ★ *มีต่อหน้า* 19

ผวา ร.ร.ผีสิง ☆ *ต่อจากหน้า 1*

อยู่ดีๆร้องกรี๊ดดิ้นทุรนทุรายกลางห้อง เพื่อนๆต้องช่วยกันล็อกตัว พอเริ่มสงบจะร่ำไห้ออกมาโดยไม่มีเหตุผล เป็นพร้อมๆกันหลายคน จนนักเรียนที่เหลือไม่เป็นอันเรียนหนังสือ เกิดขึ้นต่อเนื่องมานานหลายปี ทางโรงเรียนเคยพาไปโรงพยาบาล แต่ตรวจไม่พบสิ่งผิดปกติ เลยหันมาใช้วิธีไสยศาสตร์ เอาหมอผีมาทำพิธีเซ่นไหว้ด้วยการฆ่าแพะ 2 ตัว ทุก 3 ปี และตั้งศาลเพียงตา แต่ปีล่าสุดไม่ได้ผล ครูเลยรื้อศาลออกหมด ทำให้ผู้ปกครองไม่พอใจ หาว่าไม่เชื่อแล้วยังลบหลู่ เผยปมสยองระหว่างการก่อสร้างโรงเรียน มีคนงานเสียชีวิต นอกจากนี้ ครูที่มาเข้าเวรนอนเฝ้าโรงเรียน เคยฝันเห็นสาวผมยาวเดินวนเวียนไปมา พ่อแม่เด็กหลายคนเชื่อเป็นโรงเรียนผีสิง

นักเรียนป่วยมีอาการผิดปกติจนผู้ปกครองและครูต้องใช้ไสยศาสตร์เข้าช่วย แต่ก็ยังไม่ได้ผล เชื่อว่าเกิดจากผีสางและอาถรรพณ์ร้าย ทำเอาวุ่นไปหมดทั้งโรงเรียน ครั้งนี้เปิดเผยขึ้นเมื่อเวลา 11.00 น. วันที่ 17 ธ.ค. ผู้สื่อข่าวได้ไปที่โรงเรียนท่าศิลาบำรุงราษฎร์ บ้านท่าศิลา หมู่ 5 ต.นาทอน อ.ทุ่งหว้า จ.สตูล โรงเรียนระดับมัธยมในตำบลหลังจากมีเสียงร่ำลือว่าเป็นโรงเรียนผีสิง มักเกิดเหตุประหลาดขึ้น

図 2-1　タイ・ラット紙の記事（2004 年 12 月 18 日付）

医（mor phi）を連れてきて、例えば三年ごとにヤギを一頭殺してささげ、儀礼を行った。そして臨時の祠をたてた。しかし、効果がなかったので、つい最近先生がその祠を取り払ってしまった。これまで行ってきたことを信じないだけでなく、侮辱していると、保護者は不満に思っている。学校の建設工事の時に死者がでたとか、この他にも学校の夜間の当直の先生が、長い髪の女性が歩き回っている夢を見たといっては恐れている。生徒の父母たちの多くは、精霊（phi）が出る学校だと信じている。

憑依は、英語では possession とあらわされ、「所有」と同根で、身体を超自然的な存在に「所有された」状態をさす。健常な状態において自己をあますところなく支配・占有している意識的で理性的な人間主体のモデルの対極にある状態であると捉えられる。憑依は、とりわけ身体として生きる存在である人間のあり方について考えるヒントとなる。

ボディは、これまでの憑依をめぐる議論の流れについて、行動心理学的な合理化論から、ローカル・コンテクストや文化的ロジック、人間の想像力や創造性へと焦点を移動させてきたと述べる。個人の身体に注目して、行動的、心理学的な合理的人間のモデルからはずれる特異なパーソナリティの人物に焦点化したクラパンザーノ、オベーセーカラなどの精神分析的な記述は、前者の代表といえる。そこから、「コミュニケーションとしての憑依」、「経験の分節化のイディオムとしての憑依」を、文化的知識の形態や治療の方法であるとみなして身体や自己（self）を知識や経験の他の領域に広げるという見方へシフトしたとボディはみる（Boddy 1994: 412–414）。

こうした人類学における憑依をめぐる先行研究、すなわちボディのいう行動心理学的な研究と身体や自己に関わる文化的な知識や経験の研究の両者をまとめて、ここでは「憑依する身体／個人に着目する議論」としておきたい。そして、もう一つの憑依をめぐる研究の潮流として「憑依現象が社会にもつ効果に着目する議論」をあげることができるであろう。

前者の研究は、もっぱら身体／こころ、主観／客観といった二元論にかかわる主体性のあり方をめぐってなされてきたといえる。そこでの焦点は、現に行為する身体と、その主体の一致、不一致、二重性をいかに解釈するか、またその身体経験がいかなるものであるかということであった（ルイス 1985、Lambek 1981、小松 1982、佐々木 1983、真島 1997、宮坂 1997、床呂 2002、エリアーデ 2004 など）。

後者の憑依現象が社会にもつ効果に着目する議論では、古典的な憑依の類型論にルイスの「周縁的憑依」と「中心的憑依」という区別がある（ルイス 1985）。憑依の社会的効果については、日本民俗学においても「憑きもの筋」の議論があり、「憑きもの」信仰は、病気その他の災厄・不幸の説明に役立ち、ムラの規範や秩序を維持させてきたのだという社会的機能面を強調する（石塚 1959、吉田 1972）。

一九八〇年代になると、憑依はモダニティとの関連で議論されるようになる。アッカーマンとリーは、女性労働者の集団憑依について、経営者と工場労働者との憑依をめぐる認識の違いを描き、憑依を抵抗と読み込んだ（Ackerman and Lee 1981, Ong 1987）。モダニティへの適応や、抵抗としての憑依とする見方はボディの研究をはじめその後主流となっていくが、研究者が読み込んだ解釈への反論もなされている（Boddy 1989、石井 2007、浜本 2007 など参照）。

本章は、これらの研究と現場における身体に注目する点では前者の研究関心を共有しているが、憑依現象を憑依する身体としての人のみではなく、そのまわりのモノの配置や共有された観念などの絡まりによって生み出される出来事として記述分析することに焦点をあてる。その時、憑依現象を特異な個人に起こる現象であるとは考えない。また、社会現象に憑依という視角から切り込む視点は共有しつつも、既存の秩序や社会関係をあぶりだす指標として憑依を捉えるよりも、ある組み合わせ、ある状況においてその場において現出してくるプロセスとみる。それはある意味で、あらかじめ憑依が起こるコンテクストとしての社会を措定することなく、その場で起こっている出来事にそって記述することで見えてくるものを浮かび上がらせようとする手法である。

そこでは、日常・非日常という既存の枠組みの自明性を突き崩し、人やモノが絡まって生成していく一つの過程として、またどこでも、いつでも起こりうる出来事の一つとして憑依現象を捉えることである。その出来事とは潜在性（ヴァーチュアル）がアクチュアルなもの[1]へと具現化していくプロセスであり、情動が伝染していくプロセスである。そうしたプロセスを記述することが本論の目的である。まず、第一節では、集団憑依の場からの記述を行い、第二節でいくつかのテーマにそって憑依現象の分析を試みる。

一　南タイの「憑霊する学校」

1　「憑霊」事件の概要

その学校（以下T学校と呼ぶ）は南タイ西海岸、サトゥーン県北部のゴム園の広がる林野の中に位置し、中学一

（1）　序章註6参照。

表 2-1　T 中学高等学校概要

初代校長	1993 年～2004 年 9 月 16 日：M 氏
第二代校長	2004 年 9 月 17 日～2005 年 2 月 3 日：A 氏
第三代校長	2005 年 2 月 4 日～　　：P 氏
教師	男性 5　女性 7　合計 12
生徒	男子 143　女子 161　合計 304（2004 年当時）

年生から高校三年生までの生徒が学んでいる〔表2-1〕〔写真2-1、2-2〕。学校が創立されたのは比較的新しく一九九三年一月一三日である。集団憑依が起こったのは、初代校長のM氏が二〇〇四年までの一一年間つとめた後、第二代目の女性校長に代わって二か月ほど経った頃であった。

二〇〇四年一一月一六日に、四人の生徒が朝礼中に失神した。それは、その後の一連の集団憑依事件の端緒となった。その後、同様の症状を示す生徒が増え続け、生徒たちは登校すると憑依し、帰宅すると治るという状態が続いた。

この間、教員のみならず、保護者も学校に見張りにたち、事態の沈静化に努めたが、一二月になると、「事件」はついにマスコミにとりあげられるようになった。本論の冒頭にあげた記事を掲載したタイ・ラット紙などの新聞報道やテレビ局の取材などで、この学校は全国に「憑霊する学校」として知れ渡るようになった(2)。その間、自薦他薦の呪医や仏教僧、イスラーム知識人など様々な治療師が呼ばれた。医者、警察なども学校にきて対策にあたった。また憑依した生徒の親も、子供を病院や呪医のもとに連れていき、個別に治療が試みられた。

一二月二六日　スマトラ島沖地震が発生し、津波被害を避けて近隣住民が学校で一時避難生活をするようになると、憑依騒動もしばらくはおさまったかにみえた。ところが、住民が帰宅し日常的な学校生活が開始されると、生徒の憑依も再び起こるようになった。年が明けて一月に、生徒の保護者が校長の異動を求める一〇〇名以上の署名を県の教育委員会に提出した。二月三日に校長はT学校を去り、M村小学校へ異動して、騒動はおさまった。

（2）校長がマスコミに連絡したとある生徒はいっていた。

写真 2-1　T 学校の入り口

写真 2-2　T 学校の校舎

表 2-2　憑依した生徒の年齢別人数

13 歳	14 歳	15 歳	16 歳	17 歳
8 人	10 人	11 人	9 人	1 人

表 2-3　憑依の回数別人数

憑依の回数	1 回	2 回	3 回	4 回	5 回	6 回	7 回	10 回
人数	2 人	9 人	5 人	5 人	9 人	3 人	2 人	4 人

T郡の保健所の報告によると、憑依現象は次のような経過をたどった。「痙攣を起こし、耳鳴りがし、近くに何かがいるように感じ、精霊が憑依したかのように泣き叫び、胸が締め付けられて息ができず、失神するといった症状を示す。一〇分から三〇分の間、一日一～二回。二〇〇四年一二月二〇日から二〇〇五年二月一一日まで、三九名、うち女子が三八名、男子は一名のみであり[3]、合計一三八回起こった」。二〇〇四年当時の生徒数は、男子一四三名、女子一六一名、合計三〇四名であったので、男子生徒の〇・六％、女子生徒の二三・六％が憑依したことになる。この地域は住民の大多数がムスリムであり、この学校においてもムスリムの生徒が八〇％以上を占めている[4]。憑依した生徒はほとんどがムスリムで、仏教徒は二人のみである。

憑依した生徒の年齢は一三歳から一七歳までで、中学一年生から高校一年生までの生徒が多くを占めていた〔表2-2〕。憑依の場所は、学校の教室が二二ケース、旗の掲揚台の前が一〇ケースである。みな学校にくると憑依し、帰宅すると治るというように集団となると憑依した〔表2-3〕。時間にしては一〇分から三〇分であるが、次々と教室で憑依が起こった。教室を飛び出して池に飛び込もうとする生徒や、金切り声をあげて走り回る生徒を、先生や生徒たちが制止するために授業ができない状況が約三か月間続いた。

憑依した生徒たちを出身村別にみると、多い村と全くいなかった村とがある。T村では、二〇人の女子生徒のうち一六人が憑依した。一方私の調査村であるM村では一人の生徒も憑依しなかった。T学校には一〇キロメートル以上も離れた地域から通学する生徒もおり、多くは村から通学バスで通っている。そのため、憑依した生徒の多かったT村は学校の行き帰りのバスの中で憑依する姿に接する機会も多かったと考えられる。M村の場合は、村の入り口の土地神ト・ナーン〔115ページおよび141ページ註17で後述〕が強いので精霊が入ってくることができないのだというのが、M村の村人や生徒のもっぱらの説明であった。

2　集団憑依の経過 ── 教員たちへのインタビューから

憑依騒動が終結して約半年後の二〇〇五年六月二八日に行ったT学校でのインタビューから、出来事の経過を辿ってみる。インタビューに応じてくれたのは、事件当時の校長が学校を去ったあとも残っていた教員たちである。学校の職員室〔写真2-3〕の一角で主に女性教員二人と男性教員一人が応じてくれた。私がM村からきたと自己紹介をし、集団憑依についてききたいと切り出すと、教員たちは口をそろえて、この学校からM村の小学校に転任した校長が、一番事件のことをよく知っていると皮肉っぽくいった。じつは、私はすでに、T学校を訪問する前にM村小学校に新しく赴任してきた校長がその学校からきたときいたので、集団憑依についてききたいと当該の校長に尋ねていた。しかし、「事件については話したくない、知りたいならばその学校にいってきけばいい」と、その校長にはけんもほろろに断られたのであった。それゆえ私はT学校を訪れることにし

(3)　教員や生徒のインタビューからは少なくとも三人の男子生徒が憑依している。
(4)　二〇〇四年の仏教徒とムスリムの割合の資料は入手できなかったが、二〇〇五年には、男子一四九、女子一七五で三二四名のうち仏教徒六〇、ムスリム二六四で、ムスリムが八一・五％であった。

写真 2-3　T 学校の職員室

た。そこでようやく、なぜその校長がそんな態度をとったのかがわかったのである。以下は教員たちの話を、フィールドノートの記録から再構成したものである。

集団憑依が起きたのは、二〇〇四年一一月から二〇〇五年二月にかけての約三か月間である。初めて「事件」が起こったのは、一か月間の休みの後一一月一日に学校が再開してまもなくの一一月一六日のことであった。休みに入る前の九月には、このあたりでは珍しい女性校長が着任している。T学校は事件発生の一一年前に、T町とM村の中間地点につくられたので、これまでT町の学校に通っていたM村の子供たちの多くはこの学校に通うようになった。女性校長の前任者は、T町出身の仏教徒であるベテランの男性教師で、設立当初から一一年間にわたって校長を務めた。二代目となる新校長はサトゥーン県の別の中学校で教員をした後、試験を受けてT町で教育指導主事（swksanithet）となり、そしてT学校の校長として

写真 2-4　T学校内の池

赴任してきた。

学校は、住民のほとんどがムスリムである地域に位置している。T学校では、二年に一度、共食儀礼（tham nuri）を行い、土地を使用する許可を土地神に請うためにヤギのカレーを供えてきた。新校長は仏教徒なので、動物を殺すことは罪だとし、その儀礼を中止するように命じた。ちょうど儀礼を行う二年目にあたっていた。集団憑依は、四人の女子生徒が失神することからはじまった。目の前が暗くなり、心臓が震え、息ができなくなり、胸が重くなるという。高校二年生の仏教徒の生徒が一人、ムスリムの生徒が三人で、そのうちの一人は生理痛のためお腹が痛かったという。それゆえ教員たちはたんなる生徒個人の体調不良だと思っていた。そして五人目がたびたび失神するようになった。さらに失神するだけではなく、徐々に大騒ぎするようになってきた。事態の伝染を恐れて、校長はこの五人に対し、学校にこないで家で療養するようにいった。ところが、五人が学校

写真 2-5　T 学校の裏山，根本に祠のある木

に来なくなると、次には、一〇人が一挙に憑依した。今度は中学一年と二年の生徒で、そのうち仏教徒は一人だけである。こちらはよりひどい症状で、はじめは目が徐々にかすみ、手が宙をさまよい、失神し、ついで泣き叫び始めた。大騒ぎをし、走って学校の裏山に登ろうとしたり、池に飛び込もうとしたりした〔写真2-4〕。先生の横にジョンカベン（袴のようなズボン）をつけタイの服装をした人が見えるといったりした。その人はトラックにのってきたという。そのうち一二月になると、初めて男子生徒が憑依状態になった。この生徒は高校一年生の体の大きな運動選手で、いつも暴れる生徒を抱きかかえたりして介抱をしていた。彼は成績もよく優秀な生徒だった。力が強いので、クラス中でかかっても彼を止められなかった。泣き喚き、池で水浴びするといった。正気に戻る時にはもう一度失神した。精霊が憑依した生徒たちは決して成績の悪い生徒ではなく、中にはとても優秀な生徒もいた。校長は、こうした中、恋人が

いるとそばに付き添ったりしていたので、わざと恋人の気をひきたくてやっているのだと言った。しかし、生徒は階段で失神したり、足の指を折ったのに痛くないと副木を引き剥がして走ったり、顔をぶつけてはらしたりしており、わざとやっているとは思えなかった。

一二月になると医者、保護者たち、警察なども学校にきて対策にあたるようになった。テレビ局も朝早くから連日取材にきた。また新聞の一面にも掲載された。中学三年生の生徒は乱暴な言葉をつかい、大暴れした。男子生徒二人は学校の裏に走っていって、土地神を祭った祠（san phraphum）をけり倒してしまった〔写真2-5〕。窓から飛び出そうとする者もいた。その頃には校長も万策つきて村人に呪術（saiyasat）でも何でもやらせるようになっていた。われこそはと呪医がいろんなところからやってきた。全部で三〇人ほどにもなる。ハジャイ(5)からもきた。人によっては、学校に到着する前に憑依して途中で帰ってしまう者もいた。大勢の生徒が憑依するクラスと、あまり起こらないクラスがあった。高校三年生では誰一人憑依しなかった。

県の調査委員会は、原因は校長と他の教員の間の確執からくると結論づけた。そのために生徒が緊張したとする。しかし、それは原因ではありえない。校長と教員が対立したのは、校長が憑依した生徒を助けることを先生に禁じたことからきていた。校長は、助けた教員を非難した。生徒がわざとやっていると思っていたので、ほっておけといった。しかし、教員の方は池に飛びこもうとする生徒をほっておくことはできない。校長は教員たちに、見張るな、助けた教員は（精霊を操る）呪術師（mor phi）とみなすといった。中学三年の女子生徒は校長に「おまえ mwng、おれ ku」という無礼な口の利き方をし、校長をなぐった。

（5）T学校からは約一〇〇キロ、車で二時間ほどの距離にある南タイ最大の都市。

写真 2-6　T 学校の裏山に広がるゴム園

二〇〇四年一二月二六日にスマトラ沖地震が起こり、津波から逃れて村人が学校に避難して来た。憑依もその一週間の間は起こらなかった。ところが村人が学校から去り津波直後の混乱が収まると再開した。

精霊は大人にも憑依した。学校の近くにすむ村の女性が、ゴムのタッピングのため学校のすぐ裏手にあるゴム園（写真2-6）に午前一時にやってきた。その女性の子供はT学校で勉強しているわけではなく、学校とは直接関係はなかった。彼女は、学校に入って暴れ始め、両手を水平に伸ばして棒に縛られ、他の村人に抱えられてやってきた。そこでちょうど当直だった男性の教員が相手をした。朝六時になってようやく、「おれは行くよ」といって精霊はその人（の身体）から出て行ったという(6)。

騒動が大きくなってから牛カレーやヤギ・カレーを供えたが、効果がなかった。その時は収まっても土日をはさんで月曜日になると再び起こった。結局計三九人が憑依状態となった。二月になってようやく騒動は収まった。校長は、学校を去ることで事態が収まればよし、しかしまだ続くようだったら帰ってくるといっていたという。（その校長がM村小学校に赴任してきたのである。）

憑依した生徒たちは、仲がいい者もいれば悪い者もいた。男子生徒に憑依したのは精霊のリーダーだった。精霊は、ムスリムの精霊、タイ仏教徒の精霊、中国人の精霊と色々おり、二手に分かれて争った。はじめは土地神が憑依したとしても、後にはいろんなところから精霊が学校に集まってきたのだという。憑依すると生徒は恥ずかしいということに無関心になる。スカートが破れても平気で走り回る。それゆえ女子生徒にはスカートの下に短パンをはいてくるようにといっていた。しかし、はいていなかった女子生徒が憑依して下着がまる見えになった。普段は勉強のできる陽気な子供が多く、保健所の報告の「もともと勉強のできない子供の病的な症状である」という判断は間違っている。K村のマサヤーなんてとても優秀で朗らかな子だ。今は元に戻っている。

しかし、こうした事態になって、生徒たちが互いに相手を思いやり、助け合っているということがわかった。前にも何人か失神するケースがあったけれど、その時はヤギ・カレーの供犠を要求どおりすみやかに行ったので、問題は拡大しなかった。

（6）タイ語では精霊が憑依することを（身体に）精霊が入る（phi khao）、憑依状態から脱することを（身体から）精霊が出て行く（phi ork）と表現する。

3　憑依の様態――生徒へのインタビューから

T学校に通うM村在住の中学一年生の女子生徒へのインタビューからは、憑依騒動当時の学校の様子が浮かび上がる（二〇〇五年六月二八日）(7)。

タイ人、ムスリム、中国人と様々な精霊が入る。奇声をあげて走り回り池に飛び込もうとする。当人は憑依した時のことは覚えていない。足の指を折ったり、女子生徒はスカートが破れたままで走り回る。スカートの下に短パンをはいてくる生徒が増えるが、時にはいてない子が下着がまるみえの状態で走りまわる。友人や恋人がついて介抱する。

一日一〇人。池に飛び込んだりする。ある人は丁寧に話す。ある人は罵る。ある人は叩く。人によっては失神するだけ。人によっては微笑むだけで、何も話さない。床に寝ている。ある人は食べる。みかんが食べたいという。チャンプー（果物の一種）を食べたいといったりする。食べさせると治る。人によっては治らないのもいる。花をあげたり、丁重に話したりしなくてはならない。人によっては、丁寧に話していると、さらにひどくなる。ある人は、倒れないで走っていく。捕まえようとするが間に合わない。（朝礼で）整列して部屋に入って座るやいなや倒れる。金切り声をあげる。

こうした憑依について校長は、（憑依する生徒は）恋人に介抱されたいのでわざとやっているという。しかし、憑依したふりをしている人はいない。どうやってふりをするのか。スカートなんかも破けてしまってる。学校では、スカートをはいても中に短パンをはくようにと先生がいった。失神して意識がなくなった時のために。あの日チラー（友人の名）が短パンを中にはいてなくて、憑依して走り、スカートが破れてみえた。

実際には、恋人が見張って介抱する場合もしばしばあったという。「椅子がおいてあって、こんなふうに座り、恋人も座っていた。世話をする、もし憑依したら抱いて保健室に連れていけるように。ところが、その恋人は（彼女が憑依した時に）ちょうど他の人を先に助けにいったので、彼女は倒れて頭をうった。下に下りていって走った。みんなで捕まえようと走り、みんな服が汚れた」。

こうなると勉強どころではなくなる。「ある生徒は勉強しないで、教室の戸口で待ち構えて、（憑依した生徒が）走ってきたら捕まえる。ある先生は、捕まえなくて、ただ後ろをついて歩いて、倒れたら介抱する。人によっては池に飛び込もうとするので捕まえなくてはならない。あの日、高校二年生の男子生徒が池に入った。先生がひっぱって連れ戻した」。一日に一教科だけしか勉強できなかったりした。時には、教室で憑依した精霊がそれほど強力でなかったら、先生が精霊に「（生徒の身体に）入らないでくれ、教えさせてくれ」と頼んだ。（精霊が）了解して治るということもあった。精霊は朝九時に出て行って、一時にまた帰ってくるということもあった。「（精霊が）疲れたから行くけど、また一時にくるといって、一時になったらちょうどきた。来なくていいというのが間に合わなかった」という。ある男子生徒は祠を壊した。男性教員の一人は、供え物をすれば生徒にもう憑依しないと約束したのに生徒が憑依したので、怒ってその祠に火をつけて焼いてしまった。

（7） これらの生徒のインタビューは、録音することに同意してくれたため、会話をトランスクリプションしたものから記述している。

憑依の状態

実際に、憑依している生徒の様子はどのようにみえていたのであろうか。友人が憑依した女子生徒（中学一年生）は次のように語った。

人によっては（憑依）しそうになったら話せなくなる。ムー（友人の名前）、と呼びかけても話せない。とても怖がる。入ってこないでという。ムーは首のところに、噛み跡が出る。彼女は、精霊が彼女を噛むという。憑依した時には赤くなる。とても赤い。左に二つ、そして右。（魔よけの）首飾り(8)をつくって首にかける人を怖がる。はじめは怖くないというが、連れて行こうとすると怖がる。

精霊はムスリムの時も仏教徒の時もある。ムーに入ったのはムスリム二人の兄弟だという。クウェティオ（麺の一種）を食べたいという。連れていっても食べない。そして走って車にぶつかりかけた。死なせようとしたという。猫が好きではない精霊が、猫を叩こうとした。ユ（ムスリムの友人の名）に入った精霊は、ドラえもんがほしいという。家にかえって礼拝の前の体の洗浄を先にするといったが、やはり憑依している時には、礼拝をしなくてもいい。ドラえもんを彼に買わなくてはならないという。買ってあげたかどうか知らないけど。

はじめは保健室に連れていったけれど、いっぱいになって、屋外の舞台の前に寝かせた。呼吸困難になった生徒を、校長の部屋につれていった。そこはエアコンがきいていたから。そこで校長に狼藉を働いた。その生徒が正気に戻ったら、校長は罵った。それで父母の中には不満をもつようになった者もいる。ムーは「（校長を）追い出してやる」といった。ついには校長の頬をたたく生徒も出た。

人によっては走っていって、指を骨折した人もいる。そして正気に戻った時には痛い。憑依している時には痛さも感じない。（トイ姉さんが）鉄の支柱をけって、ほとんど（関節が）外れそうになった。トイ姉さんは笑って、なんともないといった。そして（精霊が）出て行ったら、とても痛くなった。

憑依の感覚

憑依状態になった友人の様子について「人によっては、目を閉じない。目がうつろになって、何も見えていない。人によっては怖がって泣く、助けてと、手をつかむ」と、傍でみていた生徒はいう。

マサヤーは、教員のインタビューでも言及されたように、明るく聡明な高校一年生の生徒である。彼女自身は憑依した時のことを次のように語った。「憑依中のことは覚えていない。入る前の状態は、何かが横にいて、怖いと感じる。もうすぐ入りそうだと、怖い感じがする。そして何も感じなくなる。もう感じない」。「心を強くしようと思っても、なってしまうともうだめだ」。その後、マサヤーは憑依しなくなって、友人が憑依しているのをみて、あんたもあんなふうだったといわれ可笑しかった（talok）という。マサヤーは二〇人中一六人が憑依したT村に住んでいる。

異質な精霊の社会関係の現出

はじめの二、三人の憑依から徐々に一〇人、二〇人と憑依する生徒が増えるにしたがって、憑依した精霊の

（8）僧や呪術師など霊的な力があると思われている人が、呪文をこめて糸を撚ってつくった首飾りや腕輪などを身につけると、精霊が身体に入るのを防ぐことができると考えられている。

間に様々な関係があらわれてきた。「人によっては喧嘩する。またある人は大人の精霊で、ある人は子供の精霊だ。大人も喧嘩する。水を飲んで叫びあう。そうしたら勉強できない」という。

ついには、そうした精霊たちがグループ化をはじめた。仲のいい精霊、悪い精霊があらわれ、やがて二手に分かれて争い始めた。しかし、その関係は憑依した時のみの、精霊間の関係であり、憑依された人同士の関係とは一致しない。普段仲が悪いのに、憑依した精霊同士は仲がよい、その逆に普段は仲がよいのに、精霊同士が仲が悪いということもあった。「精霊が友達同士というのもいる。憑依して、手を握り合っている。一緒に座る。あがってきて、遊ぶ。そして校長を好きではない精霊もいる。名前は何だったかな、マリーといった」。

憑依がはじまって一か月ほど経った一二月になると、精霊の中に序列ができ始めた。精霊のリーダーが出現したのである。体の大きい運動選手でもある男子生徒に憑依した精霊だ。女子生徒は次のようにその様子を語った。

（憑依した）男子生徒を、あの日ほとんど学校中で走って捕まえた。間に合わない。高校二年か一年だ。走っていって、精霊が憑依している女性のところにいった。「戻れ、池の中に戻れ。ここにあがってくるな。遊ぶところじゃない。いうことをきかないと、蹴り上げるぞ。俺と戦うことができるのか」と男子生徒はいった。（他の精霊が憑依していた生徒は）走って逃げた。

ここでは、学校の中に、精霊同士の異なる秩序をもつ関係が出現していることがみてとれる。それは、通常の秩序とは差異化したものとして、異質な社会関係を生み出しつつ、学校全体の社会関係を重層化させ、変質させていく。

表 2-4　学校での集団憑依対策の経過（保健省報告より）

2004 年 12 月 17 日	10 人に症状がでた．T 郡病院と T 郡保健局の合同調査チームが入って活動をし始めた．子供を色に分けて調査を行った．赤色のグループは，少なくとも 1 度は症状が出た生徒，つまり健康に問題がある，精神的に弱い生徒である．緑色は，普通の生徒である．
12 月 20 日	ソンクラー病院のチーム 5 人が合流した．サトゥーン病院と T 郡病院の精神科医は，教員たちや村の役員，関係のある保護者に対して，症状，解決法など集団幻覚について講義を行った．
12 月 22 日	ソンクラーナカリン大学の精神科のチームが，25 人を選別して，精神健康局の感染に関するアンケートを行った．
12 月 23 日	学校と保護者会，および地域の委員会は合同で，民衆の信仰と要望にしたがって，宗教儀礼を行った．
2005 年　1 月 11 日	ソンクラーナカリン大学の精神科のチームは，午前中に 10 人の生徒のデータを収集した．午後には 3 人の症状のある生徒の家を訪問した．
1 月 17 日	保護者の代表と，村の委員会が，解決の方法についての案を提出した．校長の異動を提案した．なぜならば，今回の事件の原因は，校長にあると信じているからである．
2 月 2 日	12 人に症状．この日は女性校長に代わり，新しい校長が着任した．
2 月 8 日	学校は，教師の 1 人に土地神への儀礼を行わせた．
2 月 10 日	午前に 1 人憑依し，土地神が原因と信じて供物を供える．この儀礼を行って以来，まだ生徒は症状を示していないという．

4　様々な治療の試み

このように、学校で憑依現象が広がる中、周囲の人々はただ手をこまねいていたわけではない。地域の病院や保健所の医者のみでなく、南タイ最大の都市ハジャイから大学病院の精神科の医師団までが学校に入って調査を行い、様々な治療を試みた。また、呪医や宗教的方法による解決も試みられた。その経過は保健省の報告からみることができる〔表2-4〕。一一月一八日に最初の憑依の事例が発生し、その約一か月後から学校の外部からの解決が模索され始め、翌年二月におさまるまでその試みは行われた。

今回〔の集団憑依で〕は、土地神への供え物も以前のような効果はみられなかった。T学校のある教師は次のように語る。「ヤギ・カレーの供え物は、毎年やらなくてはならない。今回、憑依が起こってからカレーの供え物を何度も行ったが治らなかった。ヤギ・カレーの費用は学校が出した。牛のカレーの時には生徒一世帯五〇バーツを徴収した。カレー料理にして、生徒に食べさせた（二〇〇五年六月二八日インタビュー）」。

また、仏教やイスラームといった宗教的方法もさしたる効果は見られなかった。同じくT学校の教師は語る。「憎が儀礼を行っても治らなかった。イスラームの導師（phra islam 直訳では「イスラームの僧」）がやっても治らなかった。（いろんなやり方が）混ぜこぜになっていた。いろんな宗教でやったけれど治らなかった。イスラームでやったり、仏教でやったり、中国の宗教でやったり。アマー（華人系の女性呪医）もやった。呪文がある。助けることができると、聖水をつくってみんなに飲ませたけど、相変わらず元通りだ」。

二　憑依の様々な原因

学校の集団憑依については、異なる立場から様々な解釈がなされている。それは、土地神への供え物を怠ったこと、供え物をすべきであるという村人の考えを校長が無視したこと、より精神医学的な学校内における校長と教師の確執といった様々なレベルにその原因が見出される。具体的な行為や思惑、それぞれの齟齬が、集団憑依という出来事を生成していく様子が見られる。

村人、初代校長、保健省の調査報告、教師の視点から、いかなることが原因とみなされたのかを検証してみよう。

1 村人――これまで行ってきた土地神への供犠を女性校長が無視したこと

村人の土地神への信仰を無視した校長の不適切な対応により、集団憑依は起こり、校長が学校を去ることによって収まった、というのが村人の見解である。

憑依騒動当時の女性校長について、ある保護者は次のように語った。「校長は鼈甲（khra）を信仰しているという。腕にはめている鼈甲。手首にはめると、（霊的な力が）身体に入る（sing yu nai tua）。憑依した人もその腕輪をとりあげようとした。後には彼女は学校にしてこなくなった」。鼈甲を信仰すると、呪術で性的な魅力をアピールし、若くみえるといわれている。また、別の保護者も「短いスカートをはき、商売の女性のような服装で、髪を赤く染めている。服装が校長として適当でない。他の先生が生徒を助けている時に、鍵をふりながら立ってみていた」と語った。校長は、校長に相応しい風格に反する服装やその横柄な態度から反発をかったものと思われる。

憑依した生徒に対する彼女の対応も反発をかった。校長は憑依を恋人の気をひきたくてわざとやっているなどと罵り、池に跳びこもうとする生徒を助けようとする先生を、そうした騒動に加担していると非難した。村人はいう。「憑依した生徒の両親は彼女を好きではない。精霊が（身体から外に）出たら、校長は生徒を罵って「オーロー（売女といったニュアンスの女性への侮蔑的な言葉）、わざとやってる」という。どうやってわざとやるんだ。指なんて骨折しているのに。憑依から戻ると（骨折したことに）気づく。でも憑依している時は、罵られると、ますます罵りかえす」。

校長がついに異動となった経緯については、次のように語った。「校長は「もし自分が転任して治ったら、移ったままでいる。でも、精霊憑依がまだなくならなかったら帰ってくる」といった。その時、まだ転任するかどうか曖昧だった。そしたら精霊がまた入ってきて、「まだ移っていないのか」といった。それで彼女は転任した。そうしたら収まった」。

2 初代校長──村人や保護者の考えを無視したこと

集団憑依騒動が終息した約半年後に、初代校長であったM氏にインタビューすることができた（二〇〇五年八月九日インタビュー）[9]。M氏は一九九三年にT学校ができた時に、TW町の小学校の副校長から校長として赴任してきた。二〇〇四年に今度はTW町小学校の校長となりT学校を去った。もともとTW町出身の中国系タイ人である。清明祭[10]や中国正月は慣習として欠かさず行う。しかし精霊を信じるかというと信じないという。次の話は、自分が信じているのではなく、生徒が話したことであると断ってから話してくれた。

一九九二年からはモスクで授業をしており、一九九三年に学校が設立された後もまだモスクで授業をしていた。一九九五年になって現在のところに校舎をたてて移った。その年の終わりごろに、生徒が家で憑依して学校の土地神が警告（tak）しているといった。夢でみたりした子もいる。親が土地神が学校に取り憑いているといいにきた。それで保護者たちが生徒が学校で幸せに、安全に過ごせるように学校や校長に土地神を祀ってくれといった。はじめは信じなかった学校側も、多くの保護者の意見をうけて、土地神から土地使用の許可を請う儀礼（khor thi）[11]をしなければならなかった。その後は精霊は出なくなった。三年に一度ヤギ二頭をヤギ・カレーにして供える。はじめは、ろうそくを点して精霊と話をする霊能者を村長がつれてきた。（その霊能者を通して精霊は）三人をよこせといった。三人の命をよこせといった。それはできない、と押し問答し、代わりのものにしてもらえないかと頼み、三年に一度、四足動物を供えることで合意した。自分が校長をしていた一九九五年、一九九七年、一九九九年、二〇〇一年、二〇〇四年と五回やった。先生や生徒からお金を集めて、村人や先生が参加してやっていた。だいたい土曜日なので生徒は手伝いの子以外はきていない。ムスリムが多いので豚を供えるわけにいかないので、ヤギ・カレーにした。土地神はムスリムというわけではない。

土地神の素性がわかったのは、一九九八年に一人の生徒が憑依したことによる。とてもやせたユアーという名のK村の子だ。栄養失調のようでよく倒れていた。現在は大学生だ。彼女は一人で宙をみつめてにんまりと笑っていたりして、頭がボーとしているようだった。ユアーは一九九八年のどの月だったか忘れたけれど、三日間憑依した。記憶が正しければ金曜日、月曜日、水曜日だった。一日目は病院に送った。二回目は家に送った。三回目は母親がきて座って見張っていた。その後、調べても何も異常はないという。

（9）この時は、録音してもいいかと尋ねたところ、M氏が「録音しない方がいい」という返答だったため、フィールドノートの記録をもとに記述している。

（10）中国系タイ人が四月に墓参りを行う儀礼。一～二月に行う中国正月は主に世帯単位であるが、清明祭は親族が集まる機会となる。

（11）土地神にその場で何か行う許可を得るために行う儀礼で、「土地を請う（khor thi）」言葉を唱えて水を地面に流す。火葬などを野辺で行う場合にも、点火する前にはこうした儀礼を行う。

学校での憑依は二〇〇四年の今回の事件まではない。ユアーがいうには、土地神は三人いる。きれいな女性で髪の毛が長い人、女の子、そして髪の毛を髷にして、ジョンカベン（袴のようなズボン）をはいている男の子。この三人は友好的でわるさをしない。さらによそから来た精霊が二人でる。両方とも女で、一人は白い服をきて名前をカンティマー・ポンサクンという。もう一人が赤い服をきて名前はわからない。赤い方が入ると大暴れした。暴れて、叩いたり蹴ったりする。白い方は礼儀正しく話す。この二人は折り合いが悪く、どっちが（体に）入るかを争っている。同時に来るといつも赤い方が勝つ。白いのは、ハジャイで車にはねられて死んだが、その後、B村（T学校のある村の隣村）出身の友達を探しにきて見つからず、学校にきたという。赤い方は、（ソンクラー県）サバヨーイの人で、ムスリム女性がわけがわからずブラジャーやパンツなどの下着を祠にかけたので、怒って憑いた。その人がここに帰ってくるのについてきて、学校のところでその人から離れて学校にきたという。

ユアーと同じクラスの高校二年の女子生徒が、怖がって学校に来ない。どうしたらいいかと母親と姉が校長に相談にきた。校長が精霊のことを話してユアーからきいた精霊の名前をいうと、姉が飛び上がって驚いている。姉はその精霊と同じ名前の友人がハジャイ（南タイの大都市）で車にはねられて死んだという。自分は半分信じて、半分信じない。自分で自分に問いかけるに、精霊はまだいるということだ。こうして出てくるのだから。この話は全部は書く必要はないよ、自分が迷信深いといわれるから。(12)

M氏は今回の事件はA校長が村人の意見（考えの傾向）や保護者の意見（考えの傾向）（krasae chao ban, krasae phu pokrong）を無視したことによると分析する。彼は、今回の騒動の時にT学校を一度だけ訪問したという。その時は憑依した生徒は前校長をみると、起き上がって挨拶をして教室に入っていった。「精霊は自分をこわがる。

人はこわがらない」と、M氏は笑った。

3　保健省の調査報告 ── 村人の精霊信仰、および校長と村人／教師との確執

保健省の調査報告は、次のように五項目にわたって結論づけている。

①地域の村人の性質は、田舎のものだ。「精霊」を信じる文化をもっている。民衆の昔からの信仰であり、病気の原因を探索するにあたって呪術の儀礼を行う。

②土地神に儀礼を行い、憑依した精霊が、「かつて住んでいた木は今は狭苦しくなってしまった、(精霊が)大勢いるせいで食べ物も十分ではない」といった。多くの生徒が一度に病気になることによって、呪術への信心がますます高まった。

③保護者の一部は、毎年学校が行っていた宗教の儀礼を、新しい校長がその重要性を理解せず、今年は正しく行わなかったことが原因であると信じている。

④多くの病気になった生徒が校長を好きではなかったことが、短期間では解決することができなかった一因であるかもしれない。なぜならば、これらの生徒たちは、校長に向かってひどい言葉で話したからである。

⑤校長が交替したことがこれらの問題を引き起こした原因かもしれない。

(1)学校の中の争い(校長と他の教員の間)

---

(12) M氏と話した後、大学生になっていたユアーを探し当てることができた。青白い顔色の細身の女性だった。ユアーは大学の友人と共同で借りている家での恐ろしい憑霊体験について話してくれた。

（2）村人と校長の争い、からくる。

つまり、保健省では、今回の憑依騒動の原因を、もっぱら村人の迷信深さと、その迷信を信じない校長と村人、そして教師たちの間の確執にあるとみている。

4 教員たちの解釈――原因不明

一方、教員たちは、こうした保健省や、またそれと同じ結論を出した教育委員会の見方を否定する。教員たちの集団憑依の解釈は、原因ははっきりわからず、また終息したのも何かが解決されたからというわけではなく、自然に止まったというものである。それは、三か月にわたり憑依騒動に巻き込まれ、様々な試みを行ったあげく、ついに校長が転出した後にようやく学校が平静を取り戻した状況での教員たちの実感である。

ある女性教員は次のように語った。「精霊との交渉で解決した。N先生が、憑依した生徒と話し、精霊の要求をきき、精霊と交渉した。学校の雇い人が五人いて、生徒に憑依した時（精霊から守るために）手首に紐を結んであげたら治った。話せばわかる。この校長はそれが理解できない」。また、土地神と交渉したという男性教員は、憑依騒動が収まった後に「あの後、音楽の練習をしている時に、木のところに（精霊が）みえたと生徒がいった。生徒には、もういないよといわなければならない。もし（集団憑依について）話さなければ徐々に忘れていくだろう」。

教師たちの一致した見解としては、教育委員会の報告は、間違っているということである。校長と教員の間の確執が原因としているが、それは憑依がはじまって助けようとする教員側とそれを気に入らない校長の間で起こったことであり、原因として先に確執があったわけではない。憑依は自然におさまった。何が原因かは結論付けられないとする。

次に、出来事としての集団憑依の考察に入る前に、タイにおいて憑依現象がどのように扱われているのかを見ておきたい。

三　タイにおける他の集団憑依の事例

T学校の教員のインタビューによると、T学校では二〇〇四年の集団憑依以前にも、生徒の憑依は起こったことがある。しかし、その時には、憑依したのは女生徒一人であり、精霊と話して理解しあったという。憑依しても、手首に紐をかけてあげると普通に勉強を続けることができた。

その他の学校では、二〇〇六年はじめに、プーケットで新しい校舎をたてるため土地神の祠を壊したために集団憑依が起こった。また、二〇〇六年八月には、サトゥーン県の北隣のトラン県の中学・高校一貫校で九〇周年創立記念式典の時に一七〇〇人の生徒のうち三〇人ほど（うち男子生徒は二、三人）が憑依したという。トラン県の学校では一日だけの出来事で、仏教もしくはヒンドゥー教の司祭を呼んだ（二〇〇六年八月一六日、N先生のインタビューより）。

タイでは、このような集団憑依はこれまでにもしばしば見られた。これらの事例は保健省の報告にも「精神病の爆発的広がりの報告」として記されている（Samnakngan Satharanasuk 2005）。このような集団憑依は女性に多くみられるという。そのいくつかの事例を抜粋してみよう。

一九七八年から一九七九年、ペチャブン県（中部タイ）K郡の学校で、一一歳から一四歳の女子生徒一二人が、精霊が憑依した症状で、失神し、倒れ、自分の手で自分の首を絞め、泣き喚き、痙攣した。教師たちは、精霊を追い払う儀式を行った。しかし、まだ女子生徒の失神は日々増加し続け、約二か月間続いて止んだ。教師と村人の多くは、木の精霊が原因であると信じている。

一九八五年、スパンブリ県（中部タイ）U郡の学校では、雨安居（khao phansa）の儀礼の時に、一二人の女子生徒が失神したり、胸が苦しくなり、腹痛、手足のしびれ、筋肉の硬直という症状を示し、わけのわからないことを話した。これは、学校の屋根の上と学校の柱のタキアンの木（フタバガキ科 Dipterocarpaceae）の精霊が憑依して罰をくだしたのであると理解されている。しかし、人によっては、学校の前の祠の土地神が罰をくだしたのだともいう。なぜなら、生徒が敬意を払わないからだという。

一九八八年のトラン県K郡の工場で、一二五人の病人が発生した（すべて女性労働者で平均年齢一九歳）。みな似たような症状で、恐れ慄き、失神し、狂乱状態になった。その二、三日前に工場の変圧器の火事があり、「火事だ、電気が消える」という叫び声がした。労働者たちは気づいて大騒ぎしながら逃げた。翌朝も電気はついたり消えたりしていた。（工場では）精霊の話でもちきりになった。なぜなら、工場はかつて水死した人がいる川を跨いで建てられた。そこにはまだ骨がそのまま沈んでいるという。さらに、工場を建てる時に、頭蓋骨に柱を打ち込んでしまったのだという。死者はムスリムだったので、工場で病人が出て以来、イマーム（イスラームの指導者）を呼んで儀礼をしてもらっている。

こうした事例は、学校以外にも、工場、監獄、病院などの閉鎖的なコミュニティで起こっているという。保健省が学校の精神医療に関する一九八二年から一九八六年の五年間に行ったアンケート結果によると、二六保健所の報告から七〇の学校で、また一五の教育事務所の報告では五三の学校で発生している (Samnakngan Satharanasuk 2005)。

このように、T学校で起こった集団憑依は、必ずしもタイでは特殊な事例ではないということがわかる。当事者により原因とされることも、多くはT学校と同様、土地神や精霊などの超自然的存在である。そのような事態を外部の医療関係者は、閉鎖的なコミュニティにおいておこりうる精神的な疾患として取り扱っている。本論は、これらのどの原因が正しいのかといったことを明らかにすることを目的としない。そのような原因論は、現実を特定の視点から固定化させ、一定の像を描くことには役立つであろうが、そこでの齟齬や解釈の枠組みからはずれる事象は切り捨てられることになる。本章は、そこで現出してくる出来事を、潜在性が具現化する差異をもった重層的なプロセスとして捉える試みである。それが、はじめに述べた情動の伝染として憑依を記述することである。そうした記述により、何が見えてくるのであろうか。次節において検討する。

四　伝染する憑依

本章で扱ってきた憑依は、訓練をつんだ呪医や司祭の憑依ではない。また、憑依しやすい性向をもった特殊な個人でもない。これまで一度も憑依した経験のない中学校や高校の生徒が大半である。学校という多くの若者が集団で長時間にわたり日常生活を営む場でおきた出来事である。マスコミでいう「憑霊する学校」において何が起こったのであろうか。はじめに、数人の生徒が憑依し、そうした現象が伝染する過程があった。そのような憑依は、学校という物理的空間で集中して起こった。学校は、抜け出せない憑依空間となり、様々な出来事が進行していった。

もう一度、憑依現象が生成されたプロセスをみてみよう。

①精霊の出現 ── 生徒の失神・大騒ぎ
　村人の考えの流れ
　女性校長と生徒、教師の確執
　治療 ── 呪医、保健所や病院からの医師団・調査委員会の来訪
②スマトラ沖地震による中断 ── 学校に村人避難
③異質な精霊の社会関係の出現
④憑依現象の終息 ── 女性校長の転出

こうした経過をみると、憑依現象はいくつかの段階を経て最終的に終息していると見ることができる。まず、生徒が精霊になることから憑依現象は始まった。そこから、身体から身体へ憑依が伝染し、憑依に感染していない人もそこにおいて様々な思惑をもち行為している。そうする中で、集団憑依という出来事が連鎖的に生み出されている。

1　生徒が精霊に〈なる〉ということ

生徒が精霊に〈なる〉[13]ことを、従来の憑依の人類学的な分析のように身体と主体の関係性に焦点化せず、出来事として分析するにあたって重要なのは、身体と情動である。

先に述べたように、A校長は二〇〇五年二月に憑依騒動の後、T学校からM村小学校の校長に転任した。それは中学・高等学校の校長からの降格を意味する。M村小学校では、A校長はムスリムの村人の間で生徒に無理やり仏像を拝ませると噂になった。やがて校長と村人の一部が学校の資金をめぐり対立し、ついには校長のリコールを求める署名を集めて県の教育委員会に提出し、約一年後にA校長はM村小学校から再び転出することになった[14]。こうした、M村のその後の校長をめぐる事件からは、校長に不満があるならばリコール署名を集

(13)　ここで、〈なる〉とは、ドゥルーズ／ガタリのいう「生成変化 devenir」のことをさすが、それは情動によって突き動かされる。それは、人間（例えばハンス坊や）が馬に〈なる〉生成変化のように、生成変化とは、みずからが保持する形態、みずからがそれであるところの主体、みずからが所有する機能をもとにして、そこから微粒子を抽出し、抽出した微粒子のあいだに運動と静止、速さと遅さの関係を確立することである、とドゥルーズ／ガタリはいう（ドゥルーズ／ガタリ 1994: 314）。ドゥルーズ／ガタリのいう微粒子とは、自分が今〈なろう〉としている身体それ自体の中から抽出された「動物と人間を分かつ境界線がどこを通るか明言しえなくなる（ドゥルーズ／ガタリ 1994: 315）」ゾーンでの生成変化の欲望のようなものとでもいおうか。これによってこそ生成変化が達成されるという。ここでは微粒子の近傍域あるいは同時現前のゾーンを見出すことが課題となる。生徒が精霊に〈なる〉生成変化は、人間と精霊を分ける境界が識別不能となることを示す。

(14)　今度はかなり小規模な小学校に異動となったが、やがてT学校の隣の中学校の校長として現在は戻ってきている。彼女の愛人が教育行政で力があるためであるともっぱらの噂である。

めるという手段もあることがわかる。T学校の初代校長のいうように、仮に生徒たちが、親や村人の考えを内面化しているとしても、なぜ憑依した生徒本人が望んだわけではない身体反応として、こうした不満を表出することになったのかは依然として残る疑問であろう。その場で起こっている憑依という出来事そのものに目をむけることでしか、こうした疑問は解消されない。

生徒が精霊に〈なる〉という事態を理解するには、一つの個体が他の個体を触発し、また触発される力能＝情動に注目する必要がある（デランダ 2008: 131、本書序章）。情動が情動へと伝染して出来事を動かしていくが、それは身体がとりうる能力と密接に関連している。しかし、それは身体がそのまま生成変化して他の形態をとるといったことではない。その出来事は、今あるものから新たなものになるという欲望が身体から発する、欲望を現前化させるプロセスである。

しかし、憑依した生徒たちが、精霊になりたいという欲望をもっていたということを、通常の意識的な欲望という意味では理解しがたいかもしれない。生徒たちは、精霊になろうとして精霊になったわけではないであろう。しかし、校長に従順な存在たるべき生徒から脱して、別のものになろうとする欲望はあったといえる。ここでは欲望は、身体から発して、自らを生成変化させる力（＝情動）となるという意味で「欲望」をもつといいたい。精霊は、生徒の身体の力能のもつ情動により、潜在性を具現化させる生成変化の途上に出現しているとみることができる。生徒は、土地神や、水の精霊（phi nam）、その他の様々な精霊に〈なる〉ことで、潜在性が現前化したアクチュアリティを示す。しかし、それは土地神や水の精霊を模倣することではなく、土地神や精霊を体現する憑依者は、憑依者自身と土地神や精霊が発する情動による生成変化を憑依した身体に具現化している。ここにおいて、人と精霊は新たな関係に入り、両者は互いに相手を変化させ、人間＝精霊の新たな共生関係が出現している。

2 出来事としての憑依現象──情動の伝染

身体と主体の関係性に焦点化せずに、情動の伝染を出来事として分析することで何が明らかになるのであろうか。出来事が生み出されるとは、すでに構成された形態を再構成することでもなく、どこかに潜在的にあるはずの原型を探索することでもなく、そうした作動しつつある「力」が働いている生成変化の現場を「今・ここ」から捉えることである。(15)

憑依現象においては、そうした力は端的に憑依する身体が他者の身体を触発し、触発されて、憑依が伝染していく情動の流れにみることができる。それは、受動と能動の境界を曖昧にしつつ進行する出来事である。憑依した生徒の一人、マサヤーの言葉は、そうした力を感受して身体の受動と能動が相転移する時の感触を表している。「憑依中のことは覚えていない。入る前の状態は、何かが横にいて、怖いと感じる。もうすぐ入りそうだと、怖い感じがする。そして何も感じなくなる。もう感じない」。そして、身体の動きが憑依する身体から身体へと感染し、出来事を展開していく。

学校での憑依現象は、憑依が憑依をよび、身体がとりうる力能として、能動的情動と受動的情動が、他の身

(15) 箭内は、ドゥルーズの devenir「なること」・「生成」を、「生成、変化、変動とは、構成された形態ではなく、構成してゆく力とかかわるものである」として、過去＝現在＝未来の時間的連続性の内部で把握しようとする歴史と対比して、その特徴を「新しいものになろうとする（devenir）」動きを捉えようとするところにみている（箭内 2002: 215–218）。そこで重要なのは、「構成された形態」を乗り越えて、「新しいものになろうとする」様々な異質な「力」が同時に、しかし不揃いな形で作動している場所へと向かうことである。

体が示す情動と組み合わさりながら身体やモノが生成変容する場である。通常ならば絶対に発せられることのない校長に向かっての乱暴な言葉や態度、金切り声をあげての喧嘩、女子生徒がスカートを破ったまま下着をみせて走り回る性的無秩序の様相などが、異なる位相を保ったまま集団憑依の出来事が進行していった。生徒が、土地神、水の精霊（phi nam）、その他の様々な精霊に〈なる〉ことで、校長—生徒関係は、校長—生徒＝精霊関係となり、新たな関係に入った。学校は勉強する場から変化し、生徒＝精霊が学校の中を走り回り、祠を蹴倒し、池に飛び込み、それを教師たちが追いかけ、呪医が呪文を唱えたり儀礼を行うことで暴れる精霊と交渉し、おしとどめようとしている「憑霊する学校」が出現した。さらにここから、通常の友人関係を逆転させ、その空間における精霊間の新たな関係を浮き上がらせ、精霊のリーダーを頂点とする新たな秩序が出現した。しかし、それは全く新たな関係というわけではなく、ある意味で人間の関係をもとに、そこから精霊の関係という別の次元において人間の関係を滑稽化させたような精霊関係の出現であり、そこでみられたのは、学校における日常的な先生やさらには校長への権威に従順な生徒の関係性を参照しつつ、換骨奪胎した秩序である。こうした劇中劇ともいえる精霊の躍動する異質な関係性が創出されたことは、その場における情動が伝染し、様々な関係性を変容させつつ別の出来事が生み出されていくことを示している。しかし、ここでは憑依現象を非日常として日常に対立するものとしておくのではなく、これもまたアクチュアルな現実として出来事が展開していく偶然のその力に焦点をあてたい[16]。

憑依現象は、精霊や憑依された身体が混合して、情動の力の作用により生み出された出来事であった。それは、とりわけそうしたモノ・身体・精霊と分断することなく差異を含んだまま進行している情動の流れを記述することを誘発する。学校における憑依現象は、現実＝アクチュアリティが常に「今、ここ」で固定されたものとしてはありえず、常に他でもありうる潜在性をあわせもったまま進行する、偶然性をその根底にはらんだものであるということを示している。

(16) 憑依した精霊間の関係性は生徒の友人関係のあり方をひっくり返して異なる位相で再現しているという意味で、そのずれを喜劇的であると感じる。ゆえにここでは、悲劇が常に、内在的な必然性が破滅的な終わりへと至らしめる「性格」であるのに対し、喜劇的な次元は偶発的なあり方に従属しているというジジェクの言葉が想起される(ジジェク 1994: 99)。

第3章

クルー・ノーム
——「のめり込む」生
エビ養殖の顛末

南タイのサトゥーン県北部に位置するM村にエビ養殖が初めて持ち込まれたのは、一九八〇年代半ばであるが、多くの村人がこれに競うように参加し始めたのは一九九〇年代に入ってからである。それから一〇年、二〇〇四年現在ではほとんどの村人はすでにエビ養殖からは手をひいている。エビ養殖は成功すれば多大な利益を得られる反面、失敗すれば莫大な借金を抱えることになる事業である。養殖池は投下する飼料や薬剤などによって汚染され、二、三年のうちに生産性が極端におちるために一〇年もたたないうちにその土地での養殖事業は継続できなくなることが多い。こうして村に入り、去っていったエビ養殖という事業に関わった人々にとって、エビ養殖という出来事はいったい何であったのだろうか。エビ養殖が外からやってきて村で生活している人々の人生を巻き込み、怒涛のように去っていく中、人々はただその流れに翻弄されていたというわけではない。その流れを呼び込み、巻き込まれていった人々の主体的な選択の過程も当然含まれていたはずである。そこでは、個人の生の受動性と能動性、生かされつつ生きていくという現実がみられる。本章では、エビ養殖という出来事を通して、人々の生活実践の場から個人の生に焦点化してそこに見られる情動の流れの受動性と偶然性に接近したい。

手元に二枚の写真がある。一枚は、二〇年ほど前に私が初めてM村に住み込み調査に入ったばかりの頃に撮った写真で、村の入り口にそびえるタナーン岩の前に広がる水田が写っている。村に住み始めて三か月ほどして、村の助役であったトゥアンがその水田で死体で発見された。その写真は、人々が集まって死体は誰であるかを確認しているところを撮ったものだ〔写真3-3〕。もう一枚は、同じ場所でその水田が掘り返されエビ養殖が行われていたが、二〇〇四年現在は養殖を休止中の養殖池の写真である〔写真3-4〕。この養殖池はラットが叔父のリエンの土地を借りて養殖池にしているもので、ラットは資金は出したが、養殖をはじめた当初はサトゥーン県に隣接するトラン県で菓子工場を経営しており、ラットに替わって養殖池の世話をしていたのはリ

写真 3-1　村の入り口にあるタナーン岩

写真 3-2　タナーン岩の前の水田

写真 3-3　水田で死体が発見された場所

写真 3-4　タナーン岩の前の休止中の養殖池

エンであった。リエンは一九九八年に養殖池でモーターに巻き込まれて水死している。この二枚の写真は、私にこの二人の死と同時に二〇年間にわたる景観の変化を思い起こさせる。

景観への注目は、時間的メタファーから空間的メタファーへの移行という近年の社会科学における一つの潮流の中に位置づけることができるであろう。[1]『景観の人類学』においてハーシュは、景観(landscape)を、第一にマリノフスキーの古典的テキスト『西太平洋の遠洋航海者』のトロブリアンドの描写に典型的に見られるように、人類学者が自らの研究に「眺め(view)」をもたらすようフレームをつける慣習的なやり方であり、第二には、現地の人々による文化的、物理的な環境の意味づけであるとする。[2]彼は景観をプロセスとみる見方を提唱し、景観モデルを「前景 foreground」の日常的社会生活が「背景 background」の潜在的社会的存在へと関連づけられるプロセスとみる。ハーシュはこのプロセスがそれぞれの文化、社会において多様であることを示そうとしている。こうしたハーシュの景観モデルは、一見静態的な景観という概念に、権力や歴史に関わる動態的な側面をみるという意図をもっている点は評価できるが、そこにおいてもやはり、個人に対する文化・社会の集合表象的な客観主義的モデルを暗黙の前提としているといえよう。[3]

本章における情動のエスノグラフィの試みが描こうとするのは、こうした客観主義的な構造やシステムを前提とした社会や文化といった集合的な単位における多様性ではない。むしろ個々の経験そのものの多様性がより大きな流れにいかに反響し、されるのか、そうした流れ自体が偶然性をはらみつつ経験の差異を生み出していく微細なプロセスを描き出すことをめざす。

まず次節においては、エビ養殖という出来事のマテリアリティの側面ともいえる、モノとしてのエビをめぐる養殖事業およびそれをめぐる議論の概況について述べる。続く第二節では、村におけるエビ養殖の実態の全体的な特徴について考察を行い、さらに第三、四節においてエビ養殖事業に関わる幾人かのライフヒストリーを追うことで、彼らの生の在り方そのものへと考察を進めたい。

一　エビ養殖概況

1　モノとしてのエビ

タイで主に養殖されているのは、ブラックタイガーというクルマエビ属で、大陸や島の沿岸の陸棚に生活する。卵からかえるとヌプリアス、プロトゾエア、ミシスと成長、脱皮の段階に応じて名づけられているプランクトン生活を約一か月送り、稚エビとなり、熱帯水域では十数か月の寿命だという。「マングローブなくして

(1)　人類学における空間論については（西井 2006a）参照。

(2)　景観（landscape）という語が英語にもたらされたのは、一六世紀の後半に画家の専門用語としてオランダ語の landschap からだという。一八世紀には理想化された絵画的イメージと農村の景色が結び付けられ、さらに一九世紀には庭園都市おいて都市と農村の理想像が結び付けられた。それは、一つの場所において互いに排他的なものを結び付けようとする志向で、一九世紀の担い手は郊外の中産階級であり、二〇世紀にはそれが労働者階級にとって替わられたという。ハーシュはそこには日常的な生活と理想化された想像の存在との関係がみられるという（Hirsch 1995: 2–3）。

(3)　しかし、論集（Hirsch and O'Hanlon 1995）の各論においては、ハーシュも序文で述べているように、環境のマテリアリティや身体に焦点をあわせたダイナミックな分析もみられる（Gell の視覚によらない聴覚マップなど）。

エビなし」といわれるほど、エビにとってマングローブ林は重要な役割を果たす(4)(村井 1988: 58)。マングローブ林は、落葉の腐食による有機質の発生や河川や海から運ばれてくる養分で栄養に富んだ泥沼となっており、様々な漁業資源の宝庫となって陸上の森とはかなり異なった生態系をもつミクロコスモスとしてみることもできる(宮城・安食・藤本 2003、中村 2002)。このマングローブ林で、エビは多くの敵から身を守り、栄養たっぷりの環境を得て生育する。このマングローブ林の減少と養殖池の拡大が反比例するとして、一九八〇年代にはエビ養殖池の建設がマングローブ林の消失の最大の原因とされてきた(川辺 2003: 10、安食 2003: 91–122、末廣 1993: 166–170)。しかし、エビの養殖技術の変化により問題の所在が変化してきているという指摘もある。かつてのエビ養殖の主流をなした粗放型養殖は、水辺のマングローブ林を養殖池に転換することが不可避であったが、今日の集約型養殖では、マングローブ林はその土質がエビ養殖には好ましくないと避ける傾向がある。さらにタイでは、マングローブ林は原則的に伐採禁止となっているので、エビ養殖によるマングローブ林破壊の問題は過去のものとなっているという(馬場 2003: 92)。アジアにおいてマングローブ林であった場所につくられたエビ養殖池は、準集約池、粗放池、集約池の順にそれぞれ四五%、四三%、三一%という報告もある一方で(川辺 2003: 10)、一九九九年現在エビ養殖池として使用されている八万ヘクタールのうち、一二・五%のみが以前マングローブ林であり、五〇%は水田であったという見積もりや、一九六一年以前に存在したマングローブ林の一七%のみがエビ養殖に使用されているという報告もある(Patmasiriwat, Bennis and Pednekar 1999: 134)。

タイにおいては、一九八〇年代前半まではエビ生産は大きく漁船による漁獲に依存し、養殖は粗放型のホワイト主体の生産であったが、一九八六年以降急速に集約型が普及した〔図3–1〕(藤本 2004: 120)。一九八五年から一九九五の一〇年間で、経営体数は四五〇〇から二万五〇〇〇にと五倍以上の増加を示し、生産量は一七倍にもなっている。その一方で養殖面積は二倍程度にとどまっている(馬場 2003: 85)。つまりこの一〇年間で、集約型の養殖が急速に発展したといえる[5]（馬場 2003: 86）。タイでは、かつて台湾の生産が衰えるとともに華人資本がバンコク近辺の中部タイの沿岸部にまず入ってきてエビ養殖が開始された。その後一九八〇年代後半にはタイ湾東部地域に移り、さらに一九九〇年代には急速に南タイ沿岸部に移っていった。エビ養殖が最初に発展したタイ湾中東部では粗放型あるいは半集約型が多かったのに対し、南タイでは集約型が中心である（馬場 2003: 86–87）。さらに一九九〇年代半ばに南タイの生産も下降してくるといったんはタイ全体のエビ養殖の総生産量も落ち込み始めたが、一九九七年後半から、今度は沿岸部から遠く離れた内陸部において塩分濃度をさげた新しい養殖方法が導入された。これは水田を養殖池に転換するため、近隣の稲作や果樹園に塩害を引き起こしたり、大量の地下水をくみ上げるため地盤沈下が懸念される。タイ政府はこれに対し一九九八年に禁止措置をとったが、馬場治はその背景として今まで進めてきた工業、サービス業を中心とする経済成長が減速し、農業生産の見直しがされるようになったことをあげる。農業重視勢力はまた環境擁護の勢力とも結びつき、外貨獲得のためのエビ養殖推進勢力をおさえて結果的に禁止措置という政策に反映されたとみている（馬場 2003: 84–85）。

本章のはじめに、エビ養殖は二、三年のうちに極端に生産性が落ちると述べたが、日本や東南アジアにおいて自らエビ養殖経営に携わり研究を続けている藤本岩夫は、エビ養殖は、集約養殖池では、年二回作として二年四回作までが利益をあげられる生産性を維持できる最大限度であるとする。五回作以降、作を重ねるに従い、

（4） M村のマングローブについては27–28ページ参照。
（5） エビ養殖の集約化は、台湾での人工孵化・種苗生産の成功（一九六八年）と人口飼料の大量生産（一九七七年）の開始をきっかけとする（川辺 2003: 4）（村井 1988: 132–135）。

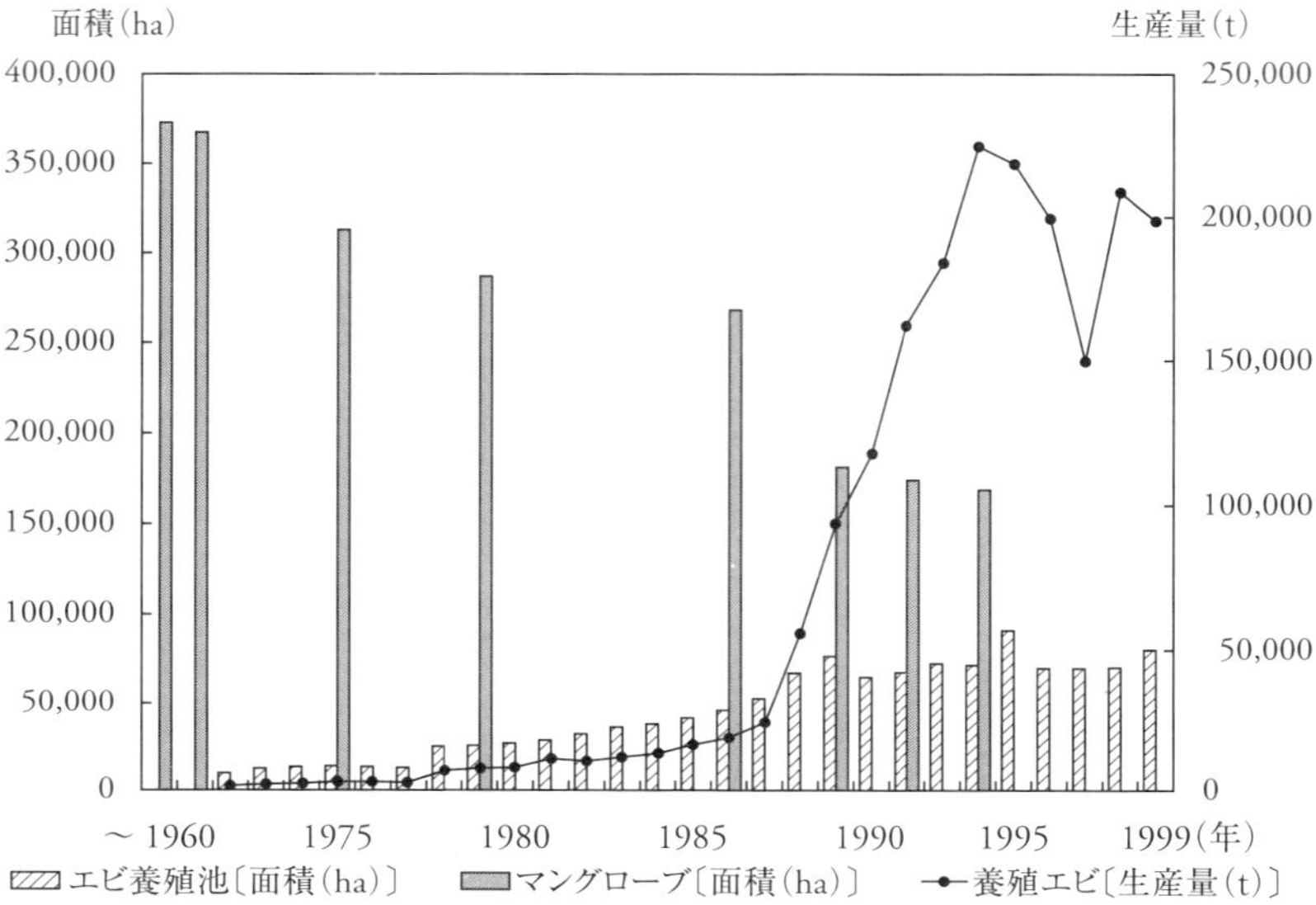

図 3-1　タイ国のエビ養殖場面積・生産量とマングローブ面積の変遷（川辺みどり「アジアのエビ養殖」多屋勝雄編『アジアのエビ養殖と貿易』成山堂書店，2003 年，p. 10 より）

連作障害の発生に加速がつき、経営を致命的なレベルまで悪化させるという（藤本 2004: 254）。それは、養殖池に大量の栄養剤を含む飼料や病気を防ぐための薬を投与するため、土地が汚染され池の底にヘドロ状の泥が堆積し、エビがウィルス感染することで大量死するためである。一九八八年、台湾のエビ養殖はＭＢＶ（モノドンバキュロウィルス）感染症のため壊滅的な打撃をうけ、生産量は前年度の六一％減となり、その後も回復しないまま二〇〇〇年にはピーク時の約五％の生産量となった。これは、一度土地が汚染されるとなかなか回復しないことを示している。一九九〇年代初期にはタイでＹＨＤ（イエローヘッド病）が発生して大きな被害を与えている（藤本 2004: 13–20）。持続可能性ということがエビ養殖の大きな目標となっているが、現在のところ実現はなかなか困難な状況にあるといえよう。

エビはグローバルな商品であるため、その消費によっても価格は大きく変動する。日本は世界最大のエビの輸入国であり、二〇〇〇年では、三二万トンの総需要のうち二八万トンを輸入している（多屋 2003: 162）。一九八〇年に円は一ドル二二七円であったが、九五年には九四円となり、かつては高級品であったエビが外食産業の発達とともに一般化し、家庭の需要も増えたと考えられる（多屋 2003: 158、村井 1988: 1–5）。こうした国際的な需要と供給のバランスの上にたったエビ養殖は、供給過剰による価格暴落も免れえない。(6) このような市場原理に加えて、東南アジアにおける急速なエビ養殖の普及は、華人資本の動きとの関連も指摘されている。華人資本の特徴は、土地収奪型のエビ養殖産業に見られるように、短期的な利益を重視し、土地に根ざした長期的投資を行う在住型資本とは異なる行動様式をとるところにある。国際市場における華人資本が、華人ネットワークを使って他所に転移し、各国でのエビ養殖の急成長と交代劇の特徴を作り出しているという（多屋 2003: 161–162）。

2 エビ養殖をめぐる議論の特徴

ここではエビ養殖をめぐる議論を、中心的な二つの論点に絞ってみてみたい。第一点は、エビ養殖と環境破壊の問題である。第二点は、エビ養殖事業の極端な高収益性についてである。

第一点については、エビ養殖池の排水による汚染でマングローブ林を破壊し、周辺の漁獲にも影響を与え、さらに内陸部の場合は周囲の水田や果樹園に塩害を与えるというものである。そこでは環境破壊を行う巨大な

(6) 例えばインドネシア産のエビ、ホワイトは八二年に最高値で16–20サイズ四ポンドが八八〇〇～九〇〇〇円、八九年には二七〇〇円までさがり、九〇年には四一〇〇円まで値を戻した（村井 1992: 34）。

エビ産業と地域の被害を蒙る零細な農民や漁民という構図が前提とされていることが多い。そこからは、日本人をはじめとする消費の中心である先進国の側が消費のあり方を考えるべきであるという提言にいきつく。現実のエビ養殖をめぐる構図の多様性や変化は考察の対象にならず、構図そのものは不変なまま維持されることになる。

第二点はそれとは全く逆に、エビ養殖は他に現金収入の道があまりない貧しい地域において、他の業種に比べ極端な高収入をあげるということである。貧しさゆえに高収入のエビ養殖に参与するという。その収入は通常の農民と比べて一五倍に相当する（Flaherty, Vandergeest and Miller 2002: 217）という見積もりや、通常公務員の初任給が一万バーツにもみたないところで数万バーツから四〇万バーツの収入があるとの報告もみられる（安食 2003: 113）。ここではエビ養殖を行うのは大資本のみではなく、一般の民衆であるということも視野に入っている。こちらの見方では、対立の構図は、エビ養殖業者と他の漁民、農民という争いということになる。しかし、一般の民衆を考慮に入れたとしても、現地の人々のエビ養殖による莫大な利益、収入の増加という側面のみに焦点があてられ、エビ養殖による莫大な借金というリスク、それによる人々の生活の激変には目が届かない(7)。

つまり、エビ養殖をめぐる議論は、エビ養殖がもたらす欠点は環境破壊であり、利点は現地の所得向上であるという軸を中心に展開されているとみることができよう。本章では、こうした議論から抜け落ちる、現地の人々がどのようにエビ養殖に関わり、それが彼らの生活をどのように巻き込み、彼らがそれぞれどのように生きているのかを、個々の多様性を捨象することなく描いてみたい。

二　村におけるエビ養殖

1　エビ養殖導入の経緯

M村は、第1章でも述べたように、もともと一二〇年ほど前に魚網を染めるためのマングローブの皮を採取するために、マングローブ森を切り開いて住み始めたところである。その後の村の生業は、木材、そして炭の材料として、マングローブに密接に関連して展開している。しかし、一九九六年にマングローブが伐採禁止になった頃には、大木はほとんどすべて伐採され、まばらになった森に、伐採禁止になる以前に商業伐採権の持ち主に義務づけられていた植林による若いマングローブが生えている状態であった。しかし、マングローブの生育は驚くほど早い。海岸では、二〇年前の調査時当初ほとんど何もなかったところがマングローブの森と化しつつあり、私が同居していた家からの海の景観も大きく変わってしまっている〔写真3-5〕。

村に初めてエビ養殖が持ち込まれたのは、一九八〇年くらいにさかのぼる。二〇〇四年八月の時点で、エビ養殖に関わったことのある世帯は、一三〇世帯中約六分の一弱の一九世帯であり、このうちインタビューが可能であった一五人についての調査結果から、村におけるエビ養殖のあり方をまとめてみたい(8)。

(7)　わずかだが、多くの小規模なエビ養殖農民は長期的には経済的に失敗するという予測もみられるが（Flaherty, Vandergeest, and Miller 2002: 230）、エビ養殖の問題点としてとりあげられることはあまりない。

(8)　インタビューできなかった四人のうち三人は村外に移住、一人は死亡（本章の終わりで言及）している。

写真 3-5　海岸沿いの若いマングローブ林

はじめに村に導入されたエビ養殖は、いわゆる粗放型の養殖であって、巨大な池をほり、水門を設けて潮の干満に応じて自然に入ってくるエビを育てるのみで、稚エビを放したり、えさを与えることもしない。粗放型養殖は村長とその弟の二人が行っていた。やがて一九八五年ラットが初めて集約型のエビ養殖をはじめ、その後は一九八六年に村長、八七年にチュ、八八年に村長の息子のシア、八九年に村長の弟ピット、そしてレックと続く。一九九〇年になると、四人の村人がはじめ、さらに九二年には四人が参入している。九二年にはじめた人はいずれも二年ほどで損失を出したために止め、休止をはさみながら断続的に続けていた人もさらに数人が止め、二〇〇四年三月もしくは八月にインタビューした時点で継続中、または様子をみてまたはじめると答えた人は四人であった。しかし、このうち二〇〇五年八月の時点で本当に継続していたのは一人のみであった。それは、村で唯一利益をあげているピットであるが、この他に村周辺では、このあたりのみならず広範囲に大規模なエビ養殖を行っていた

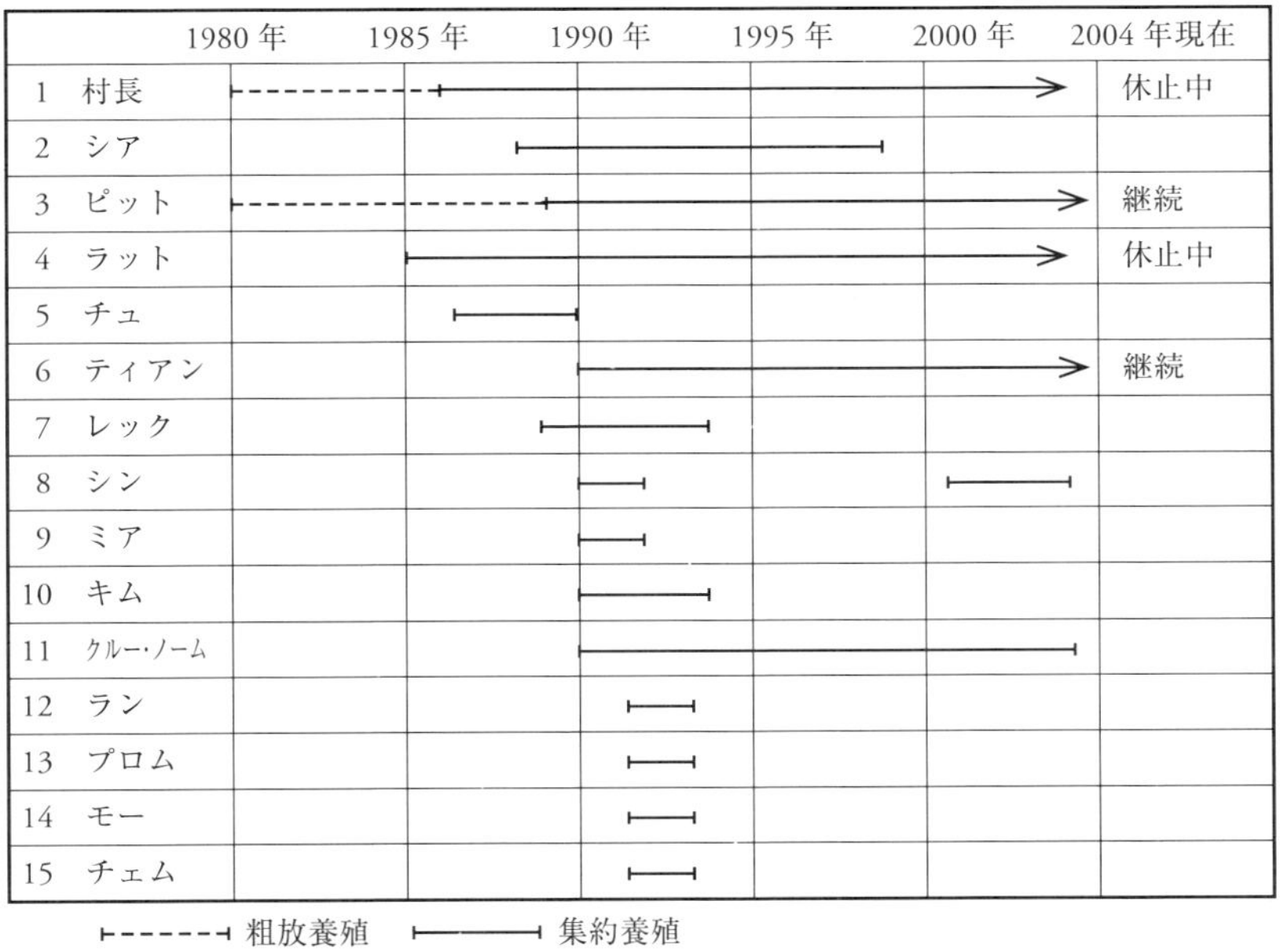

図3-2　M村のエビ養殖期間

ハジャイの資本家もエビ養殖を継続していた。つまり、小規模の経営体はすべて中止し、養殖池を五〇以上もっている大規模養殖のみが生き残っている形になっている〔図3-2〕。

2　エビ養殖に関わった人々

どのような人が、どのようにしてエビ養殖をはじめることになったのかをみてみたい。図3-3からもわかるように、一五人は三つの親族関係にわけて把握することができる。養殖をはじめるきっかけは、初めて村に養殖を持ち込んだ人は他地域の友人、知人から情報を得ているが、後には親族の誰かが行っていたことから参与し、九〇年代に入ってからはじめた後発組の人々は、じつは影響力のある仲間からの情報ではじめている。誰から情報を得たかときいた時に、次節のライフヒストリーでも扱うクルー・ノームの名をあげた人はじつに一五人中

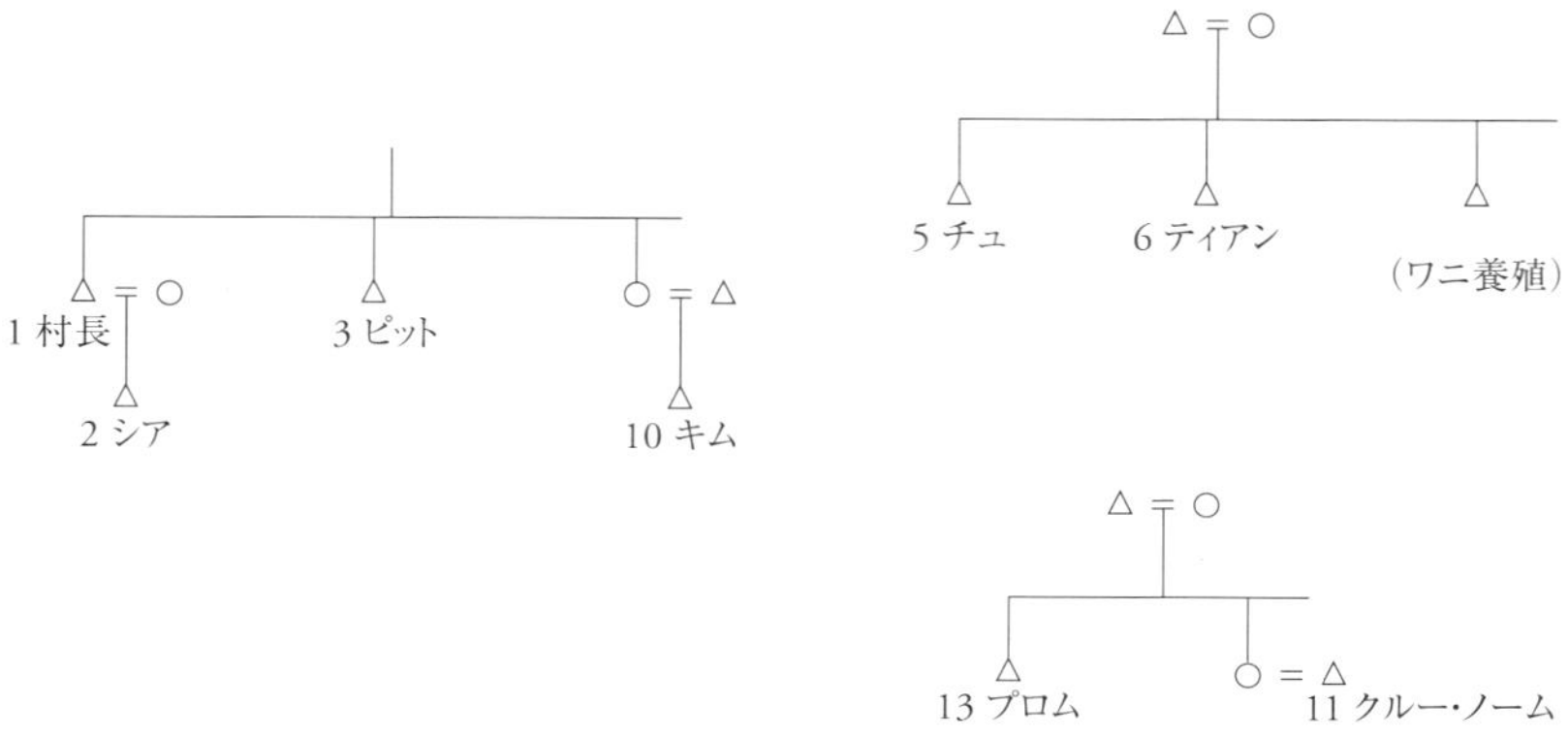

図 3-3　エビ養殖者の親族関係

五人にものぼった。いずれにしても、村でいったんエビ養殖をはじめる人がいると、親族や仲間など身近な人々との関係からエビ養殖に参入するケースが多い。

　ではどのような人がエビ養殖を行ったのかをみると、大きく三つのグループに分けることができるであろう〔表3-1〕。第一グループは、大土地所有者および資本を所有している人で、表の1から6の六人がこのグループに入る。このグループの人々が利益の大きなエビ養殖というグローバル経済の動きに敏感に反応してまずエビ養殖に参入している。第二グループが、資金を借り入れることが可能である定職についている人々（が副業で行ったもの）で、これに相当するのは村では公務員である学校の教師で7から11までの五人がこれに入る。そして第三グループが、中、小規模の土地を所有し、多少の資金の融通もつく人々四人で、村では九〇年代に入って最後にエビ養殖に参入している。第三グループの人々は一様に二、三回の試みで損失を出すとすぐにエビ養殖から手をひいているため、損失も大きくなく、手持ちの土地を売るなどして借金をしのいでいる。

　こうしてみると、村では貧しい人々、つまり土地や資金のない人はエビ養殖には参入できなかったことがわかる。集約型のエビ養殖は土地を必要とするのみならず、養殖池を掘ったり、水の表面を撹拌して空気を入れるモーターなどの機械類を含む初期投資の額もかなり大きい（写真3-6）。しかし、エビ養殖における借金は初期投資よりはむしろ、その後の飼料代や燃料代などによるものがかなりの額を占める（馬場 2003、藤本 2004 など）。

もっとも、村でのエビ養殖への関わりは、経営者としてのみでなく、その雇用人として職を得る可能性も拓いた。村では、一九九一年には八人、一九九四人には一四人が、いずれかのエビの養殖池で雇用されている。これは、通常、四か月ほどの養殖期間について月給で雇いあげる形をとり、一つの養殖池あたり三〇〇〇バーツほどで雇用される。[9] エビの水揚げがよければ、それにボーナスがつく（写真3-7）。ただこうした雇用は、必ずしも地元に還元されるとは限らず、村周辺で大規模エビ養殖を行っているハジャイ出身の資本家は、東北タイや北タイから雇用人を連れてきていた。彼らの方がコントロールしやすいという理由からだとある村人は説明していた。こうした雇用は、土地や資金がなくても現金収入の機会を与えるという側面もあるが、ここでは主に生の運―不運をかけてエビ養殖経営に携わった人たちの決断とその後の軌跡を追ってみたい。

3　損失を出した人、利益を得た人

エビ養殖をはじめてやめるまで、もしくは継続中で二〇〇四年現在までの収支決算がマイナスである人は、一五人中じつに一二人にのぼる。プラスであったのは三人にすぎない。利益をだしている三人のうち二人は一〇〇〇万バーツ以上の莫大な利益をあげており、あと一人は、三回やったうち最後に損失を出したが、合計で

（9）一バーツは二〇〇五年一〇月時点で三円弱、二〇一二年七月現在では約二・五円である。

規　模**	土地所有状況	その後の職業（副業含む）	エビ養殖の成敗
1ボー（100ライ），集約養殖 各4ライ），20ボー以上（計100 ッブリの会社に貸す（水揚げの	自己所有＋買い上げ（30数ライ）	牛を5か月前から6頭	銀行に200万バーツの借金
ライ）→5ボー	父の土地	養魚	120万バーツの損，100万バーツで3ボーをハジャイの人に売る．その人はその後損
2ボー（60ライ），集約養殖1 ライ）→M村32ボー（400ライ），ー，W村25ボー	自己所有＋買い上げ＆借り上げ	ゴム園も買い足す．	利益大
985）→7ボー（1995）	叔父の土地	菓子づくり	千数百万バーツの損
ライ）6回，.5ライ）3回	1つめは自己所有，4つは買い，その後30ライを100万バーツで売った．	島の観光業	千数百万バーツの利益
ら毎年1つずつ増え4ボー	兄，父の土地	2000年に炭焼き中止，魚の養殖	大損
ライ）6回，1ボー2回	母の土地，クラビー		50万バーツの損，車40万バーツ
		郵便配達	
ー（3ライ），ー→1ボー		クラビーで商売希望	損
	父の土地	養魚（自家用）	損
ライ）→2ボー	学校の土地借りる，1年5000バーツ．後にキムの母の土地	クン・ケップ（しゃこのようなエビ）等買付	100万バーツの損
ライ），R村で2ボー，うる	はじめの2年，義父の土地，村を移ってから借り上げ	タイ料理屋	500万バーツの損
ライ）	賃借，クルー・ノームからひきついだ	エビ漁，ゴム園（20数ライ）を11年前に4万4500バーツで購入．	1回目損得なし．2回目10万バーツ近い損．
ガーン）	父親の土地	エビ漁	5・6万バーツの利益
	自己所有	エビ漁	20万バーツの損でゴム園20ライを26万バーツで売って借金払う．
	賃借	定置網（*laat uan*）	20万バーツの損．8ライのゴム園を45万バーツで売り，残りでゴム園の買いかえ．

ライ＝1600㎡，1ライ＝4ガーン．ボー（bor）は井戸と翻訳される言葉であるが，ここでは養殖池を数える単位．

」と「3ピット」以外の養殖池はすべて集約型である．

表 3-1　M 村のエビ養殖従事者

	名前等*	エビ養殖前の職業	はじめの情報	期　間
グループ1	1 村長（仏教徒男性，67）	請負工事	粗放養殖：サトゥーンの友人	（1980）1986–2004現
		ゴム園（妻）	集約養殖：土地を貸したペッブリの会社	
	2 シア（仏男，40）	大学生		1988–1998 休止
	3 ピット（仏男，61）	稲作，ゴム園		（1980）1989–2004現
	4 ラット（仏男，56）	菓子工場経営	サムットサプラカーン（中部タイ），ナコンシータマラート（南タイ）	1985–2004現在休止
	5 チュ（仏男，50）	炭焼き工場経営 漁商	サムットサーコーン（中部タイ） 通りかかったとき尋ねた．	1987–1990
	6 ティアン（仏男，47）	炭焼き工場経営		1990–2004現在継続
グループ2	7 レック（仏男，50）	運河内の生簀で養魚 小学校教員（クラビー）		1989–1994
	タート（仏男，44）			
	8 シン（仏男，48）	小学校教員	友人がやってるのを見る，本から	1990–1992, 2001–2004
	9 ミア（ムスリム女性，49）	小学校教員	クルー・ノーム	1990–1992
	10 キム（仏男，46）			1990–1994
	ペン（仏女，47）	小学校教員		
	11 クルー・ノーム（仏男，45）	小学校教員	すでにやってる人にきく（当時シア郡長，バー先生），本から	1990–2004
グループ3	12 ラン（ム男，44）	エビ漁（phongphang）	クルー・ノーム	1992–1993
	13 プロム（ム男，46）	エビ漁（phongphang）	これまで養殖した経験のある人（クルー・ノーム）	1992–1993
	14 モー（ム男，49）	エビ漁（phongphang） ゴム園	クルー・ノーム	1992–1993
	15 チェム（ム男，65）	エビ漁（phongphang）	クルー・ノーム	1992–1993

＊仏は仏教徒を，ムはムスリムを指す．

写真 3-6　エビの水揚げ，ここから大型トラックにのせてハジャイなどの都市に運ばれる

写真 3-7　水揚げされたエビ（ホワイト）

は数万バーツの利益があったというものだ。損失も最大ではやはり一〇〇〇万バーツを超えており、つぎは五〇〇万バーツ、二〇〇万バーツとかなりの額となっている。二、三回の失敗でやめた人は損失の額も一〇万バーツ、二〇万バーツ程度にとどまっているが、エビ養殖を長く何度も継続した人ほど莫大な損失を出している。二〇〇四年に継続中と答えた四人のうち、三人までが莫大な損失を出している。クルー・ノーム〔表3-1の11〕はM村からエビ養殖を行うために別の村に移ったが、そこでは五〇〜六〇人がエビ養殖を行い、そのうちでも利益のある人は三人くらいにすぎない。他の四〇〜五〇人は損をしている。「エビ養殖をしている一〇〇人中九〇人が借金をしている。利益のある人は一%にすぎない」と感想を述べる。実際に村でエビ養殖を行った人々の実態からも、クルー・ノームの観測があながち大きく間違ってはいないと思われる。

では、どのような人が損をし、どのような人が利益をあげることができたのだろうか。数少ない利益をあげた人の中にいち早くはじめ、いち早く莫大な利益をあげてエビ養殖をやめたチュがいる。彼は一九八七年から一九九〇年にかけて一つの養殖池で六回、別の四つの養殖池で三回養殖を行い、エビ養殖が連作することで急激に損失の危険が上がることを本で知っており、一度のわずかな損失で養殖池を売って養殖をやめている。彼の弟のティアンがその後延々と続けて損失を増大させていったのとは対照的に、経済合理的な判断を行い、冷静に対処している。もう一人大きく利益を上げ、唯一現在もエビ養殖を続けているピットはエビの養殖池を各地に分散させて土地を買ったり借り上げたりし、さらにエビ養殖のみならずゴム園経営へと事業を多角化させた企業経営手腕をみせている。(10) これは、彼の兄である村長がすべて地続きの場所にエビの養殖池のみを拡張し

(10) ところが、二〇〇五年一〇月にはピットもまた損失に転じて借金が増えているとクルー・ノームはいう。とすると、エビ養殖を数年以上の長期に継続した人はすべて損失に終わるということになる。

て大きく損失を出していることとは対照的である。最後に収支決算が数万バーツの利益超過であったプロムは、三回行い損失が出たところで素早く止めている。こうしたプロムの態度と一度の損失で切り上げた他の12、14、15の三人は同様の態度であるが、プロムの場合は、その損失がたまたまこれまで二回の利益より少なかったということであろう。

このように損失を出さない、もしくは損失を最小限に食い止めることができた人とは、ビジネスとして関わることのできた人、のめり込まないで経済合理的判断ができた人ということができよう。このことは、大きな損失を出したクルー・ノームの養殖池と隣接する場所で養殖を行いながら、損失を出すことなく続けているマノ（他村在住なので表3-1には含まれていない）について、ペン〔表3-1の10〕が語った言葉がよくあらわしている。なぜクルー・ノームは大損しているのに、マノはあまり損してないのかという私の問いかけへの答えである。

なんでか。マノはもしエビが病気があればやらない。彼は金がある。ゴム園がある。急いで着手しない。先に見る。もし育てられないと止める。この頃は止めている、しばらくの間。彼は困っていない。ゴム園もあり朝一日だけで六〇枚以上。[11] 彼は困ってない。損する時は止める。病気が発生すれば止める。食べることができる。クルー・ノームのようだと戦わなければならない（torng tor su）。ゴム園もない。……借金も多いから、準備ができてなくても始めてしまう。別の話だ。クルー・ノームを罰することはできない。経済的地位（tana）がこんなふうだと急がないといけない。なぜなら借金があるから。マノは急がない。借金がない。義父も金持ちだ。別の話だ。マノは経済的に楽だ（sabai）。

つまり、やはり余裕をもって冷静なビジネスとしての判断をすることができる経済的な立場が重要だという指摘である。

三　エビ養殖に関わる生

1　エビ養殖をめぐるライフヒストリー

ラット（五六歳、仏教徒男性）[12]

ラットは、本章のはじめに言及した、私にこの二〇年にわたる村の景観の変化を思いこさせたタナーン岩の前の養殖池の持ち主である。彼自身は私には正確な額は明かさなかったが一〇〇〇万バーツ以上の借金があるといい、村人も彼が千数百万バーツの借金を背負っていると噂している。かつては菓子工場を経営し羽振りがよかっただけに、休止中の養殖池の横で、すでに閉鎖してしまった工場から持ち出したいくつかの機械を使っ

（11）ゴムの樹液を固めて板状にして出荷する。一枚がだいたい一～一・二キロで、ゴム一キロが二〇〇五年現在は五〇～六〇バーツと上がっているので、六〇枚だと三〇〇〇バーツ以上が一日で得られることになる。雇用してタッピングをしてもらった場合、折半というケースが多いので、半分だとしても一五〇〇バーツの収入となる。最近は板状にせずに樹液のまま出荷するケースが増えている。

（12）ライフヒストリーでとりあげた五人の年齢はエビ養殖に関して主要なインタビューを行った二〇〇四年当時のものである。

て自ら菓子をつくっている姿を、村人は気の毒がる。
ラットが九歳の時、中国系仏教徒の父が亡くなっている。小学校四年をでてしばらく村でぶらぶらして一七歳の時に隣のトラン県へ働きにいった。五、六年菓子工場で働いて、結婚を機に一九七五年、自分で菓子工場を開いた。そこでは二十数人が働いていた。

昔は一か月休みはなかった。後には日曜日一日を休みにした。そうしないと子供は働かない。昔自分が雇われていた時は休みがなかった。体調が悪いと半日休んだりするくらい。月給もとても安かった。四〇〇〇〜五〇〇〇バーツでも多かった。米が一キロ一バーツ少しだった。一バーツ、一バーツ五〇（サタン）[13]。今は（米一キロが）十数バーツ。家を借りるのも一か月一〇〇バーツ少し（だったが）、今は一〇〇〇〜二〇〇〇だ。

一九八五年に、村では集約型のエビの養殖を最初にはじめる。エビ養殖は父の弟のリエンの土地で行い、リエンに養殖池の管理をまかせる。いつも上半身裸で、日焼けした赤銅色の肌の下に暗色のすその広がったズボンをはき、腰に赤い腰布をまいて養殖池のまわりを歩き回ってエビの世話をしているリエンの姿が見られるようになる。ところが、一九九八年に、リエンが養殖池のモーターに巻き込まれて死亡する。いつも腰にまいていた布がモーターに絡まって、水の中に引き込まれて水死したというのだ。その後、ラットは自分で養殖池の世話をするために、車で一時間半から二時間かかるトランの菓子工場と養殖池の村の間を行ったり来たりする生活が始まる。菓子工場は妻に主に任せるが、やがて行き詰まり、二〇〇一年から二〇〇二年にかけて徐々にトランの工場を閉め、養殖池のそばに住み、その脇で細々と自ら菓子をつくり始める。「はじめは二、三種類を少しつくっていただけだったが、今は機械をもってきて十数種類をつくっている。暇な時は何をしていいかわからないので」という。自分で菓子工場をもち、それが大きくなってからは彼自身は現場を離れ、もっぱら市場開拓に回っていた。しかし菓子づくりは何年も行ってきたので忘れない、「体の中にすでにある（yu nua laeo）」という。子供三人のうち、一番下の男の子が一緒に住み、土曜日と日曜日にはトランの大学に行きながら菓子づくりを手伝っている。

「菓子は損はしない。こうして菓子をつくるのは少しは使うお金が入るから。でも大きな利益をあげることはできない。エビ養殖は、借金を返すことができる」。エビ養殖は、利益があればもっとほしくなってまたやりたくなるという。他では借金を返すあてがないので、エビ養殖をあきらめる気持ちは二〇〇四年の時点ではまだなかった。彼は休止中で様子をみているという。しかし、二〇一二年になっても、ラットは依然エビ養殖を再開できず菓子をつくり続けている。

ペン（四七歳、仏教徒女性）**とキム**（四六歳、仏教徒男性）

ペンは、村の小学校の教員で、夫のキムはこれまでも色々と商売をしてきたが長続きはしなかった。妻のペンが年上ということもあり、また学歴も上、生計も主に妻が支えているという状態で、キムは妻に頭があがらない。二人の息子はすでに大学生と高校生で下宿して家を離れている。

ペンたちがエビ養殖に参入したのは一九九〇年である。すでに数人がエビ養殖をはじめており、大きな利益をあげつつあった。彼らは、学校の土地を年五〇〇〇バーツで借りてエビの養殖をはじめた。はじめは一〇万

---

(13)　一バーツ＝一〇〇サタン。

バーツの利益があった。二、三回目も何十万も利益があったが、利益はだんだん少なくなってきた。六回やったところで、一九九三年に損をし始めた。そこで使用料を払わなくてよい母の土地で二つの養殖池をはじめたが損が続く。そこはすでにいとこが何年もやっていたので土地の状態が悪くなっていたのだ。稚エビもよくなかった。

そうした中一九九三年にペンが病気になる。薬が合わず、風邪のような症状だったという。病気の発端は、学校の用務員だったロートが事故で死亡し、その葬式で雨にあたったことだという。熱が出て一〇日も治らず、医者が薬を変えた。その薬が強すぎたのか、薬を飲んだ後で病院へ担ぎ込まれた。体が冷たくなっていたという。トランの医者は緊張のせいから来る病という。原因もはっきりせず色々な医者を訪ねた。僧も、占い師も何でも訪ねたが、どこでも何にもとりつかれて（thuk）ないという。その頃、人に紹介されてプーケットのチューサック医師を訪ねるようになる。すると体が軽くなった。それから、車で数時間かかるプーケットまで一五日に一度医者通いをするようになった。

一九九四年についにエビ養殖を止める。止める決断をしたのは、ペンだった。「男性は事業（thurakit）をしたがる。でも女性は同意しない」という。一〇〇万バーツの借金があった。それは、銀行や公務員共済、民間の金貸しから借りていた。銀行の三〇万バーツ少しの借金は、キムが相続する土地を担保に入れていたので、キムの弟がその土地と引き換えに払ってくれたという。民間の金貸しは月に一〇〇に対して三の利子がつくが、一人の金貸しから三〇万バーツ借りて、毎月利子を三〇〇〇払っていたが、エビで損がかさみ始めてからは利子も全く払えなくなった。彼はずっと何もいわず、やがてペンの家にやってきて、元本を返してくれ、利子はとらないからといった。それで月に二〇〇〇ずつ返している。まだ二〇万バーツ残っていて返し続けているという。ペンはいう。「彼はいった。運がいい。いい貸主にあった。もしいい貸主でないと訴えていた。それで決心した。もう養殖はしないと。人生がよくない」。「もうやってられない。損ばかりして。エビ養殖をするのは緊張する。もし金持ちだったら大丈夫。経済状態（tana）があまりよくないのにエビ養殖をするのは緊張する。借金してやらなくてはならない。池の中のエビも見えない。いくらいるのか」。

ペンはその頃のことを次のようにいう。

一九九四年は一年中健康状態が悪かった。一〇〇万バーツの借金。誰も利益がなかった。闘わない方がいい。それで後ろに退いた。何をやってもよくなかった。車を買っても（月賦が払えず）もっていかれた。土地も借金がかえせなくてもっていかれた。仕掛け網漁（ポ）をやってもだめ。できない。一〇万バーツ投資してだまされた。プーケットから船を買ってチン（M村出身の仏教徒男性）がもってきてくれた。でも船がぶつかって沈没した。何一つよくならない。一九九四、一九九五年ずっと悪かった。少し資金があっても何かするたびになくなった。

あの頃はお金がなくて、寺の僧もお金をくれたという。一回に一〇〇〇バーツ使うようにくれた。彼は「もっていって使えばいい」といってキムにくれた。後にキムはお金に不自由しなくなると寺へたくさん寄進をするようになったという。

その後、少しずつ商売をはじめる。ペンは「一〇〇万にいかない。一万にもいかない。その方が気が楽だ（sabaicai kwa）」という。今では車を所有することができるようになった。車を買って二年と一か月たったが、月に六〇〇〇バーツずつ月賦で払っている。よくなり始めた。今では車の月賦のお金をどこからもってくるか心配しなくていいという。なぜならキムの収入もよくなり始めたから。

キムは、家にコンクリートで生簀をつくりシャコのようなエビの一種（kung takhep; *Penaeopsis indicus*）を買い取り、車で近くの町の市場に送る商売をはじめる。やがて自分で直接バンコクにもっていって売る方が儲かると助言する人と知り合い、二〇〇四年三月にはバンコクまで月二回キムが運んでいた。その人が輸送方法や取引先など全部教えてくれたという。さらに八月には、それを空輸した方が安くなることがわかり、トランから空輸するようになっていた。キムは「台湾への輸出も考えている。日本ではどうか」と、私にも尋ねてきた。

エビ養殖は、彼らにとっては、人生のどん底の経験であったという。キムの髪の毛はエビ養殖をはじめる前は黒かったが真っ白になった。彼らは、生活が楽で豊かになる（sabai）よう、エビ養殖をはじめたが、やがて常に緊張をしいられる借金生活へと追いやられた。最悪の状態から脱出した現在は、人生はそんなに金持ちにならなくても心がゆったりとくらせる（sabai cai）方がいいという。

クルー・ノーム（四五歳、仏教徒男性）**とピン**（三九歳、元ムスリム女性で通婚により仏教に改宗）

クルー・ノームは、村の小学校の教員だったが、第1章で言及したように一九八七年に私が初めて村に調査に入った日に、早速小学校の教室から持ち出した机と椅子を校庭にならべ、手料理とビールで歓迎会を開いてくれた。彼は村のムスリム女性だったピンと結婚しており、歓迎会の翌日にピンは産気づいて病院に運ばれ次女、三女となる双子の女の子を出産した。彼はとても器用で、料理もうまく、村人の結婚式に料理人を頼まれたり、仏教徒の葬式には棺桶に達筆で名前を書いたり飾り付けを担当したりしていた。それから一年四か月後に長期調査を終えて帰国した後、一九九〇年に村を再訪した時に、クルー・ノームの様子がおかしかった。いつもは話し好きで色々と興味をもって私と話しをしてくれるのに、その時は少し話すとすぐに落ち着かない様子でどこかへ行ってしまう。驚いたことにクルー・ノームは村人相手にカードの賭け事に夢中になり、借金が一〇万バーツ以上になっているという。クルー・ノームは自分ではどうしようもなくなり、とうとう親が生計をたてていたゴム園を抵当に入れて借金を肩代わりしてくれて初めて、賭け事を止めることができた。それまでは妻が泣いて頼んでも、誰が何をいっても聞き入れることができなかったのだ。借金を返すために、クルー・ノーム一家は、小学校からはバイクで二時間かかる隣の県に住む親元に引越し、朝三時に起きてゴムのタッピングを済ませてから出勤し、ピンは菓子をつくっては一つ一バーツで近所に天秤棒でかごをかついで売り歩いた。長女にもその菓子を学校に持って行かせて売らせたりした。その後、借金を返し終えた一家は再び、村に帰ってきた。賭け事はもうこりごり、絶対にしないとクルー・ノームはいっていた。

それから、まもなく彼はエビ養殖をはじめたのである。村では妻の父の土地に小さな養殖池をほり、二回行った。初回は損得なく、二回目は一〇万バーツ少しの利益をあげた。その頃エビは一キロ四〇匹のサイズで一六〇バーツだったという。まもなく、より広い土地を求めて村から一〇キロほど離れたところに土地を借りて養殖をはじめた。一九九一年のことである。夜も養殖池の管理や飼育を行う必要があるので、養殖池のそばに小屋を建てて妻子ともども移り住んだ。はじめは二〇万バーツ以上の利益があり、その儲けで二つ目の養殖池に資本投下した。二つ目で利益が五〇万バーツあり、三つ目を掘る。一九九二年には異動願いを出して勤務先の小学校を養殖池のある村に移した。一九九三年には一〇〇万バーツ以上の利益が上がったという。

ところが、利益が上がったのはここまでで、やがて一九九四年の終わりから損失が出始めた。ちょうどこの頃、私は養殖池を訪ねた。この時二回の水揚げとも赤字で借金はすでに一〇〇万バーツを超えているといっていた。それでも、かつて賭け事で一〇万バーツの借金をした時のように怖くはないという。うまくいけば一回の水揚げで借金を返済できるという希望がある。その後も損失が続いた。クルー・ノームはいう。「はじめのうちはみんなもうけがよかった。どの店に座っても、エビ養殖の大金持ち（sia bor kung）が来たといっていた。

後ではどの店に座っても避けられた」。

一九九七年に、これまで一キロ二〇〇バーツほどだったエビの値段が一時的に一気に五〇〇バーツになった。一八〇万バーツの利益をあげ、これまでかさんでいた借金はほとんどすべて返すことができた。そして、さらに別の場所で友人と共同出資をして二つの池で養殖を行った。ところがこの高値は何か月も続かなかった。病気も多くなった。あちらでもこちらでも損失をだした。その後はずっとほとんど損得なしか、損ばかりが続き、ついに二〇〇四年には借金は五〇〇万バーツにまで上る。この何年も損ばかり続き、私が会うたびに借金が増え続けていた。いったいいつまで続けるのだろうと私を含め、彼の友人、知人はみんな心配していた。「エビで借金をつくると他の職業はできない。なぜなら他の職業だと借金を返す術がないから」と本人はいっていた。その状態をエビ養殖をやめた後の二〇〇四年八月には次のように振り返った。

止めようと思っても止めることができない。その世界にはまり込む（yu nai wongkan）。……止めることはできない。利益があるとやりたい。やりたいと、続けてまたやる。損すると、借金を返したい。損すると、ちょうど賭け事するのと同じ（mwan len kanpanang）。

二〇〇三年の一二月に会った時には、エビの価格が一キロ一二〇バーツになり、一四〇バーツのコストがかかるので、たとえエビが病気で死ななくても確実に赤字になるという状況であった。そこで初めてエビ養殖を続けることはできないという認識をクルー・ノーム自身がもつことになる。つまりここがエビ養殖を続ける意欲の限界点であった。彼は「もう未来は尽きてしまった mot anakot laeo」と、私をいつものように空港まで送ってくれる車の中でつぶやいた。彼自身の車は、借金の担保に没収されており、わざわざ友人から車を借りて送ってくれたのだ。自分の車はエビの養殖池に沈んでしまったと自嘲気味にいう。しかし、この時はまだ完全にエビ養殖によって借金を返す望みを断ち切っていたわけではなかった。価格が上昇すれば再開する可能性もわずかに残っていた。

二〇〇四年六月一一日、ついにクルー・ノームはエビの養殖から完全に足を洗う。この日、同じ村でエビ養殖をやっていたハジャイの資本家に誘われ、彼がもっていた近くの町の市街地に場所を借りてタイ料理屋をはじめたのである。エビ養殖をやめたらどうするのかときかれ、何も考えてないと答えたら、自分のもってる土地を見にこないかと誘われたのだという。その場所をみてクルー・ノームもピンもすっかり気に入り、料理屋をはじめることにした。料理屋の名前は「田舎キッチン：郷土料理（khrua ban ban: ahan luk thung）」という。店を開くのに、机、椅子、コンロなど約七万バーツの投資をした。クルー・ノームは八月に会った時に、次のように語った。

若者はあまり来ない。（主に来るのは）公務員だ。先生だったり、森林局だったり、郡役所の公務員だったり。仲間（phak phuak）だ。店を開いた初めての夜、六月一一日から、まだ二か月たってない、一か月ちょっと。この一一日で二か月だ。一〇〇人に言った。一〇〇人におごった。一〇〇人分の招待状を印刷した。でも約一三〇人がきた。言ってない人も来た、手伝いに来た人もいた。……約二万五〇〇〇バーツ使って、四万バーツ少しの利益を得た。利益があった。夕方六時から一晩中、あまり帰らない、翌日のお昼になってようやく解散した。

みんな友人たちはついにクルー・ノームがエビ養殖から足を洗ったことを喜んだという。

表 3-2　クルー・ノームの借金の内訳

農民銀行	120 万
教員共済	100 万
クルン・タイ銀行	70 万
エビの飼料会社（T 郡）	67 万
エビの飼料会社（L 郡）	40 万
親戚・友人	30 万
友人の車の保証人	24 万
村の資金	2〜3 万
その他（忘れた）	?
合計	約 500 万（バーツ）

そしていまやクルー・ノームは、かつて二度と賭け事をしないといった時のように、エビ養殖を二度としないという。「僕は決心した、止めると。そして大嫌いになった。エビ養殖を止めたとたん、今は人生の中で最もきらいになった、エビ養殖という職業を。そして誰とも話したくない。仮に友人とでもエビ養殖については話したくない」。

そして料理屋という商売は、金持ちになるのは遅いが確実だという。クルー・ノームはいう。「商売（kha khai）は、危険ではない。あまり損はしない。利益はだいたい三〇％。はじめあまり残らない。月賦を払わなければならないから。よりいいと思う」。そして「エビ養殖なら、結果がよければ一気に金持ちになる。でも落ちると落ちる」とその特質を総括する。クルー・ノームは「もし僕があの頃にはじめていたら、エビと迷って一〇年たつ前だったら、今よりよかった。十数年エビに関わって時間を無駄にした。もし十数年前に店を開いていたら、今ごろ金持ちになっていた」と、ようやくエビ養殖を止めた後に、述懐するのである。

クルー・ノームの五〇〇万バーツの借金の内訳は表 3-2 の通りである。彼にとって一番気が重い借金は、親や兄弟がそれで生計をたてているゴム園を抵当にいれて借りている農民銀行の借金であるという。これだけは返していかなければならないという。それ以外の借金については次のようにいう。

「エビの飼料会社が六七万バーツで訴えている。二、三回裁判所に行った。彼は僕に何もできない。なぜなら何も没収するものがないから」。それにしてもこの内訳をみて驚くのは、そこに友人の車の保証人としての二四万バーツの借金があることである。その友人は女性で、夫と別れたが、その夫が車をもって逃げてしまったという。そこで保証人のクルー・ノームが訴えられた。自分自身がすでに莫大な借金を抱えている時に、なぜさらに人の保証人になったのかという私の問いに対して「その女性は友人だ。パッタルンの友人とはいい関係だ。僕は友人を切ることはできない。いい関係にあって、彼らが尋ねてきたら断ることはできない」。

農民銀行の借金も、親や兄弟との関係性ゆえに重要であり、友人との関係が重要だからこそ、さらに借金を背負い込むリスクを伴う保証人にもなる。新たに開いたタイ料理屋は、クルー・ノームがエビ養殖を止めたことを喜んだ友人たちが最大限の応援をしており、今は月に一〇万バーツの売り上げがあるという。こうした関係性の保ち方こそがクルー・ノームの生のあり方であるといえよう。

2 行為の流れへののめり込みと脱出

ここでとりあげたエビ養殖をめぐる人々のライフヒストリーは、いずれもエビ養殖で失敗した人々の体験である。彼らは通常の公務員の収入では一生かかっても返しきれないほどの莫大な借金という負荷を背負ってしまった人々である。そうしたどん底の状態においてどのように行為するのか、そこからいかに抜け出すか、どのように人生を立て直すのか、ここにこそ彼らの人生におけるぎりぎりの状態で初めて見えてくる生き方の志向性があらわれるように思われる。

まずはエビ養殖という出来事が、彼らの人生にとっていかなるものであったのかということからみてみたい。

それは、他の漁業や商売に比べて、より損失と利益の浮き沈みが激しく、しかも村人にとっては、科学的根拠よりも運・不運といった自らがコントロールすることが不可能な性質をもっているということがあげられる。すなわち、クルー・ノームのいうようにビジネスとしてよりも「投機＝賭け事」として彼らに経験されるということを意味する(14)。

そこでは、賭け事と同じくのめり込み、自らをコントロールすることが難しくなる、つまりその投機という行為の流れから抜け出すことが困難な状況が生じる。そのことは、ラットやクルー・ノームもいうように、エビ養殖は、利益があればもっとほしくなってまたやりたくなる、失敗すれば今度は他の職業だと借金を返す道がないから、借金を返すためにさらに借金を重ねることになる。そうした状態は、「止めようと思っても止めることができない。その世界にはまりこむ」(クルー・ノーム)ということになる。

そこからいかに抜け出すのか。キムとペンの場合は、夫のキムよりもこの世界にはまり込む度合いの少なかった妻が、借金の貸主が穏やかに催促することで、エビ養殖を抜け出して生活を立て直す方向へと冷静な判断を下した。例えば表3-1の12のランの場合も、二回目に一〇万バーツの損失が出たところで、もしエビ養殖を続けるなら離婚すると妻に言い渡され、一人でいるのも困難だと止めることができた。その時は、妻の圧力で仕方なく止めたランであるが、後には振り返ってエビ養殖は本当に危険だ、すべてなくなってしまうと述懐している。このように、のめり込んでいない妻の助言で止めることができたのは、夫婦関係において妻の影響力が強いケースである。しかし、ラットやクルー・ノームの場合のように、夫がのめり込んでいると、妻はどうしようもなく引きずられてしまうことも多い。

クルー・ノームが止めることができたのは、エビの価格が投資を下回り、これ以上エビ養殖を続けても借金を返すどころかさらに損失が増えることが明らかな状況になった時である。しかし、たんにこの状況だとラットのようにしばらく様子をみてまた再開するという姿勢を維持する、つまりエビ養殖へののめり込みからはまだ抜け出ない、という選択肢もありうる。しかし、この状態の時に、クルー・ノームがもらした「未来が尽きてしまった」という言葉は、エビ養殖に託していた人生の志向性を維持する限界点に達したということができよう。この言葉は心理的にエビ養殖へののめり込みから外れたということを示していると私には思われる。しかし、依然として、ではエビ養殖によって背負った莫大な借金をどうするのかといった将来のビジョンは開けていない。しかし、それまで誰が何をいっても止めることができなかった状態から、次の行為にむけて他者の助言を聞き入れることのできる白紙の状態に戻っている。そこに、料理屋をするという選択肢がさしだされ、クルー・ノームは別の事業に方向転換することができたのである[15]。

二〇一二年八月には、クルー・ノームの店は繁盛し、すでに大勢の顧客がついていた。彼はリゾート経営もはじめ、また、これまで借りていた店の近くに自ら土地を購入し店を建築しようと計画している。

ペンは、借金を返そうと果敢にエビ養殖を続けることを、「戦う（tor su）」と表現した。人生において正面から行為の流れにのって努力すること、エビ養殖という行為の流れの中で前にすすむことをいう。そしてそこから外れて別の軌道にのることを、「退く（tor-i lang）」という。エビ養殖の後の軌道はいまだ見えていない。何を

(14) それゆえ、ほとんどのエビ養殖経営者は養殖池の土地神を拝み、成功すれば供えものを約束する願掛けを行っている。こうした願掛け行為は、天候などによる不安的要因のある漁業や農業においても、舟や仕掛けや土地に願掛けして拝むなど同様にみられる。ここにみられる願掛け儀礼の特徴は、この地域がムスリムによって先に居住されていたという認識があるため、イマームなどを呼んでイスラーム式に儀礼を行うことが多いことであろう。ここにはムスリム・仏教徒混住地域特有の手持ちの宗教的方法のブリコラージュが見られる（西井 2001）。

(15) タイの公務員は給料が低いので本職以外にアルバイトをすることは当然視されている。

して借金を返せばいいのかいまだ定かではない。ゆえになかなか次の行為に移ることができない。しかし、とりあえず現在の行為の流れから外れることを「退く」という。じつは、エビ養殖に失敗した人々の軌跡から見えてきたのは、条件さえ整っていれば新たな事業に参入することの容易さに比べ、そこから抜け出すことの困難さである。これは、人が条件を冷静に判断していつでも行為の選択ができるのではなく、ある出来事には人がコントロールすることが難しい行為の流れがあるということを意味する。それは「のめり込み」という状態となって、次の行為の選択肢を縛ることになる。もちろん、すべての人がのめり込むという状態になるわけではなく、経済状態や家族関係といった様々な条件の違いによって異なる経路をとることになる。

しかし、いずれにしても、皆よりよい生活を求めて行為している。たとえどんなに困難にみえても、当人がよりよい生活を求める志向性を維持しているかぎり、別の軌道にそって人生を再び前にむけて歩むことができる。そうした中でペンは、楽に生きる「サバーイ（sabai）」を経済的に安楽という意味から、精神的に楽な状態「サバーイチャイ（sabai 楽な cai 心）」へと目標を変更する。そのことで現状の中でより安定した充足感をもって生活することができる。エビ養殖を行っていた時の常に借金の心配をする緊張した状態から抜け出すことで、サバーイチャイの状態を得ることができるのである。

四　生の偶然性 —— よりよい生へ

村の入り口に位置するタナーン岩の前のかつての水田は、今は、ラットの休止中の養殖池である。二〇年前にトゥアンがここで殺された時には、夜は蛍光灯もなく真っ暗だった。そして、まもなく始まったエビ養殖ブームにより、養殖池は夜も煌々と明かりがともり、モーターの音が響きわたり、村の入り口にあるタナーン岩まで懐中電灯なしに夜でも歩けるようになった。そして今また、村に夜のとばりと静けさが戻ってきている。この二〇年間の景観の変化は村の人々にいかなる意味をもつのだろうか。エビの養殖は村人にどのように経験されたのだろうか。

出来事の起こった場としての村をあらわすエビ養殖にまつわるエピソードがある。タナーン岩には、村の守護神であり、ムスリムも仏教徒も最も日常的に願掛けをする対象であるト・ナーンの像がある。村の民はムスリムも仏教徒もト・ナーンの子孫であるというが、ト・ナーン自身はムスリムであると信じられている（西井 2001: 107–114）。一九九四年一一月、村でエビ養殖が最も盛んだった時期の直後に、村の神が宿るとされるタナーン岩で、中部タイの会社が経営する養殖池の雇い人である北タイからきたシャン人の若者が行方不明になった。彼は、ろくにタイ語も話せなかったという。会社のみんなでタナーン岩に遊びに行った時に、行方不明になったのである。三日しても四日しても出てこないので、もう殺されているのではないかともっぱらの噂であった。ところが、五日目になってその若者はふらりと帰ってきた。彼は、老人に洞窟の中に連れていかれて帰って来ることができなかったのだという。洞窟の中ではムスリムが用いる数珠をわたされ「善いことをすれば善い報いがある」[16]と数珠の粒を一粒数えるごとに唱えさせられたという。そして老人に送られて、洞窟から養殖池のそばの宿舎まで帰ってきたという。出てきたのが金曜日だったので、それはト・ナーンが礼拝に行くために帰したのだと村人に解釈された。彼は五日間の間、老人に渡されたという木の根だけを食べていたというのに比

（16） 仏教の教義であるが、村では仏教徒もムスリムも重要な宗教的教えであると受け取っている（西井 2001）。

較的元気で生きていたので、「ト・ナーンは本当にいるんだよ」と村人は噂しあった。村に景観の変化をもたらした養殖池は、逆説的にここでは外からの視線によって、村の神の存在を確証することになったのである。出来事としてのエビ養殖は、養殖を行う場を必要とするが、村の境界を越えて郡、県、タイ国全土そして世界へと広がる経済・社会的関係の中で、境界そのものの意味を無効化する側面をもつ。しかし、その一方で身体をもつ人間が関わる行為の連鎖である出来事は、特定の土地において、特定の自然環境の中で起こる。ト・ナーンは、そうした身体の行為する場の存在を、目に見える形で日常的に顕示し、個々に異なって経験される出来事が共有されるものとして想像される拠り所を提供しているといえるかもしれない。

人々は個々の手持ちの資源をせいいっぱい活用することで、よりよい生活をめざす。しかし、個々の利用できる資源は異なり、彼らの行為に影響を与える社会関係も異なるため、エビ養殖への関わり方も異なってくる。エビ養殖は、村の景観を変え、怒濤のように外からグローバル経済の波が押し寄せ、人々を飲み込んだという見方はあまりに一面的すぎるであろう。確かにグローバル経済の影響は、村の隅々にまでおよび人々の行為に影響を与える。しかし、人々はそれに一様に対処するのではない。そこではエビ養殖事業に関わっていく情動の流れの差異や多元性が明らかになる。それによってエビ養殖に成功する人もいれば、失敗する人もいる。村人にとってのエビ養殖とは、景観の変化といった想像され共有された経験と、個々の関わり方による差異化された経験といった重層的な出来事であったということができるであろう。そして、個の生の情動の流れに焦点化した時にみえてくるのは、個の生のあらがいがたい情動の流れとしての偶然性の受容と、そこから可能なかぎりよりよい生を求める能動性から現実が生成されていることである。

本章のはじめに、エビ養殖に関わる景観の変化を死にまつわる私の想起から説き起こした。出来事としてのエビ養殖は、私にとってはもう一つの死に言及することなしには語り終えることができない。それは、村で唯一エビ養殖の失敗が原因で死に至ったメイのことである。メイは、かつては何の資産もなく、炭焼き工場の日雇い労働者であった。勤勉に働きやがて舟を購入してエビ漁を行うことでお金をため、多くのキョウダイの中でただ一人男性であったという責任感もあってか、母親を引きとり献身的に世話をしていた。村人は、メイをみてみろ、何もなくても勤勉に働き親を大切にしているので今は資産を築くことができた、と成功者の典型として語っていた。エビ養殖が村に入ってきた頃には、すでにある程度の資産があり進取の気性にとんだメイもすぐに参入した。しかし、彼は他の多くの村人と同様にエビ養殖によって大きな借金を抱えることになってしまった。そんな時、偶然にも宝くじがあたり彼は大金を手にすることになった。ところが、その幸運が皮肉にもメイの死を招くことになってしまったのだ。メイに大金を融資した貸主は、その宝くじの配当金で借金を返すように要求した。しかし、メイはこれを拒否したという。それからまもなく、エビ養殖のために買った赤いピックアップトラックで妻と共に外出した時に、メイは道で待ち伏せしていた殺し屋に頭を撃ち抜かれて死んだ。横に乗っていた妻は無事であった。メイの血を吸い込んで座席に大きなしみをつけた赤いトラックはしばらく村の小学校の校庭に放置してあったという。メイはなぜ借金を返すことを拒んだのだろう。彼はきっと、そのお金を元手にエビ養殖をさらに続けることで、より大きな儲けを得ようとしたのだろうと私は想像する。メイはエビ養殖という行為の流れにのめり込み、その流れを自ら断ち切る時点に至る前に、その前向きの志向性ゆえに生を断ち切られることになってしまった。宝くじにさえあたらなければメイも殺されることはなかったであろうに。彼もまた他の人と同様、前向きによりよい生を求めていたのだという思いにかられる。エビ養殖は、それに関わった人々の偶然性をはらむ様々な生の岐路となったのである。

第4章

チャイ
——「姦通殺人事件」
サックシーとピーノーン

人間として生きるということは、たんに生物学的に身体として個人が生存するという側面と、抽象的な思考能力を備えた人間が他者とおりあって共に生きるという側面の、切り離すことのできない現実をさす。他者の生を否定する殺人という行為は、人間の生存そのものを個のレベルで抹消することであり、前者の側面に大きく関わると同時に、様々な社会的規範といった形で後者にも関わってくる。むしろ個の生をめぐる生殺与奪の観念は、人身御供といった供儀儀礼や合理的殺人の理由付けを与える戦争の論理などにもみられるように、その社会の成り立ちの根幹に関わっているといえよう。

殺人事件は大きく情動が動くプロセスである。本章では、人と関わる自然的・物理的環境であるマテリアリティと、そこに生きる人々の異質な諸関係や諸観念がおりなす動的な場をミクロなプロセスから記述する。人間が生きている場を、殺人事件という生を抹消する出来事を通して記述するというある種逆説的ともいえる試みにより浮かび上がってくるのは、人々が抗いがたい生の流れの中でどのように関係を調整し、何をよりどころにして生きているのかということである。それは生の問題に直結し、われわれの情動に反響する。

事件は、二〇〇二年九月二一日に調査村で起こった。私が村を訪れたのはそれから二か月半ほどたった一二月になってからであった。この時は約二週間ほどの滞在の予定であった。村についてしばらくすると、いつも村で滞在先としている家のナー・チュア（第7章参照）が、「りょうこが驚く人が亡くなった」といった。このところ毎回のように、来るたびに誰かが亡くなっているが、こういう言い方はあまりしない。いったい誰が、と思う間もなく「チャイが死んだ」という。その年は六月に偶然南タイで会議があったのでその帰りに二、三日村に立ち寄った。その時には、チャイは、ツバメの巣を私にみせるために近くの島まで舟を出してくれた。電池切れのためかフラッシュがうまく作動せず写真を取ることができずに残念がる私に、自分が以前とったツバメの巣の一部を分けてくれたばかりだった。あんなに元気だったのにまさかと驚く。そしてなぜ、と問いかけて思わぬことを告げられた。チャイは殺されたというのだ。しかも姦通相手の女性の夫の手にかかってだという。

この事件は全国紙にも掲載され、バンコクに住む村人の中には新聞でこの事件を知った者もいたという。そのいくつかは村人の言葉によると次のようなものだった。(1)「カム氏が妻の情夫を殺した」。「六〇歳になって密通する(khao 60pi ti thai khrua 六〇歳になって台所の裏をせめる)」。「……年は六三歳、他人の妻に言い寄った。カム氏は家から追い出され、心痛していた。妻は、彼とは何もなかった、カム氏がいつも殴っていた、子供を訪ねてきていただけだ、と語った」。「年老いて女性に言い寄る男(thao hua ngu ヘビの頭をもつ老人)」。はじめの三つは、二〇〇二年一二月に、つまり事件がおこって二か月半ほどたった時にそれぞれ別の村人が新聞に掲載されていた内容として語ってくれたものであり、最後はそれから二年以上たった二〇〇五年一月二五日にさらに別の村人の一人に、事件は何と新聞に出ていたのかと尋ねた時の答えである。これらはどれも典型的な姦通殺人事件として語られ、また二年以上たっても報道の詳細は忘れられても定型的なフレーズによって姦通殺人として事件の特徴が捉えられていることがわかる。

その後二〇〇二年一二月、二〇〇三年一二月、二〇〇四年八月とそれぞれ二週間ほどではあったが村に滞在中に話をきき、徐々に殺人の状況がわかってくるにつれ、これまで私が村で調査や人々との会話から当然のこととしてうけとめていたことが覆され、また漠然と違和感をもって感じていたことが何であるのかがはっきりとしてきた。前者は直接にはセクシュアリティをめぐる言説に関しており、後者は殺人をめぐる判断であるが、これは直接に共住空間についての再考へと導くものである。どちらも行為の是非をめぐる倫理的判断とそれをめぐる実践、つまり倫理空間とでもいうべき空間を構成する諸関係と関わっている。まずは次節において、これまでに私が理解してきた姦通をめぐる男女それぞれの規範のあり方を素描しておきたい。次に、事件の細部の語りから、村の人々がある環境において生きている様態を、つまりマテリアリティという抜き差しならぬ状況において人が生きている場を描写することを試みたい。

一　村における姦通および姦通をめぐる言説

1　姦通の事例

第1章の概況で述べたように、村におけるムスリムと仏教徒の通婚は約二〇%を占め、通婚にあたっては「夫婦は同じ宗教でなければならない」とされているため、パートナーのどちらかが改宗することになる。逆にいうとほとんどの改宗は通婚を契機に起こっている（西井 2001: 152–153）

しかし、姦通においては宗教的属性は関係していないようにみえる。異なる宗教の人の間の姦通関係においても、村人が宗教に言及することはほとんどないし、当事者が相手の宗教にあわせて改宗するということもな

（1）二大全国紙である Thai Rat と Deli Nius には、その記事をみつけることはできなかった。しかし、多くの村人が競ってその記事を読んだと、記憶にもとづいて言葉を再現してくれたので、新聞に掲載されたことは確かであろう。この時の現場にも何人もの新聞記者がきたという。一九八七年に村に調査に入ったばかりの頃、村の助役が殺されたがその時は誰も取材にこなかった。しかし、この事件の起こった二〇〇二年には、村から一六キロメートルの所にある町に新聞記者が在駐しており、何か事件が起こると警察から連絡が入りより大きな町の記者の詰め所に連絡するという。

い。姦通の噂は、もっぱら当事者の女性の側のみを非難する形できこえてくる。いくつか事例をあげてみよう。

事例1

スニーは元ムスリムの女性で、仏教徒と結婚して改宗していた。一九八七年の調査時に、夫が炭をペナンに送る船に乗り込んで長期家を留守にしている間に仏教徒の独身男性と姦通しているとの噂が広がった。そのとき姦通をめぐる噂は、オーロー(or ror)[2]やドーグトーン(dork thorng 金花：売女)といった侮蔑をこめた呼び名でスニーを非難しつつささやかれた。やがてスニーは、村へ帰ってきた夫から離婚され、今度はムスリムの男性と再婚して再改宗してムスリムに戻った。その後は姦通の噂もなく、やがてスニーもオーローなどといわれることはなくなった。

事例2

ウィンは元仏教徒の女性で、ムスリムの夫との通婚により改宗した。[3] 姦通の相手は、同じ村内のムスリムの既婚男性であったが、その後夫が事故死すると、公然と同居するようになった。姦通相手の母親の死に際して、男性が姦通関係のままでは罪をかかえたまま母親の死に目に遺体に触ることができないと、イスラームの宗教上の婚姻(ニッカ)を行った。[4] タイの民法では婚姻届を出すことができるのは一人の妻だけであるが、南タイ四県では、イスラーム法でムスリムに認められている四人の妻帯まで可能である。[5] ニッカを行った後、男性は第一妻とは別居してウィンと同居した。[6] 村人は、ムスリムの妻よりも元仏教徒のウィンの方が料理がうまいので男性がそちらに惹かれたのだという。ニッカを行って正式に婚姻関係を結ぶまでは、ウィンもまたオーローとささやかれたが、それもやがてはきかれなくなった。

事例3

最後は、今回の姦通殺人の原因となった事例である。カチャは同じサトゥーン県内の他村出身者であるが、M村に住む二番目の夫と結婚して村に住むようになった。両者ともムスリムである。最初の夫もムスリムで、二番目の夫と一緒に村にきた時には、すでに子供を身ごもっており、お腹が大きかったという。その後、カチャは、この二番目の夫との間にすでに身ごもっていた子も含めて六人の子供を儲けた。一九八八年の調査時には夫と子供たちと共に村内に暮らしていた。その後一九九七年に村を再訪した時には、カチャが、村に在住していた隣のトラン県出身の仏教徒男性と駆け落ちして逃げたときかされた。その男性は村のムスリム女性との通婚により女性の側が改宗して仏教徒となって村に住んでおり、麻薬所持の罪で牢につながれた時には、妻は三年間子供を一人で育てながら待っていたこともあった。村人はカチャをさんざんオーローなどと罵っていたが、妻を捨てて逃げた男性の悪口は意外なほどきかれなかった。その次に村を訪れた時には、今度はカチャは共に逃げた仏教徒男性を捨て、その男性の甥と一緒になったときいた。カチャへの陰口はますますはげしくなっていた。そのカップルが事件が起こる二、三年前に村に帰ってきたが、はじめの姦通相手の甥がチャイを

(2) 女性にのみ用いられ、大人の女性に批判的に用いる時は、どうしようもないおばかものといった激しい侮蔑のニュアンスであるが、小さい女の子や親しい間柄などにもからかって用いることもある。
(3) ウィンは第5章のヤーイ・チットの娘である。
(4) 遺体に触ることに対するこだわりに関しては(西井 2002)参照。
(5) タイでは、パタニ、ヤラー、ナラティワート、サトゥーンの南タイの四つの県においてのみ、原告・被告ともにムスリムである場合の家族、および相続に関する裁判に関して、イスラーム法の適用が認められている(橋本 1987)。
(6) 二〇一二年三月にはウィンはすでにその男性とも別れ、母親の住む家と同じ敷地内の家で一人暮らしであった。

殺したカムである。カチャは村に帰ってくるとカムに川沿いに家を建てさせ、そこに子供と住んだ。実は、殺されたチャイとカチャの姦通関係は以前から長く続いており、カチャが村に帰ってきてからまた再開されたのだという。(7) 事件が起きた時、カムは五三歳、カチャは四七歳、そしてチャイは六三歳であった。

2 姦通をめぐる言説

これらの姦通の事例をみても、常に非難の的となるのは女性である。女性は、「傷つきやすい」といわれ、「傷ついてしまうと、男狂い（ba pua）とか売女とかいわれる」。「女性がどこに行くにも両親は心配する」という。一方男性は、「身軽である」「自由だ」「遊びにいくのもたやすい」「男は何も失わない」と、同じ性的関係によっても、女性のみが一方的に傷つくことになる。男性は、妻が二、三日でも離れるとすぐに飲み屋（ran ahan 直訳は飯屋）に遊びに行くものだと、その性的欲求が当然のこととみなされ、またそうしたことで本人は身体的にも社会的にも傷つかないとされている。(8) こうした傾向は、ムスリムでも仏教徒でも同様である。しかし、実際に姦通が原因と思われる殺人事件が起こった時には、それまで村の人の会話などからこのようなセクシュアリティをめぐって私が当然のこととして受けとっていた規範からは理解できない判断が、村人からしばしばきかれた。それは、これまで姦通の事例においてはほとんど非難されることのなかった男性にとって、姦通という行為が殺されうる当然の原因となり、またそれによって殺されたとしても当然の報いであり可哀想ではないという判断である。これは、チャイとかなり親しかった人の間でも同様に語られたのである。この考察については後に行うことにして、まず次節では、事件はいかにして起きたのか、どのような事態だったのかを、事件の細部の語りから描写してみたい。これは人が行為し生きていく上で必然的に関わって行くマテリアリティを描写に組み込むことを意図している。

二　姦通殺人事件 —— マテリアリティ

1　事件の起こった日

二〇〇二年九月二一日、この日は朝から雨が降っていた。明日は南タイの仏教徒にとって最大の祭りである十月祭(9)という日で、仏教徒の妻たちは菓子づくりをしていた。チャイの娘のチェーオはいう。「カノム・バー（サ

（7）　ナー・チュアは、妻は何度もその関係をやめさようとしたが、とうとう何もいわなくなったという。

（8）　避妊もまた女性が自ら防御すべきこととしてほとんどが女性の側にゆだねられている。M村での避妊の方法は一九九四年の調査では、ムスリムと仏教徒あわせて七五ケース中女性の側が避妊を行っているのが、七四（ピルの経口服用五七、注射八、避妊手術九、コンドーム一）であった。この傾向は、同じ区内の他村においてもほとんど同様で男性のコンドーム着用は五の村で各村一ないし、二ケースのみであった。

（9）　タイ暦一〇月（太陽暦九月）の黒分（下弦）の第一日と、二週間後の第一五日に二回行われる仏教徒の祭り。この時は、第一回であった。殺されたのは白分（上弦）の第一五日であった。娘のチェーオがこの日を忘れないために家の壁に「土曜日、上弦第一五日九月、二五四五（西暦二〇〇二）年一〇月二一日」と書いておいた。しかし、その数年後、チェーオは家を新築してその家ももう取り壊されている。

ツマイモと小麦粉でつくる十月祭の菓子）を揚げ終わったところだった。ちょうど十月祭だった。お父さんがいないと言いに来た。八時すぎだった。カノム・バーは最後の盆だった」[10]。チャイの隣人も、チャイの妻が十月祭の菓子づくりをしていたと述べる。彼女はカオ・トム（ココナッツ・ミルクともち米をバイ・ターイという葉で包みゆでてつくる菓子）を詰め終わったところでまだ茹でていなかった。その菓子は、あとで葬式の準備に忙殺される家族にかわって隣人がゆでて仕上げた。

2 死体発見の状況

死体発見の状況を最初に詳しく語ってくれたのは、元小学校教員のカモンだった。

そう、朝方、雨が降ってた。雨が降ってる中、ヨーンをあげにいった、ヨーンと呼ぶ、海岸でカニの餌をおくものを。知らないから行った。悪いやつが待ってると、悪いことをするやつが待ってる。それでただ普通に歩いていった、きっと何もないと思って。きっと誰もいないと思って、降りて行った。彼らが言ってるのをきくとね。そうでなければ死なない。頭を叩き割ったりなんかして、死んだら今度は喉を切った。血だらけだったと言ってるのをきいた。彼らが言ってるのをきいたが、妻はいつもの時間に帰ってこないので、普通でない、七時、八時になっているのにまだ帰ってこない。いったいカニをどうやってとってるんだと。[11] それで歩いて歩いて見に行った。いったら寝てる。死んで横たわっているのが見えた。

チャイの死体は、海岸沿いのマングローブ林の中で発見された。カモンは、最初の発見からしばらくして潮が満ちてきたため死体を少し高くなったココナッツ林に移したところへ他の村人と一緒に見に行った。もう場所を移動していた。そこで初めて死体をみたが顔もあまりわからない。頭から鼻にも斧があたっていたし、のどが切られて、顔があまりわからなかったという。なぜなら血が全部出てしまい、顔が黄色くなっていたからである。これは誰か、とスイット区長にきいた。ちょうど雨が降っていた、と死体発見の状況を説明する。

チャイのいとこであるナー・チュアは死体発見時は、ちょうど布一枚体にまいて水浴びをしようとしているところだった。

雨がひどく降っていた。朝早くから。チュアップ（妻）だ、捜しにいって見つけた。出ていった、カニのえさを付けに。カニの罠をしかけに行ったのにまだ帰ってないのかときくと、まだ帰ってないという。遅いのでなんでかと、チュアップは学校の道を降りて行った。そこへ（夫の名を）呼びながら行った。ちょうど学校の裏をすぎて少し行ったところで。学校の裏で境界をすぎたところ、ココナッツの木のところで見つけた。そこに寝ていた。チュアップは近くによってみた。きっとめまいか何かかと。着くと血が、喉のところに傷があるのが見えた。悲鳴をあげてウ（長女）を呼んだ。ウは井戸のところで洗濯をしていた。

---

(10) 直径五〇センチ以上ある大きな盆に、直径二センチほどの菓子の種を並べておいて揚げる。これを十月祭には三盆も四盆もつくる。

(11) カニ漁は、潮がみち始める時に罠を仕掛けいったん帰宅し、満潮になったら引き上げに出ていく。大潮（一五日周期で、第一三日目から一四、一五日、そして一に戻り二、三、四日目くらいまで）の時にのみ行う。はじめの第一三日目は朝五時に罠をしかけ、九時くらいに引き上げる。その翌日は一時間ずつ遅くなる。事件の起こった第一五日目は、七時くらいに仕掛け、一一時くらいに引き上げるはずであった。殺されたのは、仕掛けに行く途中である。

ナー・チュアは布一枚をまとっていてトイレから出てきた。なんで悲鳴をあげているのかと、なぜかと。そうこうしてもチュアップが何を言ってるのか聞こえない。歩いて帰ってきた。叫びながらまた悲鳴をあげた。ナー・チュアが歩いていくと「ウー、お父さんを（誰かが）殺して死んでしまった。お父さんを殺して死んでしまった」といった。ナー・チュアは当惑した。信じようにも信じられなかった。チュアップが走っていくのが見えた。ナー・チュアは（海岸に降りる）道を半分まで降りて行った。靴も履いていかなかった。

息子のチョークがチャイを死体が発見されたマングローブ林のところからタナーン岩（khao thanan）の寺に運んだ。チョークもまた母の悲鳴をきいて海岸沿いの現場にかけつけた。チョークはいう。

母さんが泣いていた。父さんと一緒に失神した。どこにいるかわからず走って捜した。あちこち走り回ってると母さんが大声をだしてた。母さんを抱えた。なんでここで寝てるのか、家に帰って寝ろといった。母さんを抱きかかえあげてる時に、父さんが見えた。それで（母さんを）落としてしまった。母さんを起こした時には顔は下をむいてた。ちょうどこんなふうに母さんを抱き上げる時には首は下向きになってて、持ち上げた時に父さんが見えてひっくり返った、一緒にひっくり返って落とした。（笑）おーい、何をしていいかわからなかった。

（父さんの）手にはバケツがくっついていた。カニの餌はまだ（罠に）しかけてなかった。魚はバケツに入っていた。（罠の）紐が腕にくっついていた。帽子もあった。くっついていた、入れるのが間に合わなかった。寝ていた、かわいそうに。足は片方がたたまれていた。片方が折れ曲がっていた。仰向けに寝ていた。血が……チッ、チッ（舌打ち）。木に飛び散っていた。喉の中の（血管内の）圧力が強くて、勢いよく噴出し木の葉先にくっついた。雨がふっていてもだ。もし雨がふってなかったら見られたものじゃない。ちょうど鶏の喉を掻ききった時のようだ。

M村近くの町から来た医者は、現場での検死が済むと、寺に運ばれた遺体の処置は村の近くの保健所の医療助手にまかせて帰っていった。大きく口をあけた喉の傷は縫わず、喉の中に布で栓をすると、布で覆ったという。顔だけ縫った。頭、目のところ、頭蓋骨のところも縫った。傷はちょうどナイフで切ったのとおなじようにきれいで、崩れてなかったという。切り刻んだような傷ではなく、ぐちゃぐちゃに崩れてはいない。縫うのも易しかった。喉の傷はきれいではない。頭はきれいだったから縫うことができた。喉はひどかったという。

3　マングローブ林の村特有の姿勢

マングローブは潮の満ち引きがある潮間帯つまり海岸沿いに塩水につかりながら植生している。潮が引くとタコ足のようににょきにょきと拡がる支柱根が露出し、栄養素を多分に含んだ泥からはマングローブの長細い呼吸根が無数に上に突き出ていて歩きにくい。この泥が貝やカニ、エビなどの格好の棲家となっている（写真4－1）。マングローブ林の中でカニの罠をしかけるのには、人が何度も通り歩き易くなっている細い木の間の道をいく。さもなければ、泥の中にはまりこんでしまう。

チョークは、チャイが殺された朝カムがどのように待ち伏せしていたのかを次のように語った。このとき同席していたのは、村のムスリム女性のヤンと私の三人である。

写真 4-1　マングローブ林に広がる根

チョーク　あの道はちょうど待ち伏せするのによい。一日、二日前から待っていた、待ち伏せしていた。小枝を切っていて待ち伏せしたが結果が得られない。そこに入っていかなかった。それで場所を移した。そこはまだ切ってなかった。一枝切って閉じた。そこで待った。そこにかがんでいた、見えない。
ヤン　そこはちょうど潜り抜けるようにしてあっちへ行く。その道は潜り抜ける。木が繁ってる。
りょうこ　でもその道を来ると知ってるのか。
チョーク　知らないでどうする。海岸にいる、木を切ったり、カニの罠をしかけたりする。誰でも知ってる。……待っていた、座ってまっていた。身を前かがみにしていく、こんなふうに歩くのではなく身をかがめていく。木があるから。道は少ししかない。ちょうど歩いていけるだけしかない。身をかがめていく。前で待ち伏せしていた。身をかがめると見えない。帽子でもふさがれていた。身を前かがみにしているところを斧で切りつけられた。一振りで死んでしまった。見られたものじゃない。

カムが待ち伏せしている前を、カニの罠を手にかけて密通している二人が細い道を前後になって歩いてくる、とハームとシンはその情況を見ていたかのように語る。シンはチャイの妹であるが、この夫婦はカチャに家から追い出されたカムをかわいそうに思い、自分の家のすぐ後ろの小屋にすまわせ食事まで一緒にさせていた。彼女は村人から、事件が起きたあと「家でコブラの子を飼っていた」(殺人者を養っていた)といわれた。

ハーム　ハームはこんなふうに推測する、あの日ご飯を食べに来た日、やつは妻がチャイといるのが見えたといった。まだ本当かどうかはっきりしなかった。偶然会ったのか、約束してあったのかが。まだ考えていた。しかし殺しに行った日には、先に待って見ていた。こっちで待っていた、とハームは分析する。

シン　隠れていた、こっそりと。

ハーム　ハームは分析する、カム氏は先に待っていた、待って見た、彼らは昨日偶然会ったのか、約束してたのかを観察していた。今日、もう一度見に行こうと。しかし、殺した日、彼らは前後になって一緒に歩いていたのだろう。カーッとなった。……彼らが前後になってついて歩いている(daen tam lang pai)のを見て、確かだと、偶然ではなく、今日また約束して会ったのだと。それで殺したと分析する。カッとなって、嫉妬した、後先になってついて歩いている、絶対確かだ、昨日も偶然ではない、今日と同じように約束して会ったのだと。

一緒にいたといわれるカチャに関して、ハームは、チャイが先を歩いており、カムがチャイを斧で襲った時に、女性はそれがみえて走って逃げたのだろうという。カムは女性も殺そうとしたが間にあわなかったのだと。シンも村人の伝聞から「カチャが走って帰ってきて舟の水をかき出しに降りていった、体が震えていた」という。村は〔図4-1〕のように海と川に挟まれた細長い地形をなしており、川の中には杭の上に家を建てた水上家屋が並んでいる。どの家も川の中では木の階段が水辺までつけられ、そこに小さな舟がつないである。川向こうはマングローブ森が広がっている。今は炭焼き用の木材としてかなり伐採されたため、隙間の多い森となっているが、岸辺には切り残されたマングローブの木の葉が生い茂り緑を川面に映している〔写真4-2〕。エビ漁はこの川につないだ舟で川から海に出て行く。この舟は、板の隙間から水が染み出してくるので、しばしば舟の底にたまった水を桶でかき出す必要があるのだ。カチャの家もこうした水上家屋で、息子がエビ漁に出るための舟がつないであった。カチャはとっさに人に顔を見られることなく、また舟にいても怪しまれることのない日課である舟の水かきという作業に従事するふりをしたのであろうか。カムの隣人フィットも同様にカチャが殺人の現場から一人逃げ帰った様子を次のようにいう。

カチャは怖かった。彼女は腰布をつけたままで、海岸にいた、殺人があった。海岸に一緒にいった。カニ漁に行って会った。カチャは腰布をたくしあげて走った、殺した時。走っていって川の向こうまでいった。あっち側の岸まで舟をこいでいった。家の川のところを。

カチャ当人はやはり殺人の現場に居合わせたことは認めるわけにはいかない。

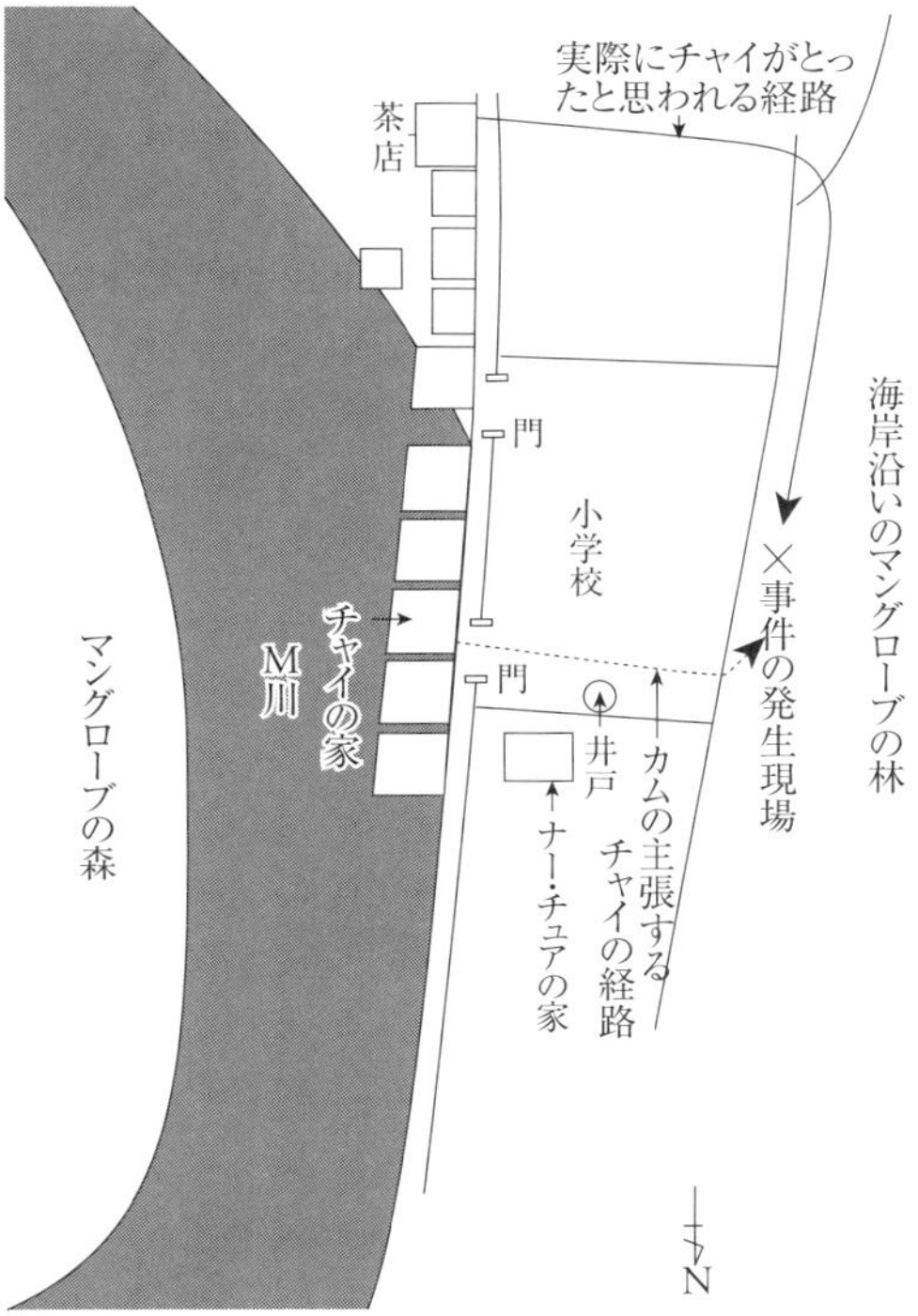

図4-1　食い違うチャイのとった経路の概念図

何も知らない。カニ漁から帰ってきてこの舟の水をくみ出していた。B村（M村から数キロ離れた隣の区に位置する村）からきた嫁が以前はここにいて[12]、呼ぶ。なんで呼ぶんだとあがってきた。私は、何だいおまえ、ときくと、チャイを見にいってごらん、殺されてしまったという。

複数の村人の話は、チャイが海岸に降りていった経路は、いつもカニ漁にいく人が通る道であり、チャイは朝マングローブの海辺へ降りていく前に、カニ漁にいく細い道の入り口にある茶店でお茶を飲んだということで一致している〔図4-1〕。茶店の近くの人はい

(12)　私がカチャと話した時点では、すでにその嫁は村にはいなかった。

写真 4-2　水上家屋の前面の舟着き場

う。「お茶をあの店で飲んでいた。あの朝。そして菓子を一バーツ出して食べたときく、あの朝。一バーツ食べて、お茶を飲んだ」。しかし、カムの語りは、チャイが海辺におりていった経路が他の人の証言とは食い違っている。[13] カムはいう。「チャイは学校の裏のあっちの道からきた。彼は家の前の道をおりた。彼は一人で歩いてきた。僕も一人でいってぶつかったんだ」。なぜ、カムはこのような証言をするのだろうか。その後のカムの話の展開から、なぜそうした経路によって説明する必要があったのかがわかってきた。カムは、出会ったところでチャイが銃をもってこの村から出るように脅したという。つまり、カムは待ち伏せしたのではなく、偶然に向かい側からきたチャイと出会い、そこで銃をもったチャイに脅されて殺人という行為に及んだと、ある種正当防衛に近い状況であったことを裁判で主張するために、このような経路である必要があったのである。[14]

こうした事件の語りからは、マングローブ林の村特有の人々の姿勢がみえてくる。それは、高木光太郎のいう出来事を直接知覚可能なものとして顕在化させることを可能とする「身構え」という言葉で置き換えてもいいかもしれない[15]（高木 1996: 229–230）。高木は他者の身構えを知覚することによって、他者が向かっている対象をも同時に知覚することができるという。それは、ここではマングローブの木が生い茂った森の中で人の踏み跡のできた細い道を身をかがめて歩く姿勢であり、舟の中に顔ふせ前かがみになって水をかき出す姿勢である。このような「身構え」からは、チャイが正面からやってきたというカムの証言の虚構性が浮き彫りにされるのである。

4　犯人逮捕――凶器の斧

フィットはカムの隣人で同じ井戸を使っている。彼女は、カムが殺人を犯した直後にその井戸のところで全身に飛び散った血を洗っているカムに会った。カムの体は震えていたという。そしてその後カムは森の中に逃

(13) カムへのインダビューは二〇〇四年八月四日に、カムが収監されているサトゥーン市の監獄において行った。カムの隣人のフィットは同じ監獄に収監されている弟に会いに行った。面会は一回二五分で、二重に張られた金網ごしに面会者と収監されている人が話をする。隣の面会人との間には壁や衝立はないので話は聞こえる。私とカムとの会話に、時々隣で弟と話していたフィットも加わった。

(14) 銃は、チャイが殺された現場から発見されていない。カムはチャイが助役として支給されていた銃をもっていたというが、その銃はライフルであり、チャイの自宅に保管されていた。カニ漁にいく時にそうした銃をもっていくとはまず考えがたい。

(15) 高木はランズマン監督が『ショアー』において想起による出来事の神秘化や陳腐化をさけ、ホロコーストを直接知覚可能なものとするためにとった新しい方法として、この「身構え」をあげている（高木 1996: 229–230）。

げた。

彼はパーム椰子の森の中に逃げた、そこで警察官が捕まえた。斧だ、ほんの小さな斧、舟の釘をうつ斧。彼は、木を切っていた、豆を植えていたところの横で。彼は豆をたくさん植えていた。家の後ろに豆をたくさん植えていた、きゅうりや豆を家の裏に植えていた。彼はその家の裏の豆のところの森の中に隠れていた。

カムは自分の家の裏の森の中に潜んでいたが、家の周囲を警察官に取り囲まれ、ついに森から出てきたところを捕まった。村から一番近いT町の警察所に連行されその夜に犯行を認めた。カムは犯行後自分の斧は通りがかりにタナーン岩の池の中に捨て、逮捕された時には隣人の斧を借りて木をきっているふうを装っていた。

マングローブ林の村の殺人事件として特徴的だったのは、凶器が銃ではなく斧だったことである。この事件を担当したチャイヨット警部は「喉のところに傷があり、顔にもあった。先に顔を斧できりつけ、倒れたところをさらに斧でやった。斧で切り刻んだ。木を切るのに使う斧、鉈ではない」という。自分がここ一〇年、赴任してきて以来斧をつかったのは、この事件だけであると断言する。

カム氏は銃をもってなかったので斧をかわりに使った。若者がナイフで刺すというのはあるけれど、斧はない。他には全くない。一〇年間でも一度もない。なぜなら、ほとんど斧を使う人は、働く人だ。海岸の森でマングローブの木をきったり、炭を焼いたりする。斧をもっているのは。ほとんどは誰ももっていない。町の人やなんかは。斧は家にいつもあるものではない。M村ではどの家にもある。なぜなら木を切る、炭を焼くという職業だから。ナイフでは切るのが難しい。斧を使わなくてはならない。斧を使うのはM村でのこの事件一件だけだ。もし街の中だと銃を使う。

現場検証の見取り図を作成(tham phaen)したのは翌日である。チャイヨット警部はカムを伴って再び村を訪れた。タナーン岩の池では、チャイの次男のチャートが、二回もぐって凶器となったカムの斧を拾い上げた。朝七時頃だったという。

5 雨の中の葬式

チャイの遺体は、現場検証が終わるとタナーン岩の寺に運ばれ、そこで棺桶に入れられた。家の前の敷地が狭く、葬式の会場を設営することができないため、チャイの葬式は寺で行われることになった。タナーン岩の洞窟の中に仏像を安置した寺は村はずれにある。妻はじめごく近しい一部の親族はそのまま寺に泊まりこんだ。タイ仏教徒の葬式は通常村でも五日から一週間、遺体を棺桶に入れて安置し、朝晩二回僧を招いて読経してもらう。[16]その期間中喪主は慰問客に食事の提供を続ける。チャイの葬式は事件のあった日の翌日の日曜日から木曜日まで行われた。

事件の時も、葬式の間中もずっと雨が降っていた。ひどい雨で葬式に人があまりこなかったという。あまり

(16) もっとも事故や自殺・殺人などの異常死の場合にはタイでは通常より短期間に埋葬を行うという報告もある。しかしM村では異常死でも特に異なった対応をするわけではない。

の雨で何晩目かにはついにココナッツの木が電線に倒れかかり停電になったという。チャイの次女、チェーオはいう。

何晩目だったか、チェーオは（葬式の会場であるタナーン岩から）帰ってきた、チェリン、エーオ、チェーオ、ウだったか。……ココナッツの木が電線に倒れた。停電になったので三、四人でオイルランプで歩いて戻ってきた。（暗かったので気づかず）家の前を通り過ぎてサーオの家の前まできてしまった。

本当に人が少なかったのかどうかを、書き写させてもらったチャイの葬式の参列者名簿からみてみると、全参列者二〇二名で、決して他の葬式に比べて少ない数ではない。内訳は、仏教徒一七九名のうち村内が五六名で三一・三％、ムスリムは全部で二三名、うち村内が二〇名で八七・〇％であった。ムスリム・仏教徒両方あわせた村内の比率は三七・六％、全参列者におけるムスリムの比率は一一・四％である。ちなみに一九九一年九月に行われた仏教徒男性ペ・イヤムの葬式は、全参列者は二二六名、仏教徒一五七名、うち村内が四八名（三〇・六％）、ムスリム五九名、うち村内が三八名（六四・四％）、村内比率は三八・五％、ムスリムの比率は二六・一％だった。この時は水曜日に亡くなり、日曜日が出棺だった。チャイの葬式は全体としてややムスリムが少ない。ペ・イヤムの場合は妻が元ムスリムで改宗して仏教徒になっているので、村外からも妻の親族のムスリムが訪れた可能性がある。その他は全体の数も村内比率もそれほどかわらない。当時のフィールドノートにはナー・チュアの次のような言葉を書きとめている。

コ・トークの時もコ・クイの時もそしてペ・イヤムの時も火葬の日まで雨がずーっと降り続き火葬の日

になると晴れた。なぜかわからないが。コ・トークの時はナー・ナン（妻）が火葬の前の日に雨が止むようにと金の嘴の鶏の願掛けをト・ナーンにした[17]。その日はペ・イヤムのように雨が降ったら人がこないから。

つまり、ペ・イヤムの時も雨だったのだ。よって、天気がはたしてどのくらい影響しているのかは定かではない。しかし、雨が降るとやはり人はあまり来ないと懸念していることがわかる。通常仏教徒の葬式では、はじめにきて香典[18]を渡す時に参列者名簿に名前を書くが、同じ村内や近隣だと葬式の期間中に何度も足を運び、菓子を食べたり食事をしたりしながら談笑し、賭け事に興じたりする。雨の日だと人が少ないというのは、もし雨だと葬式は行かなければならない人は一度は行くが、何度も行く人が少ないということは考えられる。

(17) タナーン岩に宿る村の神として崇められているト・ナーンは、115-116ページでも述べたようにムスリムであるといわれており、願掛けはいつでもできるが、金曜日のみ願成就のお礼参りができる。願成就の供え物は願い事の大きさによって、小さなものは爆竹を鳴らすことから大は牛や水牛のカレーまで様々である。ムスリムなので酒や豚は供えない。金の嘴の鶏（kai pak thorng）の願掛けとは、金の指輪などを調理した鶏の嘴にはさんだものを願成就の時に供える願掛けをさす（西井 2001: 107-114）。

(18) 死者への功徳（tambun）のためのお金というが、喪主を経済的に助けるためであると意識されている。ゆえに葬式は村では、前は向こうを助け、今度は向こうがこちらを助けるといったふうに出席して功徳のためのお金を出すことが義務であると捉えられる。

三　マングローブ林漁村における出来事としての「姦通殺人事件」の考察

1　事件の背景――出来事の多面性

身体的暴力の応酬

事件の起こる約一週間前、カムとカチャはそれぞれ警察に相手を訴えている。カチャは、カムが家に押し入って暴れたという。警察は両方が危害を加えたので事件をとりあげず話し合いをしていたという。

あの夜暴れたので、T町の警察署にいって訴えた。警察官がやつを呼び出した。警察官がどのようにいったのか、たくさん彼に話した。そして静かになった。そうして間もなく、やつはチャイを切りつけた。何日もしないうちに。嫉妬したのかどうしたのか知らない。もう別れたんだから、他の人と一緒になると恐れたのか。本当のところ違うのだ。チャイは息子のところに来ていた。来たら息子を誘ってあっちに行ったりこっちに行ったりしていた。誘って行った。

このカムを訴えるという行為が、チャイが示唆したものと思い込んで殺すことになったのだとカチャはいう。

チャイが私を使って訴えさせたと思った。警察に訴えさせた、家に押し入ったことを。そう思ったんだ。チャイは助役だから、私をつかって（被害）届けを出させたというふうに思った。自分でかってに思ったにちがいない。

本当はチャイは何も言ってないのかと問いかけると、

何も言ってない。自分で行った。気持ちが傷つけられていた。私はやつが来て大暴れするのがいやでたまらなかった。私はやつにいった。別れたのだから来てちょっかいをかける必要はない。やつといる時でも、私らは自分で自分を養っていたのだ。女性が男性を養うのなんてやっていけない。子供と一緒にいて食べていく方がいい。

しかし、そもそもカムが怒ったのは、カチャがカムをだまして家をつくらせ追い出したことだとハームやシンはいう。

シン　あの日、シンと同時に行った。警察に夫が家に押し入ろうとしたと訴えた。働いて疲れて帰ってきて家に入れなかったらどこに行くのか。

ハーム　女性はもうカム氏から身を離していたが、カム氏を呼んで使いたかった。ただでカム氏の労働力を使いたかった。しかし養わなかった。だまして家をつくらせた。

シン　だまして川の中の家を一軒つくらせた。家をつくり終わると、追い出した。

ハーム　追い出したのではない。でも、燻りだした。ご飯をつくってあげない、何もしてあげない、いやがらせをして出て行かせた。男はまだ愛して、固執していた。カム氏は家をつくり終わって訪問した、カム氏は家に押し入り（それをカチャが）訴えた。

一方カムは、カチャの子供が危害を加えたと訴えた。それは、愛人のチャイがそそのかしたせいだと思っている。カムはいう。

彼は威力（irthiphon）[19]があると自分で思っていた。僕は一人でいる。彼は何でもできると。この前も、（カチャの）子供に僕を殴らせた、二月一九日のことだ。子供に僕を殴らせて病院にかからなければならなかった。きいてみろ。村中をきいてまわってみろ。僕を殴って、治療に十数日かかった。

じつは、身体的危害を加えられたのをチャイのせいと思い込んだことは、カムの中ではかなり重要な位置を占めていると思われる。さらにカムは次のようにいう。

もし彼らが本当に思考力があったら、僕のことを怒ることはできない。なぜなら彼が僕にした多くのことがあるから。多くのことで彼は僕を痛い目にあわせた。彼のピーノーン（親族、この概念については後述）が怒ったとしても、僕がチャイにこのようなことをしたと、チャイが僕にした時に、彼らはそれを禁じたり、警告したりしなかったのか。彼らもそれを考えることができてもよい。……僕をこんなふうに、あんなふうにした、僕を殴ってほとんど死にかけた、治療していた。

しかし、実際にはチャイはこのことに関与していないと、カチャの娘婿はいう。カチャの子供はカチャがカムにひどくなぐられたのをみて、母親が殺されるとカムを逆に襲ったのだという。

土地・家 ── 日常性の継続

ここで特徴的なのは、事件の当事者である二人ともが姦通が直接の原因であるとはいわないことである。姦通した当人であるカチャが言及しないのは当然としても、カムもまた全く別の理由を斧をふるった直接の原因としてあげる。

カムは、チャイが、三ヨのうちに土地から出て行くように強制したという。彼は、「誰とも関係なかった。何にも僕は関係なかった。なぜならもう別れていたから。……彼は僕を強制して土地から立ち退かせようとした。僕だって出て行きはしない。言い争って、僕は斧で切りつけた」と、カチャの姦通が殺人の動機であったことを否定し、かわりに住んでいる土地から追い出そうとしたことをその理由としてあげる。しかし、実際にはチャイは村の助役ではあっても、公用地を占拠し住んでいるカムを追い出す権限などもってはいない。[20]

(19) 職務外の権威、影響力。玉田は、アムナート (amnat) がフォーマルな権力であるのに対し、イティポンはインフォーマルな権力であると分析している (Tamada 1991: 456)。

(20) カチャの言い分にもカムの言い分にも、村の助役という役職に付随する権威 (イティポン) が、人を訴えるように動かしたり、脅迫したりする背景にあると弁明している。カムは殺すことになった原因そのものが、イティポンをふるわれたことに抗することであったと自らの弱者の立場を正当化しようとしている。しかし、実際の裁判において弱者だったのは殺されたチャイの側であり、弁護士も親族であったカムは、二〇年の求刑を一〇年にまで縮めることができたのである。カムの親族はトランでは有名な家系で多くの弁護士や教師、警察関係者などを出しているという。なぜか一一人キョウダイの中でカム一人が社会的な出世の道からはずれている。

なぜカムは、かたくなに姦通が原因であることを否定するのか。そして他の誰も言及していない土地を殺人の理由としてあげるのであろうか。もちろん、裁判におけるカムの作戦という側面もあるであろう。住んでいる土地から追い出すと脅すというチャイの行為が原因だとすれば、判決も有利になる可能性もあるかもしれない。カム自身、カチャとはイスラームの婚姻届であるニッカは行っていたが、役場には婚姻届けを出してはいないということもあろう。もっとも、これは通常のムスリムの夫婦でもよくあることである。

カムは、インタビューの中で「僕は野菜を植えていた」としばしば口にした。あの日森に入っていたのも野菜の柵をつくるためだった。「僕は家を建てていた。僕は野菜を植え、草を植えて、僕の生計をたてていた」という。自分が住んでいた家のことを気にして、フィットに自分の家はどうなったかと問い掛けている。彼女が、すでに大勢他の人が住んでいると答えると、「でも、僕がここを出たら、僕はあそこにまた家を建てる。僕はあそこの土地の権利をもっている」と主張する。その根拠は、殺人事件の裁判そのものの過程にあるという。

なぜなら、判決の日、チュアップ、チャイの妻に尋ねてみろ。原因は何かと尋ねた。僕は土地が原因だといった。彼らは周りの写真なんかをとってちゃんとしてる。僕は家を建てて住んでいる。僕の土地になっている。初めて公的に通知した人は僕だ。裁判所で通知した。判決はすでに出ている。

カムは殺人の原因が土地であると、裁判で主張したことで、彼の居住地が現場検証の対象となり、それが彼の占有権を保証するものになると考えている。しかも、そのことを彼が殺した当人の妻にきいてみろという。この主張は、ほとんど殺人という出来事がもたらす関係性についての私の理解を超えると同時に[21]、カム自身にとっては監獄の中にいながら日常性が連続し、出獄した後に営む生活像が揺らぐことなく一貫して保たれていることがみてとれる。土地は生活の糧であり、場である。その土地は彼にとっては出獄してからの生活にとってもっとも大事な基盤となるものである。

カムは最初から、殺人を犯しても、何年か牢に入れば出てくることができることを知っていたと思われる。カムは「僕は逃げない。これだけ、監獄にいるだけ、長くはない。だいたい二年」という。一〇年の刑も恩赦が出ると半分になるかもしれない。カムは、まだ二年しかたっていないのに、八月一二日の王妃の誕生日の恩赦で出獄できると信じていた[22]。そして「監獄から出ることができたら、僕は昔と同じように適応する」という。

この日常的感覚の連続性は、牢を出たあとのカチャとの新たな生活の計画にも、またカチャへの伝言にもみてとれる。カムは牢を出たら、またM村に戻り、もとのところに壊れた家のかわりに新しい家を建てて住むという。「もし歩くなら歩いていく。後ろを振り返らない。だから、僕はあそこに帰らなければならない。何がおこっても僕はあそこに戻っていなければならない」。カチャにも次のように伝言する。「もし僕が刑を終えたら、元に戻って同じようにいる。M村に戻って昔と同じようにいる」と[23]。

(21) カムは、殺人事件が起きた年の一二月に行われた初めての裁判の日に、チャイの妻がめがねをもっているのをみて、あんたもやっぱり老眼か、と話しかけてきたので、返事なんかしないで無視したと、妻は怒っていた。

(22) 二〇〇四年のインタビューの数年後にカムは釈放された。刑務所の刑務官は、一〇年の刑が恩赦で半分に減刑される可能性はあるといっていた。タイでは、王室関係者の記念日に減刑措置がよくとられる。麻薬関連の罪や、王室への不敬罪など限られた罪状以外は減刑の対象となるという。しかもカムは模範囚で、一か月に五日ずつ減刑の対象となっているので、一年で二か月近く短くなる（二〇〇四年八月四日、カムが収監されている刑務所の刑務官とのインタビューより）。

(23) 釈放後、カムは結局M村には戻ってはこなかった。チャイの親族に殺されるのを恐れたのだろうとある村人はいった。

姦通

事件担当の警察官は端的に事件を次のように要約している。

妻もカム氏が危害を加えた。訴えてから別れた。もう夫婦ではないと。しかしカム氏は嫉妬して、妻が別れるといった原因は、死者がそそのかした、死者がそそのかした、だから怒った、それでひそかに危害を加えた。

この見方は、カムとカチャという当事者以外の村人の大方の見方であり、警察の見解でもあり、またマスコミによる報道でもある。

同様の見解は、シンの葬式の場における憑依（khao song）においても表明されている。先に触れたように、チャイの妹シンは、カムがお金もなく仕事もない時によく家で食事をさせていた。チャイの死体が発見され、まだ犯人が捕まる前に、シンは葬式の時にタナーン岩で意識を失って憑依したという。その場に居合わせた村のムスリム女性のウダはその時の様子を次のようにいう。「「姦通だ、姦通だ。」それは、殺された原因はそいつだということを示している。殺された原因を知っているかときいた。彼女は、「姦通の事件だ」といった。姦通とはチャイとカチャの二人のことだ。姦通していた」。シン自身はこの時、犯人の名前はいわなかった。シンに憑依した時のことについてたずねると、覚えていないという。これまでに彼女は憑依したことはなく、初めてのことだという。ウダは「本当に憑依する人は、倒れる時も意識がない。痛いのを恐れたのか、倒れた、少しだけ倒れた。声も本当に憑依する人だと他の人の声になる、声が変わってしまうけれど、彼女の場合は彼女の声そのものだった」という。シンの憑依が無意識なものなのか、意識のある演技かどうかはさておき、ここではすでに犯人が逮捕される前に、今回の事件が姦通殺人であり、カムが犯人であることが暗黙の了解として表明されているといえよう。

2　外と内の論理 ──「ピーノーン」と「同じ村の人」

この事件をめぐる語りからは、しばしばカムが「外の人（khon nork）」だったといわれる。「外の人」は、状況により、キョウダイ、親族など仲間の範疇を示す「ピーノーン（phi norng）[24]」とも対比されたり、「同じ村の人（khon ban rao）」の対立項ともなる。外と内という対立項は、ピーノーンの境界とも、村の境界とも単純に重ならない。

ピーノーンそのものの範囲も状況によりかなり伸縮自在であり、ピーノーンは、親戚をあらわすヤードと一緒に用いて、ヤード・ピーノーンともいう。これらは、一緒に暮らすこと、直接顔を付き合わせる関係がベースにある。例えば、仏教徒の十月祭の時に、すでに亡くなったピーノーンであるキョウダイや親族の名前を紙に書き出して僧に読経してもらうことで功徳を送る儀礼があるが、一九九五年の調査時には、四、五人しか書いてない人もいれば、二五人にも及んで祖父母のキョウダイの孫の名前までも書いている人もいた[25]。ピーノーンは、相互に助け合うものとされている。例えば、ナー・チュアの異父姉妹の妹であるナー・リが、

（24）キョウダイをあらわすphi norngは、phiが年上のキョウダイである兄や姉、norngが年下のキョウダイである妹や弟をさすが、あわせてキョウダイやさらに拡大して、親族や仲間などの範疇として用いる。

（25）どのような関係の人に功徳をおくったのかという事例については（西井 2001: 95）および本書第7章を参照。

近所の金持ちのムスリムの家に老人の世話をするために一緒に住むことになった。ナー・リは恥ずかしいという。近所の人からはナー・リは「割礼をしている（tat taet laeo）」とからかわれていた。ナー・チュアは「ナー・リはコ・リのピーノーンだから」と、そのムスリムの家に改宗して婿として入っているナー・リの父の再婚相手の連れ子であったコ・リとの関係をあげ、世間体への言い訳をしていた。この時、ピーノーンだと一緒に住んだりして助けるのも当然であり、お金のためではないということになるのである。

また、ピーノーンの恥は外にもらさないとされている。内部で助け合い、秘密も保ちあう。殺人事件についても、ピーノーンの恥になるようだと話さないだろうという。私が、チャイが殺された経緯についてチャイの隣人に尋ねると、私が村で同居しているナー・チュアにきけばいいといった後で思い直したように、「ナー・チュアはすべてを話さないよね。彼女のピーノーンだ」という。一緒に話していたもう一人が「外の人にきくといい」といった。このとき外の人とは、ピーノーン以外の人をさしているのである。

ここまでは、血縁・婚姻関係を軸とする相互扶助的な関係の拡がりだが、さらにピーノーンは、血縁をもたない関係の比喩としても用いられる。例えば近年のイスラームの布教活動に参加している若者は次のようにいう。

イスラームかどうかわからない。知らない。ダッワ(26)に一緒に出ると知り合いになる。何かなくても頼ることができる。今日ご飯がなくてもあの家で食べればいい、ピーノーンの家で。そんなでもよい。愛し合っている。宗教を理解している。ピーノーンと同じ。同じ腹から生まれなくても、愛し合っている。心はとても近い。

と、信条と行動を共にする仲間としての関係をピーノーンという比喩で呼ぶ。しかし、この時の使い方は、話者自身によって、直接の血縁、婚姻関係の拡がりをこえて比喩として意図的に用いられているのである。こうしたピーノーンの倒立したイメージに「外の人」、仲間のいない人があるのである。

カムが逃げなかった理由を、前村長は、カムは「外の人」で仲間がいなかった、一人だったからだという。また、カム自身が警察に自首しなかった理由を「僕は家にいた、警察が家に来た。なぜなら出る勇気がなかった。やつの仲間が多い。僕は一人だ、出る勇気がなかった。彼のヤード・ピーノーンが多い」と述べた。

一方、チャイに、カムには気をつけろと村の古老である仏教徒のペ・ハオは何度も警告したという。チャイは、それを聞く耳をもたなかった。なぜ無視したのか、その理由は次のチャイがいったという言葉に示されている。

ピーノーンもいない、やつは一人だ、とチャイはいった。やらないと思った。ピーノーンはあっちにいる。T地区（カムの実家のあるトラン県にある地名）だ。人（仲間）がいるわけではない。ピーノーンなんか一人もいない。何を恐れる。彼は一人だ。

---

(26) マレー語ではダクワ（dakwah）と呼ばれる。世界におけるイスラーム復興運動に呼応して一九七〇年代にマレーシアで始まったイスラームの草の根レベルの運動。イスラーム知識人を中心に一〇人前後のグループで各地のモスクをまわって宣教活動をする。M村へは一九八〇年代半ばに南タイの東海岸のヤラーから訪問があったのが初めてであるが、以来年々南タイ各地から訪れる頻度が増しつつあり、またM村からも他地域へと若者を中心に訪問をはじめている（西井 2012 参照）。

つまり、ピーノーンをもつことは助け合う仲間、力をもつことになるのである。

それにしてもこのピーノーンのいないカムをどうしてあえて追い出そうとしたのかという私の問いに、カムは次のように答えた。

彼の心の中では、おそらく僕を怖れていた、なぜなら僕があそこにいると、いつの日か（やられる）、なぜなら僕はピーノーンなんかの仲間も多い。彼は怖れた。もし僕が出てしまうと、彼も気楽にいられる。

つまり、カムを脅威とするのもまたピーノーンの力であるというのである。

まさに、助け合うピーノーンの倒立した「外の人」のイメージは「カムは人を殺してきた」という噂にみることができる。この倒立イメージは、「同じ村の人」の倒立イメージでもある。「同じ村」であるということは、気心の知れた人、どのような人であるのかが同じ生活空間に共住することで互いに理解できる人である。「外の人」はその対立項で、何をしてきたか、またするかわからない人、殺人も犯したかもしれない人となる。二、三年前に村にきたばかりで殺人をおかしたカムはまさにこうした「外の人」である。ペ・ハオは、カムに関して、「チャイを殺すぞ。これまで人を殺してきたんだ、私らの村の人じゃない（mai chai khon ban rao）。こっちの人は今まで誰も殺してない。きいた話では、彼は僧も斧で切りつけたことがある。僧を斧で切りつけて牢に入った」とチャイにいったという。また、ペ・ハオはカムが前の妻も殺しているともいう[27]。ペ・ハオの娘も「彼はここの人ではない（mai chai khon thi ni）。わたしらの村の人じゃない」といい、またカムを他の村人も「この人ではない。外の人だ。妻を得てここにいた」というように、殺人を犯したカムは、気心の知れた、個人の来歴のわかる同じ村の人の対極にある「外の人」であり、それはまた、ここにピーノーンのいない「外の人」

でもあるのだ。

しかし、村とピーノーンの空間は、「外の人」を対極とした相互理解、相互扶助の関係を共有したものとして重なりながらも、その範囲や行為への作用の仕方は異なっている。実際に村において「同じ村の人」という範囲は、漠然とした居住空間の共有をさしており、倫理的判断の空間、噂やゴシップが共有される空間である。一方、具体的な扶助関係はピーノーン関係によって発動される。互いに助け合い、互いに力となり、内部の恥もかばいあうのはピーノーンの関係であり、ピーノーンの社会関係は個人に力を与えるものとして作用する。人と人がつながることで、他者に対して力をもつ。しかし、このピーノーンの力もまた共に生活する空間のうちで発動されるのである。このように「外の人」に対する同じ村の社会空間は、共住空間における倫理的判断の及ぶ範囲であり、ピーノーンは個々の人に力を与える関係を生成し、その範囲や作用はずれながらも、しかし共に生活する空間として重層化していくのである。

3　サックシーのある人――共住の倫理

共住の空間における倫理とはいかなるものであるのか。それは、個々の人の行為の是非に関わる判断基準であり、チャイの殺人事件をめぐって明らかになってきたのは「コン・サックシー（khon saksi）」＝「名誉、威厳、尊厳のある人」という言葉が判断の要になっているということである。それは、個人の尊厳ある人としての面子を保つことに関わっているが、その人とは無性の抽象的な人格ではなく、性をもった身体としての個々の人

（27）　私がこの噂の真偽をカチャに尋ねると、彼女は笑って否定し、ペ・ハオにもきかれたという。

である。

「サックシー」は次のように用いられる。例えば、気性のはげしいことで知られた前村長は、妻が浮気をするとサックシーを損なわれるので、妻を殺すという。また、親族内の甥の妻と姦通したあげく一緒になってしまった男性は、その女性がすでに姦通してきた経歴があるため、「彼は、サックシーのない人と一緒になった」といわれ、彼自身がすっかり評判をおとしている。

どのような人がサックシーがないのかという時に、男女では正反対の方向性になる。女性は姦通することでサックシーを失い、男性は妻に姦通されることでサックシーを失う。今回の殺人事件に対する村人の態度に、これまで村の人の会話などから私が当然のこととして受けとめていた規範からは理解できない判断がしばしばきかれたが、それは本章第一節で言及したように、これまで姦通においてはほとんど非難されることのなかった男性の姦通という行為が、殺されうる当然の原因となり、またそれによって殺されたとしても当然の報いであり可哀想ではないという判断である。つまり、姦通が判明した時に通常問題にされるのは、女性の側のサックシーの喪失であった。サックシーがない女性とは、性的放縦をあらわすオーローとかドーグトーンという侮蔑的な名称で語られる。それゆえ、非難されているのは女性のみだと認識していたのである。

しかし、今回殺人にまで至った事件においては、通常あまり批判がきかれない男性側もまた姦通という夫婦関係を破壊する行為に対しては手厳しい批判がきかれた。ある村の女性は「妻があるのになぜ人のものをとるのか。誰もかわいそうに思わない」というので、私が「でも殺されるに値するほどでもないでしょう（mai somkhwan）」といった。するとそれを逆に聞き違えて「そうだ。（殺されて）当然だ。チャイは女たらしだ（caochu）」と断じた。また、私が殺されて可哀想といったことに対して、フィットは「かわいそうでない」と即座に答えた。それは「友達の妻とたくさん交わっていた、この男性は」という理由である。しかし、姦通そのものが死に値するというよりも、姦通されることでサックシーを失うことになった男性が問題にすると殺されても当然であるという論理的説明もきかれた。チャイと親しかった小学校教師はいう。

村中が知っていた。長いことになる。チャイが言い寄ってながい。チャイは人の妻と姦通した。村人は当然だと思っている。もし夫が問題にしたら、死ぬことになる（torng tai）。サックシーをだめにした。世間（もしくは社会 sangkhom）は男性に同情する。

このことは逆にカムにもふりかかり、カムがなぜ出身村に帰らないかという一つの説明にもなる。カム自身は帰らない理由を次のように説明した。出身地には前の妻と子供が住んでいるし、親族も多くいるが、彼らはカチャとカムが一緒になった時にイスラームに改宗してしまったことに怒っているからだ。

なぜなら僕は後ろを振り返って家に戻ることはしない。子供を訪ねたり、甥や姪を訪ねたりはする。でも、そこにいさせようとしても僕はいない。なぜなら僕はピーノーンにたくさん非難されたから。僕がムスリムになった時、僕がイスラームに入った時、彼らはとても怒った、親戚はとても怒った。

しかし、それ以上にカムがカチャと一緒になった経緯は影響してないであろうか。カムは叔父が駆け落ちして一緒に住んでいたカチャと一緒になったのだ。つまり、叔父の相手を寝取ったことになる。もっともその叔父自身が夫のある人を取ったのであるから、あまり非難できたものではないであろうが、カムの行為自体は殺されても仕方のない行為である。もし相手の男性が問題にすればという条件つきではあるが。そして、カムが殺人の原因が相手の姦通であることを否定する理由も、このあたりに求めることもできるかもしれない。

今回の事件では、一つには、斧で頭を割るというあまりに凄惨な光景に多くの村人が衝撃をうけていることがカムの、ピーノーンを転倒して「人を殺す」、「外の人」であるというイメージを強化した可能性があろう。それと同時に、共住空間の倫理からは、サックシーを失ったことによるカムの行為自体は同情的に受け止められていることがわかる。

二〇〇四年八月に村を訪れた時に、カムが王妃の誕生日に減刑されてまもなく出獄するのではないかとの噂があった。カム自身も、私が監獄に会いに行った時にはもうまもなく出ると希望的観測をしていたことは前に述べた通りだ。私はカムの噂をしている村人に、カムが戻ってきたら今までどおりここで生活できるんだろうかときいてみた。それは、私がカムに会いにいく以前のことである。その時、私は理念的にはカムの行為は同情されるべきと受け止められていることは理解しているつもりであったが、村人の噂話からはチャイをあんな形で殺し、過去にも殺人を犯したこともあるかもしれない恐ろしい人であるというイメージを抱いていた。しかし、村人の反応は意外なもので、カムを外の人と呼び、凄惨な殺人の現場の様子を語っていたにもかかわらず、「まあ戻ってきたら……」とある種許容する態度を示した。拒否的反応を予想していた私はむしろ意外な感にうたれた。同じ村に住むという倫理空間においては、カムの殺人という行為はむしろ「サックシー」を保つという意味で許容されうるということを、この村人の態度は示していると考えることができる。

4 共住の空間感覚

カムと話をしていて、ある種私には奇異に思えた空間感覚がある。それは、カムが二、三年しか住んだことのない、しかもその村人を殺した村に帰って住むという決意をしていることであった。自分が殺した人の家族がいる村にあえて帰ってくることで、毎日のように自分を憎んでいるかもしれないその家族と顔を合わせることになるかもしれないのになぜ、という思いで尋ねた私の質問にカムは次のように答えた。「彼らは別々の家にいる」。

同じ村の中でも別々の家に生活することで、気まずい関係にも線を引くことができるという感覚である。ちょうど二〇〇四年八月には、カチャの娘がまだ二歳の自分の娘を夫の元に残し夫の叔父と姦通して駆け落ちして一緒に住んでいた（その夫は、ナー・リの息子で、当時ナー・リはナー・チュアと住んでいた）。その駆け落ちした相手の家というのはこともあろうに、夫と子供が住んでいる自分の家の斜め向かいなのだ。八月は村ではこの噂でもちきりだった。村の中どこへいってても知ってるか、とすぐこの話題になった。[28] しかし、空間的には近くても駆け落ちした先の家の住人とこちらの夫と子供は表面上は一切関わりをもたずに生活していた。夫は妻に子供に接近することを許さず、子供は父のいる間は母親に抱かれることもない。子供が病気になると五〇メートルほど離れた夫の母の住む家に子供と一緒に世話になるが、母親は全く見にくることもないし、できない。[29] この生活における空間の線引きや切り分けの感覚は、カムが自分が殺した被害者と同じ村に住んでも同じ家に住むわ

(28) この娘は、カチャからほれ薬をうけついでいる、そのほれ薬を売っているなどの噂である。また彼女は、エビ漁の手伝いをしながら子育てをしていた以前とはうってかわってきれいな服を着て、家の中にずっといるので、すっかり色白になり美しくなっているともいわれていた。

(29) もっとも実際には、母親は夫の目を盗んでこっそりと菓子を与えたりしていたということが、後にはわかったと、ナー・チュアはいう。この子はそれから半年近くたった時に偶然母親と外で出会った時にも母親を見かけると「マ」と呼んで忘れていなかったという。

けではないのでかまわないという感覚と同様なものであろう[30]。

しかし、同じ村に居住する以上、どうしても共有せざるをえないものがある。それが、性によって異なっている人の行為を規定する倫理的判断であり、その倫理空間においては、姦通ははげしく非難され、殺人をも許容する。その倫理規定によって何が守られているのだろうか。かつては、女性の行為を規制することで、夫婦関係を中心とした家族が守られていると考えたこともある。つまり、家族のバウンダリーの維持を女性の側に担わせるというアンバランスなジェンダー関係の一つであるという見方である[31]。しかし、サックシーという性をその人の尊厳から切り離すことができない倫理規定は、女性のみでなく男性にもまた逆の方向から及んでいると考えることができる。すると、同じ家に同居することを基本とする夫婦関係、ひいては家族関係はたんに女性の側のみではなく、男性と女性の両者に異なる形で作用する「サックシー」を保つという倫理によって保たれているともいえよう。空間的近接に関わりなく、関係を切ることができるのも、この同居の空間までである[32]。共住空間における関係に影響を及ぼす倫理基準は、村と家という異なる状況によって異なる作用を及ぼしているともいえる。村の倫理基準で守られている同居家族は、実際の居住においては、村人の判断を遮断して暮らすこともできる場を提供している。ここに生活を共にして居住する空間の重層性がみえてくる。

四 「姦通殺人」その後

本章で扱った姦通殺人事件の考察は、過去に何があったのかを確定することを目的としてはいない。過去の

「出来事」の再構築そのものではなく、そこにおいて人々がどのように感じ、行為しえたのかという人間の生き方のアクチュアリティを描くことをめざしている。

「これで死ななくてもあれで死ぬ」という驚くほど似通った言葉が、この事件をめぐって殺されたチャイに近しい二人の人の口からきかれた。一人は娘のチェーオである。チェーオはどこへ行くにも父親についていったという父親っ子だった。チェーオは「助けることはできない。避けることはできない。この人が殺さなくても、死ななくてはならない、時がくれば」といった。一緒に話していた年上の親族女性のナー・リが「時が至れば死ぬ（thung wela tai）。これで死ななくても、他で死んだ。できるならみんな交換する。一四、一五歳、父母が交換したくてもできはしない。死ぬ時は死ぬ」と応答した。もう一つのケースは、チャイのいとこで子供の頃には一緒に住んでいた時期もあるというナー・チュアの発言だ。チャイのある少女との婚外性交渉について話していた時に、そのことを少女の親族が知ったらチャイは死ぬことになるという文脈で「これで死ななくてもあれで死ぬ」と話した。そこには姦通で結局は死に至ったチャイに対する前者では愛着、後者では原因をつくったチャイへの非難の感情がより強いとはいえ、共通してある種の諦念を受け入れている態度を見ることが

(30) その後、やがて少しずつ子供の服を買い与えたり、元夫は生活のために妻の駆け落ち相手に雇われたりして、母親も子供に関わりをもち始めた。相変わらず子供は父親と暮らしているが、今や両家に自由に出入りしている。このように、同じ空間を共有して生活することで、一度切れた関係も再びつながる可能性もあるであろう。

(31) 東南アジア社会における女性と家の強い結びつきについては、しばしば指摘されている（Carsten and Hugh-Jones 1995, Carsten 1997, Karim 1995a, 1995b etc.）。

(32) そこから、M村におけるムスリムと仏教徒の通婚にあたっては、夫婦の宗教は同じにしなければならないという改宗への圧力も理解することができるかもしれない。これついては（西井 2001）第6章参照。

できる。

そのような態度からは出来事を「そのようになっている」と受け止める諦念を背景に、運命に抗するというより、受け流しながら少しずつでも前方に向かってすすんでいこうとする志向性をみてとることができる。チャイの娘のチェーオはいう。


チェーオはお父さんの火葬がすんで、一、二回の潮（nam）[33]は罠をしかけに降りていかなかった。あっちはカニもたくさんいる。一回目はそこまでいかなかった。ひざが震えて、心臓がどきどきした。行き着くことができた、二回目は。こっちから戻ってきた。またいでいけない。信じられない。それで、立って待ってみた。二回目、三回目の潮では少しまし。あまりどきどきするのも強くない。そこまで行かない。でも立って待ってみた。そろそろとお父さんが死んだところを見た。何か見えるか。何も見えない。


「何も見えるもんか。自分の心だ」とナー・リ。チェーオが答える。「そうだ。あまりどきどきが強くない。はじめはめまいと同じ。怖かった。でも二回目は立って見た。何もない。立ち止まって見てみる」。

チェーオの父親が無残に殺された現場はカニの好漁場だった。チェーオは、しばらくはそこに罠をしかけに行けなかった。チェーオだけではない。二か月たってもチェーオ以外にも誰もそこにはカニの罠をしかけに行ってないという。チェーオは、他の人は全然とれない時もなぜかチェーオのしかけた罠にはカニがかかるというカニ漁の名人である。チェーオは、父親の死後果敢に漁場に戻ろうとする。この会話からしばらくして、彼女はこのマングローブ林の漁場に戻ってカニの罠を仕掛け始めた。

二〇〇三年一二月、チャイの死から一年が経過して、これまで見るのがつらいからと戸棚にしまっていた写真が、部屋に飾られていた。「この頃は、心をコントロールする（tham cai）ことができるようになった」とチェーオはいった。

しかし、チャイを殺したカムもまた同様に運命を受容するという態度をとっている。殺人を犯してしまったことを後悔はしないのかと、平凡な質問をした私に、「後悔しない。どうしたって、定め（kot ken）がそのようになっている」と答えた。これもまた被害者の親族側とは感情は異なっていても、ある種の自分の行為とその結果がすべて自分の意志によってなっているのではないというより大きな流れへの諦念であるように思える。未来にむけて計画をたててそれにむけて行為すること、それが必ずしも思い通りには運ばないことがあるという不確実性の中に生きている、そのような感覚がアクチュアリティをもっているのである。

最後に、はたして今回の殺人事件は「姦通殺人事件」であったのかどうかを考えてみたい。カムがチャイを殺したという殺人事件であったことは確かである。しかし、村人が既成の事実であるかのように語るように、またマスコミに報道されたように、カムがチャイを殺したのは、姦通が原因だと断定できる事態であったのかどうか。この点についての実際の出来事の未決定性と多元性が、本章の表題に「姦通殺人事件」と括弧をつけた理由である。殺人を引き起こした状況は、サックシーを犯された男性のとりうる行為として、姦通殺人の起こる可能性はあったといえる。しかし、こうした姦通が常に殺人へと結びつくわけではない。サックシーを犯されたカチャの娘の元夫は、どんなに悔しくても子供のために牢に入るわけにはいかないから姦通相手を殺すことはしないという。また別の要因として、カムがカチャの子供に死ぬほど殴られたことをチャイの示唆だと

（33）カニ漁は、大潮の時に行うので、二回の潮とは一五日周期でめぐってくる大潮二回分で一か月、三回目は一か月半ほどたった頃である。本章註11参照。

写真 4-3　M 村の北端からバン島を望む

して受け止めていたことで、直接相手に危害を加える暴力の応酬を引き起こした可能性は意外に大きい。ここにおいては、この殺人事件を「姦通殺人事件」として固定化していくことに抗する、錯綜し重層化する行為の状況づけをみることができる。殺人事件はマングローブ林の村という実際の身体的行為に関わっていく自然空間で起きた。そこにおいては、共に住む人と人が相互行為の中でおりなすピーノーンやサックシーといった様々な意味体系や判断基準が人の行為を規定し、またその行為によって相互に異質な諸関係をもつ場所や人、モノ、活動が重層的に作用して出来事が進行している。

本章の記述から何が見えてきたのであろうか。人々の生の尊厳や誇りであるサックシーや、関係性のあり方に作用する力としてのピーノーンは、まさに序章で述べた潜在性としての生の問題に直結している。この出来事においては、それらはあらかじめ存在する規範や制度が表出するというのではなく、「今、ここ」で、ある意味で他者との共同作業の中で行為の慣性として、反響を引き起こす情動の流れの中で析出している。それを倫理と呼んでもいいが、それは非決定的であり、行為に影響を与えるとともに、行為の中で変化していく。つまり、人々は情動の流れに受動的に身をまかせるとともに、能動的に偏差を生み出しつつ、日々の生活を送っているのである。本章は、そうした過程をマングローグ林漁村で起こったチャイが殺された事件を通して、その出来事を「姦通殺人事件」といった要約によって一つの全体に還元することに抗しつつ描こうとした試みであるといえる。

事件から一〇年たった二〇一二年三月、私はチェーオと、親を養うことの是非について話していた（第5章）。その時、ふとチェーオが口にした。「今だったら、お父さんに少しは楽をさせてあげられたのに」と。私の脳裏に、趣味人だったチャイが海からそそり立つ奇岩のバン岩を背景に、小舟の上で釣り糸を垂らしている姿がよみがえった〔写真4-3〕。

第5章

ヤーイ・チット
——老女は自殺したのか

親子と諦念

老女が自殺した、ときいた。しかし、村で話をきくうちに、彼女の死が本当に自殺だったのかどうかをめぐって、事態は曖昧模糊としたものとなっていった。老女の自殺という出来事は、何をわれわれに伝えているのであろうか。

自殺は、動物と区別された人間の特殊性を示す行為であると、今村仁司は次のようにいう。「人間は自己否定的行為そのものである。人間は自分の自然的支柱である動物性を「殺害」してはじめて特殊に人間的な生き物になる（今村 2007: 160）」。ここでは、人間が他の種類の動物と区別されるのは、人間が「理性的動物」であるからではなく、自らの死を知っている唯一の生物であるからである、というヘーゲルや、未来にある自らの死を覚悟して受け入れ、現在において行動することが、本来の自分自身全体を手に入れることになるとみるハイデガーの人間観も垣間見ることができるかもしれない。

本章で扱う老女の死をめぐる人々の語りは、他の動物と区別された人間性を規定する存在論を直接には指し示しているわけではない。しかし、それらの語りは人間の生に関する最も根底的な人々の覚悟／諦観に収斂していく。そこでは、完全に能動的なものではなく、また完全に受動的なものでもない事態として、他者の死とそれに連なる自らの死を受容していく過程が見られる。

一　老女の死の状況

二〇一一年の調査の折り、ナー・チュアがヤーイ・チットが自殺したといった。帰国後、なぜヤーイ・チットは自殺したのだろうかと疑問をもった。一人で住んでいたとはいえ、娘と同じ敷地内に住んでおり、かわいがっていた末息子が亡くなったのは十数年も前のことなので、直接のきっかけとなったとは考えにくい。そこで、翌二〇一二年の調査の時には、ヤーイ・チットがなぜ自殺したのかを確かめることを目的の一つとした。

次にまず、ヤーイ・チットの来歴について簡略に触れ、ヤーイ・チットの死の状況を村人の語りから描く。南タイの村における老人の死に際してはいかなることが中心的な関心の的になるのかを、そうした語りからみてみたい。

1 ヤーイ・チットの来歴

ヤーイ・チットは、背が高くいつも背筋をピンのばして矍鑠《かくしゃく》としていたという印象がある。ナー・チュアも、「(ヤーイ・チットは)背中は全く曲がってなかった。まるで物差しみたいにまっすぐだった」という。「健康で、ほんの少し足が痛いとか、少しだけ痛むということはあってもたいしたことはない。骨がしっかりしている。体(tua)はまっすぐだ。私なんかよりよっぽどいい」とナー・チュアはいう。ナー・チュア自身は今や背中が丸まってしまって、ひざの故障のため歩くのも大変な状態である、と。

ヤーイ・チットは、娘の家のすぐ裏に建てた家に一人で住み、今やどこの家でも使っているガスは使わず、炭をおこしては一人分のご飯を自分で炊いていた。娘のウィンはムスリムの夫に従って改宗している。しかし、同居しない理由は宗教の違いがあるからではないと思われる。ウィンはすでに数年前に離婚して一人で住んでおり、ウィンが礼拝したりモスクにいったりするのを見たことがなく、ムスリムであるのか仏教徒であるのかわからない生活を送っているからである。ヤーイ・チットは八六歳だった。

彼女は、中部タイのサムットソンクラーム出身の警察官だった夫と結婚して、五人の子供を儲けた。夫は、サトゥーン市で車の登録官をしていたが、不正があったか何かで問題が起こり、退職した。退職すると一緒に妻の出身村に移り住み、妻がカノム・チーン（ソーメンのような麺にココナッツミルクをベースにした辛いたれをかけて食べる軽食）を売って生計をたて、夫はそれを手伝った。

若い頃のヤーイ・チットは美しかった。彼女は子供の頃からおしゃれが好きで、小学校に行く時も服が気に入らないと、足をばたばたさせて怒ったという。そのヤーイ・チットの夫は大変なやきもち焼きで、警察官だった時は、彼女が外に出て他の男性の目に触れないように、家に鍵をかけて働きに出かけたという。他の男性が妻に言い寄るのを恐れたのである。ヤーイ・チットがすでに子供五人を生んだ後に撮影した写真が、ナー・チュアの手元に一枚ある。そこに写るヤーイ・チットは、スカートをはき、美しさを保っていた。歳をとって村に移り住んでからも、夫はまだやきもちを焼いていた。生計のため彼女が外でカノム・チーンを売り歩く時にも彼女が他の人と関わることを警戒し、収益は彼がすべて回収して、ヤーイ・チットに自由にお金を使わせなかった。もし勝手なことをしたら、死ぬほど殴られただろうという。しかし、彼はカノム・チーンづくりを手伝い、麺など切るのも手際よく、店も清潔にしていた。料理も上手だった。村の生活は彼にとっては憂鬱だったのだろう、いつも酒を飲んでいたという。

彼は、三五年ほど前に、まき割をしていて、斧で足を切りつけ出血多量で亡くなった。当時は、舟でしか村から外に出ることはできず、近くに病院はなかったのでトランまで行かなくてはならなかった。そこへ行くにも半日以上かかり、病院についた時には手遅れだった。

ヤーイ・チットは、末の息子イアットが結婚して、妻の実家の運送業を手伝うために中部タイのラヨーンに移ると、孫の面倒をみるためについていった。ところが、トラックの運転手をしていたイアットが事故で亡くなると村に帰ってきた。それはもう十数年も前のことだ。それ以来、ヤーイ・チットは村人の話す南タイ方言でなく、中部タイのイントネーションで話すようになったという。このあたりの村出身だったヤーイ・チットだが、なぜか死ぬまで中部タイ風に話していた。

2 ヤーイ・チットの死の状況

遺体の発見

ヤーイ・チットの死の当日の足取りを村人の話から再構成してみたい。

その日、ヤーイ・チットは午前中に家を出た。同じ敷地内にある家にいた娘のウィンに気づかれないようにこっそりと抜け出した。ウィンは家でテレビをみていて、ヤーイ・チットがいないことに気づいたのは夕方だった。「食事の時間になっても帰らないので探した。彼女はよく歩き回っていた。きっとどっか行ってるんだろうと、そのうち戻るだろうと思っていたけれど、食事の時間がすぎているので探した。老人はボトルを集めるのが好きだ。ペットボトルなんか、拾って売る(1)」と、ウィンはいう。

ウィンは、丸一日おばあさんがいないといって、ヤーイ・チットの孫たち三人(パート、ライ、チャット)を午後四時くらいに呼び出して探しにいかせた。ヤーイ・チットを発見したのは、パートだった。ヤーイ・チットの家の裏に着くと、三人は三方向に散らばって探した。発見した時の様子をパートは次のように語った。

いなくなって一日たつという。だいたい午後四時くらいに言いにきた。三人は別々の方向を探した。僕が見つけた。ライを呼んで運ぶように(といった)。そしてチャットと一緒に連れて帰った。

（呼びに来た時に）僕は川で舟の水をかき出していた。ライが来て、おばあちゃんを探しにいこう、おばあちゃんがどこに行ったかわからない、歩いていったという。足跡があった。家の裏に、足跡があった、くつは履いてなかった。この足跡は彼女のものだろう、この方向に行ったに違いない。そうしたら本当に彼女が横たわっているのがみえた。うつぶせになっていた。服は着ていたが、腰布（pha thung）はつけてなかった。パンパース（大人用のオムツ）をはいていた。ライよ、チャットよ。みつけたぞ。彼女を連れて帰るぞ。連れに来てくれ、と呼んだ。もう彼女は生きていない。息が絶えている。ライとチャットが抱いて連れ帰った。

発見した時は、干潮で水はすでに引いていた。ヤーイ・チットは満潮の時に入水し、そこで息絶えたあと水に浮いているうちに、引く水に腰布がほどけてさらわれ、はいていた老人用のオムツがむき出しになったのであろう。その時、「体はまだ柔かった。硬くなっていなかった。陽が照り付けていた。一二時くらいの満潮の時に死んだ。そして干潮の頃に探しにいった」と、パートはいう。パートの記憶では白っぽいシャツを着ていた。腰布は後に回収したが、ヤーイ・チットの遺体を発見した時には、腰布まで探している余裕はなく、そのまま母の家に連れ帰った。

発見時に、ちょうど近くに住むムスリム女性のウダたちは、ヤーイ・チットの隣家の裏で空芯菜（phak bun）を採集していて、ライたちがヤーイ・チットを抱いて運んでいるのを目撃した。ウダは、それは五時くらいだっ

（1）村は海岸沿いにあるので、様々なものが流れ着く。老人たちはそうした海岸を歩いてカンやビン、ペットボトルなどを集めてわずかな小遣いを稼ぐ。

たという。「正午頃にヤーイ・チットは死んだけど、見つからなかった。その頃からいなくなって、干潮の時に（見つかった）。チャット、ライ、パートが探しにいった。（彼女は）横たわっていた。干潮だった。彼女は眩暈で倒れて死んだ（pen lom tai）」という。ウダは「水の中にいた。彼女は眩暈で倒れた」と繰り返した。

遺体を連れ帰った頃には、ウィンの家ではすでに大勢の人が集まっていて、体を洗って、着替えさせた。そしてタナーン岩の寺に連れていった。

葬式

ヤーイ・チットは仏教徒だったので、タナーン岩の寺で葬式を行った。娘のウィンは、家で葬式を行わず寺で行う理由として宗教の違いをあげることなく、家が狭いのでできなかったといった。タイの仏教徒の葬式は短くて三日、長い場合には二週間も行うことがある。毎日僧を呼んで読経してもらうと同時に、食事も出し、長ければ長いほど親族の負担は増える。しかし、香典[2]もその分多く入るので、費用が相殺される以上に、時には利益さえあがることがあった。[3]ヤーイ・チットの葬式はこのあたりでは最短の三日間で行った。

しかし、もう一つ葬式を寺で行った理由は、たとえ敬虔なムスリムでないとしてもウィンがムスリムであることも関係しているかもしれない。葬式の時には、寺の表では近所のムスリム女性のウダたちもおかずづくりを手伝ったが、寺の中には入らなかった。もっとも、喪主であるウィンは手は合わせないが、読経の間は寺の中で座っていた。パートはウィンの息子でムスリムだが、ライとチャットは、ウィンの兄の子供で仏教徒である。

ウダはいう。「葬式は（タナーン）岩で行った。私らもおかずをつくるのを手伝った。ただ、拝んだりはしないようにする。知り合いなんだから、おかずをつくるのを手伝う。ウィンは夫がムスリムだ。子供たちも親戚だから、手伝う。中で行うことには関与しない。外で手伝う」。

葬式の時に、遠い親族である仏教徒のナー・リが「死んで本望だろう」といったことを村人は記憶していた。いつも死にたいといっていたからと。ナー・リが寺についた時には、ヤーイ・チットの体を洗って服を着せていた。村人はヤーイ・チットが死んだところをみんな歩いて見にいった。見たことがないので、珍しいものを見ようとしたのだと、ウダはいう。

しかし、ヤーイ・チットと親しかったナー・チュアはヤーイ・チットの葬式には一度も行かなかった。ナー・チュアは生前のヤーイ・チットに、「もしチットおばさんが自殺したら、行かないからね」といったという。「そして本当にあの時、死んでも見に行かなかった。行けない、背中が痛いから。人が死んだ時、痛かったら、行かせないという。よくない。葬式に行くとますます痛くなる。多くの人がそう話す」と続けた。結局ナー・チュアは、自ら行くことなく、功徳のためのお金を渡した。

死の時と場所の想起

①死の時 —— 十月祭

ヤーイ・チットは、「十月祭の時に死ぬ」とある僧がいったという。ヤーイ・チットの葬式の時に、仏教徒女性のミャオが、何年も前に僧がそういっていたと話した。第4章でも述べたように、十月祭は南タイの仏教

（2） 第4章註18参照。

（3） ある村人は、「葬式で寄付された額がかかった費用より多い場合は、その利益を費用を負担した親族で分ける。いってはいけないことだが、資本投下と同じ」と話した。

徒にとっては一年で最も重要な祭りである。タイ暦一〇月（太陽暦九月）の一日と一五日に二回行われるが、二回目の方がより規模が大きい。十月祭には、菓子をたくさんつくって、寺に持ち寄る。ヤーイ・チットが死んだのは、明日が第一回目の十月祭という日の前日で、仏教徒の家庭では菓子づくりが忙しい時だった。ヤーイ・チットの遺体は十月祭の前日に寺に運び込まれ、そこで葬式を行った。寺では、葬式と併行して十月祭をするために、仏教徒が大勢集まった。ウィンはいう。「夕方死んだ。翌朝はみんな寺で功徳を積む。十月祭をして、また葬式を続けた。そして（三日後に）出棺した。それで終わり」。

じつは、ヤーイ・チットの葬式には、十月祭にまつわる一〇年前の別の死が想起された。それは、姦通殺人事件で殺された同じ村のチャイの死（第4章）である。

娘のウィンはいう。

ちょうどチャイの時と同じだ。チュアップ（チャイの妻）がココナッツを削って、トム（バナナともち米でつくった菓子）をつくろうとしていた。そうこうして、（帰って来ないので）チャイを待っていたら、死んでしまっていた。

ちょうどインタビューに一緒に行っていたケー（ナー・チュアの妹の孫）は、

（チャイが死んだ時にはナー・チュアの）家にいて、用を足しにか何かしに（海岸に）いったら、誰かしらないけど死んで横たわっていた。うつぶせになって寝ていた。喉が切られていた。

写真 5-1　ヤーイ・チットが亡くなった場所はパーム椰子園の奥の川である．その向こうにタナーン岩が見える

といった。それを受けて、ウィンは、「チャイと同じように死んだ」といった。

②死の場所 —— 同じところで自殺した人

ヤーイ・チットが死んだ場所もまた、別の死を想起させている〔写真5-1〕。ヤーイ・チットの遺体が見つかった家の裏は、以前に首吊り自殺した人の遺体が見つかったところでもある。そこは、人があまり入らないところで、魚や蟹の罠をしかけに行く人が通るくらいだという。

ウダは変死だから、そのあたりには入らせないのだと次のようにいう。

あそこは、ジャーブの子供が首つりで死んだあたりで、ちょうど私の祖母が死んだ頃に死んだ。一〇年近く前だ。何日も発見されず、蛆だらけだった。発見したのはウィンだ。ウィンが用を足しにいって見つけた。ジャーブの息子は少し陸にあがったところ、ヤーイ・チットは川の中。変死の霊（phi taihon）がつくといって行かせない。ウダも運んできたところをみたのだ。

このように、一人の老女の死は、その時と場所で、また別の死をも想起させ、村における出来事の想起を重層化させている。

二　老女の死をめぐる相反する語り

それでは次に、その死が自殺であるのかどうか、異なる二つの観点からの語りをみてみたい。これらの語りによって、「自殺したという事実」の原因を探求するという当初の調査の目的から、「自殺したという事実」そのものの真偽性を確認することへと調査の焦点を移行せざるをえなくなった。

1　ヤーイ・チットは自殺した

村に到着してまずは、ヤーイ・チットと親しかったナー・チュアにヤーイ・チットの死の理由を尋ねた。ナー・チュアは、母がヤーイ・チットといとこにあたる遠い親戚であるが、しばしばヤーイ・チットがタナーン岩の向こうから約一キロの道のりを歩いて訪ねてきてはおしゃべりに興じていた。ナー・チュアからは期待通りの説明があった。つまり、娘のウィンが親の面倒をみないから、自分でいやになって死んだという。ここでは、自殺であることには疑いはなかった。ナー・チュアと妹の孫であるプラー、そして私の会話である。

りょうこ　ヤーイ・チットは水に入ったのか。

ナー・チュア　水の中に入った。水に入って自殺した。水に身を沈めるように入った。自分で入った。川の中に。

りょうこ　なぜ。

ナー・チュア　知らない。子や孫に怒ったんだろう。彼女は（この世に）居たくない（mai yak yu）。居ることがわずらわしい。子供たちが面倒をあまりみない。彼女は一人でいた。

プラー　家がすぐ近くでもあまり面倒みない。だから彼女は残念だった。ご飯も自分で炊いて食べなくてはならない。

別の家でも、ヤーイ・チットは自殺したと、同様に次のように話した。「はっきりいって、彼女は死にたかった。死にたかった。あまり何もしない」。その場にいたチェーオも「彼女は死にたかった。ナー・リもいっていた。死にたいといっていたと。死にたかったんだから、死んで望みどおり（som cai）だろうと。ナー・リがいった」という。

さらには、ヤーイ・チットの家の近くに住む村人は「人によってはウィン（娘）が死なせたという人もいる」とまでいった。「でも、これはいわないほうがいい」と声を潜めた。そして、ヤーイ・チットは三回死のうとしたという。

一回目　薬を飲んで死にかけたが、病院で回復した。

二回目　家で首をつって死のうとしたが、孫に見つかって未遂に終わった。
三回目　ついに水に入って死んだ。

もっとも、三回も自殺を図ったということは、ナー・チュアもきいたことがなかった。

2　ヤーイ・チットは自殺したのではない

ナー・チュアと話した後、近所に住むペン先生に、ヤーイ・チットの自殺の原因がどのように伝わっているのかを確認しようと尋ねた。そこで、ペン先生からは思わぬことをきかされた。それは、ヤーイ・チットは自殺ではなく、老人の徘徊の結果の事故ではないかというものであった。ペン先生は九〇歳になる夫の母と同居している。

お義母さんと同じだ。部屋の中にいて、彼女は話す、まるで誰かが彼女と話しているかのように。「もう迎えにきたのか。ちょっと待って。先に身支度するから。今日いくのか」といったふうに。もしかしたらこんなふうか。人が誘いにきたといったふうに。はっきりわからないが、推測する（sannithan）、想像する。人が自殺だという。推測するには、お義母さんと一緒にいて、九〇歳になる。水浴びしたくない。ご飯を食べるのも部屋の中。時には、寝ながら話している。人が話しにきたかのように。後ろの扉、もし人がいなかったら鍵をかけなくてはならない。この前、降りていこうとした。橋のところ。もし私らがみつけなかったら川の中に落ちていた。こんなふうだ。私らも驚いた。だからキム（ペン先生の夫）が鍵をかけた。見つけた時は半分までいっていた、橋のところ。キムが走っていった。まるで人が彼女を誘ったように。

ヤーイ・チットもお義母さんに近かったんじゃないかと推測する。

お義母さんもこうした症状は昨年からだ。身支度して行くという。もう行くよ、彼女の家はあっちだという。行って誰と一緒にいるのかときくと、自分の夫だという。夫とはキムの父のことだ。(何十年も前に亡くなっている。)推測するに、ヤーイ・チットもお義母さんと同じようではなかったかと思う。人は自殺といっても。ここでも同じだ、居たくない(mai yak yu lae)。死にたくてもなかなか死ねない、と。老人の性格(nisai khon kae)はこんなふうだ。

……似ている。自殺といっても、もしかすると誰かが誘ったかもしれない。一緒にいようと。行くなら行こうと。記憶が曖昧になっている。

このように、ヤーイ・チットのことを「意識がはっきりしない」もしくは「朦朧としている」という見方をしている人は、ヤーイ・チットとそれほど親しくなかった人の間では一般的であった。ムスリム男性のハメーも「彼女は年老いていた。老人は、物忘れもはげしく、よく転ぶ。ぼーっとして(水に)落ちたんだ」という。こうした見方は多くの人に共有されていた。

一方、ヤーイ・チットの親族である事件の当事者も、老人の徘徊の末の意図的ではない死、つまり自殺ではないという見解をとっている。

ヤーイ・チットの娘のウィンは次のようにいう。「転んで二、三か月寝込んだ。歩けなかった。落ちて、頭をうって額に大きな青あざができた。そうしてわけがわからなくなってしまった。それから家を出て、水の中に入って死んだ」。

また、その頃の彼女の徘徊の様子を次のように語る。

寝込んだ時にはここ（ウィンの家）に寝ていた。そして歩けるようになったので、自分の家に戻った。私と一緒にいることはできない。彼女がどこに行こうと私は叱って行かせなかった。どこかで転んでもいけないと。そしたら彼女はこっそり抜け出した。T村にこっそり行く、どこでもこっそり抜け出して行った。そしてあの日、いなくなった。見つけた時は、川の中にうつぶせに寝ていた。死んでいた。

行かせないと気に入らなかった。チーライ（近所の仏教徒女性）の家に行ったり、チーライが時には送ってきたり。バイクにのせて送ってきたり。時には、あっちの方向、ナー・チュアやナー・リのところへ行く。どこでも行った。彼女は歩いて、わけがわからない。誰の家に行くのか、知らない。あちこち歩き回る。最近はヤーイ・チュ（近所に住む老女）が歩き回っている。ヤーイ・チュを見ると母を思い出す。止めてもきかない。私は膝が痛いのであまり歩けない。歩きまわって、コ・プ（甥）がバイクにのせて連れ帰る。コ・テート（甥）が連れ帰る。チラー（コ・テートの妻）が連れ帰る、そんなふうだった。子供や孫のところばかり（行く）。

ウィンの息子で、ヤーイ・チットを見つけて運んだ孫のライも、ヤーイ・チットは眩暈で倒れたと、次のようにいう。「年寄りだった。人が彼女が倒れるところをみたら大丈夫だった（助けることができた）」と、やはり自殺したとはみていない。

身近な人の間では、彼女が徘徊していたことはよく知られており、死にたいといっていたこととあわせて、その判断はどちらともいえない曖昧なものとなっている。

ナー・リは、葬式の時に死んで本望だろうといったが、一方で私と話した時には次のように意図的に自殺を図ったのではなく、徘徊するうちに誤って水に落ちたという見方もとっている。

りょうこ　彼女は死にたいといっていたのか。
ナー・リ　彼女は「死にたい」といっていた。彼女は何もわからなかった。夢をみていた。意識はあまりはっきりしてなかった。歩き回った。どこでも歩き回った。彼女は、死にたい、といっていた。
りょうこ　これまで薬を飲んで死のうとしたことはあるのか。
ナー・リ　いや。水に落ちた。歩いていって水に落ちた。おぼれて死んだのだ。
りょうこ　わざと死んだのか。
ナー・リ　歩き回っていった。歩いて、歩いて、歩いていって、倒れた。

ナー・リは、ヤーイ・チットが水に飛び込んだか、それとも誤って落ちたのかの判断は停止している。ナー・リはここにいて、近くにいなかったという。孫のケーがヤーイ・チットが死んでしまった、タナーン岩の（池の）水に落ちた、（ヤーイ・チットは）来たけれど、釣りなんかしている人がいたので戻っていったという。

自殺しようと決意していたのかどうかはわからない。本当かどうかはわからない。歩いていって落ちたのか、どうかわからない。岩の水に飛び込んで死んでしまったと話していた。ナー・リが行った時には（水から）もうあげていた。彼女はタナーン岩にきたけど、戻っていった、人がいたから、といっていた。そして家の裏に行った。川に。干潮の時だと水がない、満潮の時だ。でも、彼女は飛び込んだのか、そうでないのかはわからない。尋ねなかった。死んだ時にはいやになった、心にしたがって（死んだ）かどうか。

死亡届けの責任者は村長である。村長が自殺だと判断すると警察を呼ぶことになる。ヤーイ・チットのケースでは、村長は警察を呼ぶ必要はないと判断した。「何の事件性もない」、「老衰」だからである。実際には警察官は寺にきたという。しかし、それは村にサッカーをするためにきたのであって、取調べをするためではないという。村長はいう。「誰も彼女を突き落としたんじゃない。自分で落ちたんだ。村長がそのことを請け負った。（ヤーイ・チットの孫の）ライも警察のボランティアだ。彼は、警察に知らせるかときいた。届け出る必要はない。面倒なだけだ。僕が登録する役目だ」。

村長へのインタビューはナー・チュアの家で行った。その場にいあわせたナー・チュアが、村長に自殺の可能性を問いただした。ナー・チュアは「彼女はナー・チュアと何回も話していた。自殺すると。彼女は（タナーン）岩のところで自殺しようと行ったけれど、人が毎回多かったという」といった。しかし、村長は「年寄りはわけもなく歩き回る」といった。さらに村長は続けた。「もし若い人なら、調査して原因を探さなくてはならない。老人は歩いていって倒れた。老人だった。誰も彼女を水に突き落とすようなことはしないと推測できる。われわれは、誰も彼女を殺そうとしないことは確かだと推測できる」。死亡届けには、水死といった事故ではなく、「老人病による死（tai chiwit lok chara）」と書いたという。

もっとも、自殺でないとする村長にしても、自殺だと思うナー・チュアにしても、本当のところはわからない。

村長　彼女の心はわからない。

ナー・チュア　いつも（死にたいと）話していた。

村長　年寄り同士で話していた。自殺すると。

ナー・チュア　でも、実行する勇気がなかった。やる勇気がなかった。タナーン岩（の池）に飛び込もうとしても、水が多かった、という。人が助けるだろうという。
村長　誰もわからない。こんなこと、老人の心の中のことは。

村長の会話で、「推測する sannithan」ということばがしばしば使われた。それは、ペン先生の時も同様である。こうした言葉遣いからは、本当のところはわからないので、推測するしかないという状況であることがみてとれる。

しかし、村長とこのように話した後でも、ナー・チュアは、ヤーイ・チットが自殺したことを確信していた。

もしそうでなければ、川の中の水にどうして入るのか。降りていった。彼女はその目的でいったのだ。水に身を沈めて死ぬことを決心して。ヤーイ・チットは泳げなかった。もし泳げたら深いところに入っていったら泳いでしまう。泳げないから、沈んだらそのままおぼれた。もし泳げるなら、びっくりしたら（思わず泳いで）自分を助けてしまう。あの年代の人は泳げない。

3　自殺と意志

ヤーイ・チットが死んだ時に、いつも死にたいといっていたことが自殺であるという推論に結びついている。しかし、一方ヤーイ・チットの遺体の発見時に、彼女がおむつをはいていたこと、それがむき出しになっていたことは、彼女が意識も曖昧な老人であった可能性を指し示しているかのようである。彼女の身体は、生命体としての意識が曖昧な老人のものであった。それは、自殺することを意志することができる特殊人間的な要素を欠いている身体であるかのようにみえる。そして、ヤーイ・チットの死は自殺ではなく、老人の自然死として扱われた。

本章の冒頭にあげた今村の「人間は自分の自然的支柱である動物性を「殺害」してはじめて特殊に人間的な生き物になる」というテーゼのように、そもそも、死を意志することができるところに、動物と区別された人間性をみる考えに対して、ヤーイ・チットの「自殺」は、意志の力の曖昧性をむしろあらわしている[4]。

それでは、ヤーイ・チットの自殺をめぐる意志の曖昧性から何を読み取ることができるのか。それは、哲学における個人の存在論的な死ではなく、また人間普遍、もしくは一般的な状況としての死でもなく、出来事としての死である。また、ヤーイ・チットの死の曖昧性は、動物としての身体の死のみでも、自殺することができる精神をもつ人間の死のみでもないところにある。そのどちらかではなく、ヤーイ・チットという一個の人間の死として受け止められ、個別的・状況的判断がなされている出来事である[5]。ヤーイ・チットは無残な身体をさらした死者として状況を語っている。これが、若者の死であれば、死の原因は探索されることになろう。しかし、人々は、ヤーイ・チットが死にたいといっていたことと、老人の自然死としたこととの間に絶対的な矛盾を感じることなく、その死を受け入れ、それ以上に原因を探索することはない。そこでは、ヤーイ・チットの死という出来事が不確実性をそのまま引き受けて生成している。

（4） アーレントは、時間論的にみれば、どんなに偶然的に引き起こされたように見えるものもいったん現実に起きてしまえば、われわれには必然的に生じたかのように見えてくるという。「過去のものはすべて絶対的に必然的である（アーレント 1994a: 358）」。意志は必然とみえる過去に対して、未来への不確定性と結びつく。意志の力を認めることで、必然性と反対に偶然性の価値を認める。現在は、未来への意志によって成立し、未来への意志は行動の源泉となる（アーレント 1994a: 71）。そうした意志の根源が、人間が自らの死を覚悟していることであり、そのことが未来を意志する力となる。現在というものは、未来を志向する意志によって存在し、時間を構成する（アーレント 1994a: 345–346）。ここでは、個としての存在者である人間の存在様態を死への覚悟から説いている。

（5） ヤーイ・チットの死という出来事の個別的、状況的判断に関して、エヴァンズ＝プリチャードのアザンデ人の妖術の事例が喚起される。エヴァンズ＝プリチャードは妖術を次のように説明している。

いつもは、穀物貯蔵小屋の下で涼んだりおしゃべりしていて何の問題もないのに、たまたまその時にシロアリに食われた柱が折れて小屋が倒れて下敷きになった。その時、その場にいたという時間と空間の偶然をどのように説明するのか。その時、その場にいあわせたことが、偶然ではなく、妖術という原因論に求めるしか説明がつかない、と彼らは感じる。われわれが偶然の一致という二連の因果関係がなぜある瞬間にある場所で交差したのかという説明が妖術なのである。妖術によって彼らが説明するのは一連の因果関係のうちで、ある個人を、特定なありかたで傷つけることになった自然の出来事に関係づける、特定の状況である。それは、事情の一般的・普遍的状況ではなく、個別的・可変的状況なのである（エヴァンズ＝プリチャード 2001: 80–83）。

ここでアザンデ人が妖術という説明を必要としていることは、出来事を動かしていく個の存在の力を示していると考えられる。

三　村人の関心

人々が、ヤーイ・チットの死に際して話題にしたのは、その運命を左右する倫理的な規範であった。老女の自殺は村でもめったにない衝撃的な事件であった。私がまず思ったのは、当然、自殺を罪とする仏教的な観念からヤーイ・チットの死後について何らかの感想や意見がかわされるであろうということである。自殺は罪であるかどうか、そうした罪を犯したヤーイ・チットはどのような運命にあるのかといったことであった。しかしわずかに、どうせ死ぬのにわざわざ死ぬことはない、とナー・チュアがいったくらいで、こうしたことはほとんど話題にならなかった。それよりも、もっぱら人々が老女の死に際して話題にしたのは、親子関係をめぐる因果応報（wenkam）ということであった。「子供が面倒をみてくれないので自殺した」という、自殺の原因の一つとされたことに関連している。

ヤーイ・チットの自殺について、仏教徒の女性三人が話していた。私が以前同居していた家族の母親（七三歳）、娘のアリヤ（四〇歳）、チャイの娘チェーオ（五〇歳）である。母親は元ムスリムで通婚により仏教徒となっている。ヤーイ・チットは子供に面倒をみてもらえないから自殺したという話から、次のように展開した。

アリヤ　仏教徒（khon thai）[6]と同じではないね。仏教徒は父母の面倒を見る。

母親　もし父母を大事にしなかったら、罪（bap）だ。本当に罪深い。父母を大事にしていると、暮らしもよくなる。

アリヤ　暮らしはよくならない。恩知らずは、仕事もうまくいかない。つまり、金持ちになれない。なんとか食べてはいける。
母親　お金は残らない。
アリヤ　そのように信じている。そのようにみんななってる。父母を大事にすると、食べていける。仏教徒は因果応報を信じている。因果応報は本当にある。
チェーオ　子供から（自分に）めぐってくる。シンおばさんをみてみろ。シンおばさんのように、父母をないがしろにすると（mai ao）、子供も自分をないがしろにする。

シンおばさんはチェーオの父の妹であるが、かつて父母の面倒をあまりみなかったため、現在は子供が麻薬に手を出し、母親を殴ったりしているという。
またヤーイ・チットの死に関連して、七〇歳代のムスリム男性のハメーも同様に次のように語った。「父母がわしらを息をするようにした。わしらは恩を返していく。わしらがあれこれやっていけるのも父母が与えたことだ。脳を与えてくれたから考えることができる。考えてみろ。忘れるな。みんな、どんな宗教（satsana）でも罪は同じだ」。
ハメーと四〇歳代の未婚の娘ワイの会話も次のように続いた。

ハメー　ここでは、年寄りは楽だ（sabai）。子供や孫（luk lan）といる。

（6）　仏教徒（khon thai　直訳ではタイ人）とムスリム（khon khaek）は、対比的に用いられる（西井 2001 参照）。

ワイ　病気になっても子や孫が面倒みる。助け合って面倒みる。
りょうこ　子や孫が面倒みないというのもあるか。
ハメー　やはりある。
ワイ　あるけど少ない。
りょうこ　それは罪か、面倒みないというのは。
ワイ　罪だ。
ハメー　罪だ、罪だ。
ワイ　父母をできるかぎり面倒みる。
りょうこ　イスラームでもそのように教えるのか。
ハメー　教える。
りょうこ　仏教徒だと因果応報だという。
ハメー　同じだ。イスラームでも、罪、恩、因果応報は同じだ。
ワイ　同じだ。
ハメー　父母に関心を払わない（mai soncai）と、今度は子供もわしらに関心を払わない。運命だ（wen）。

仏教徒の教師ペンも、小学校の教科書でもこうしたことは説話とともに習うと次のようにいう。

小学校の時に習うお話だ。父親がココナッツの殻を削っていた。きれいに光るまで削った。息子がきいた。殻を削ってどうするのかと。父親は、「祖父がもう働けなくなった。いても役にたたないから、祖父のやつ（ai pu）を乞食にさせる」という。やがて祖父は死に、父親は年老いた。殻を削って、子供も同じようにする。何をしてるのかときくと、昔父親が祖父が年取った時に乞食にしたように、お父さんを乞食にするという。よい教えだ。子供は読まなければならない。昨今の子供は本を読まないから、語って聞かせなくてはならない。

老女の死に際しては、このように死者個人の宗教的命運よりも、人々の間に埋め込まれた親子をめぐるあるべき関係のあり方＝倫理を再確認させる過程がみられた。死者は、生者の情動に作用し、その生き方に直接に影響を与えているのである。

四　「時が至れば死ぬ」

ヤーイ・チットの死は、個としての身体存在と行為に関連して、他者に波及し、個の存在の仕方が、その情動が様々に受容されてなりたっていく偶発的な出来事であったといえよう。その中で、人間の生に関する最も根底的な人々の覚悟／諦観がみえてくる。それは、前章のチャイの事件の時にも言及された「時が至れば死ぬ」ということである。自殺したと思っている人も、そうでないと思っている人も、人の死に関しては、同じ感想をもつ。ヤーイ・チットの死に際して、チャイの娘のチェーオは今回も「時が至ったら死ぬ」といった。そして次のように続けた。「まだ時が至っていなければ死なない。なん度も死のうとして死ねなかったのはまだ時

写真 5-2　すでに取り壊されていたヤーイ・チットの家の跡

が至ってなかったから。今度は死ぬ時に至ったのだ」。同様に、ヤーイ・チットの娘のウィンもいった。「(ヤーイ・チットは) わけがわからなくなった。そして家から出て、水の中に入って死んだ。その時が来たのだ」。それは、生者が死者を受容していく過程であり、情動を死から生の関係性へとむける過程でもある〔写真5-2〕。

第6章

ノン
——死のにおい
身体観と偶有の生

本章も、死をめぐる出来事を扱うが、殺人や自殺といった「突然の死」をめぐる情動とはちがい、病気という、その出来事の過程が長く、それだけに特徴ある記憶、感情として残る事例である。具体的には、初めてのフィールドワーク時に同居していた家族の一員である青年の死をめぐって、その死がにおいとして感受されていく過程を捉えることで、フィールドの流れの中で自然や物質が渾然となって出来事が生成されるさまを明らかにしたい。その時、感性を通して出来事はどのように生成してくるのであろうか。

本章でより意識的に焦点化するのは、フィールドにおける感性的、受動的な経験であるにおいである。においというどうしようもなく受動的な経験は、身体から発し、死をめぐる情動の流れの中で出来事が生成してくる。そうした過程を分析するのが本章である。これ以前の二つの章にも関わるが、死はとりわけ情動を触発する。死をめぐる記述は、私が触媒としてフィールドにおいて感受した情動を伝えるよう形にする過程である。

一 ノンの「死」

それは、私が初めてフィールドに入って二〇年目という節目に起こった。この出来事は、一人の個人が死亡したという事実を核としながら、様々な波紋や齟齬を析出させていく過程であった。ここでは、その齟齬をめぐって析出してきた三つの層に沿って出来事を記述してみたい。第一の層は、家族にとっての彼の死をめぐる出来事であり、身体性がキータームとなる。第二の層は村人にとっての彼の死と家族にとっての彼の死に関しての齟齬、具体的には葬式をめぐる齟齬について記述する。そして最後が、エイズによる死の意味を考察することから生成される出来事である。

1　フィールドワークでの同居

一九八七～一九八八年の一年四か月にわたる初めてのフィールドワークの時に同居したのが、ノンの家族であった。母親は元ムスリムで仏教徒に改宗しており、子供は男四人、女二人の六人兄弟であった。私は当時二六歳で、一番年上の長男（レック）と同い年であった。レックはすでに結婚して、両親の家の向かい側に家をたてて独立して住んでいた。長女（オーム）も結婚して他県に住んでいたので、私が同居していたのは、両親と次男（アット）、三男（ノン）、四男（エーク）、次女（アリヤ）の四人の兄弟であった（36ページ図1-3参照）。末っ子であるアリヤは中学二年生で、他の兄弟はすでに小学校を卒業していたが進学はせず(1)、漁業に従事しながら親と同居していた。その後、兄弟たちはそれぞれ家を出て、アットはプーケット、ノンは南タイの中心都市ハジャイ、エークは北タイのチェンマイへと働きに行くことになる。エイズにより死亡したのは三男のノンである。

長期調査の後も、毎年のように村を訪問していたが、二〇年目にあたる二〇〇八年に村を訪れた時、ノンの死を知らされた。私が村に到着したのはその年の八月八日で、彼の死後一〇〇日の法要の前日のことであった。法要に際して、黒い喪服をもっていなかった私がかわりに紺色のタイの農民服（モーホム）を着てきたというと、妹のアリヤは次のように答えた。「ノン兄さんがいっていた。「悲しいことなんか何もない。何も悲しいことじゃない」と。だから喪に服する必要はない。彼は何も罪を犯していない。ノンは陽気な人だったから」。

2　ノンの経歴

ノンは、小学校六年を終えた後、蟹のわな漁や仕掛け網漁を行いながら親と共に村で暮らしていた。タバコも吸わず、酒も飲まなかった。[2] 二〇歳になった時にくじ引きにより徴兵され、中部タイのサタヒップの軍事基地から選抜されてラオス国境へ送られた。この時、ノンは一度死んだことになった。当時のラオス国境は危険な地域で、ノンの友人たちは爆弾にあたって死んだり、足を失ったりしていた。そんな中、ノンが爆撃を受けて死んだという連絡が軍から家に伝えられたのだ。しかし、その一〇日後、なんとノンがタナーン岩の方からひょっこり歩いて帰ってきた。母親はノンにとりすがって泣いたという。ノンはそんな連絡が家にいっているとは知らなかった。ノンの名前を書いた上着を着た友人が死んだため、軍当局はその人がノンだと思ったのだという。ノンが二一歳の時のことである。[3]

徴兵を終え、しばらくは家で漁に従事していたが、まもなくハジャイの工場で働き始めた。やがて、工場からデパートに職場を移したが、その時、最初の妻となるキンと出会った。キンはチェンマイ出身の色白の女性で、ノンとキンの間にはジッコ（サッカー選手のジーコからとってノンの父親がつけたあだ名）という、母親に似て色

（1）当時はタイではまだ中学教育は義務教育ではなかった。義務教育が六年から中学三年生までの九年に延長されたのは一九九九年である。

（2）村では酒・タバコをたしなまない男性は理想的な夫の一条件だとよくいわれる。

（3）ノンがかつて一度死んだことになったという一九年も前の話を、今回ノンの死について話している時に、私は初めて家族の口からきかされた。

白のふくよかな男の子が生まれ、家族で一年くらいM村で暮らしていた。その時には私も短期調査で村に滞在し、彼らに会っている。農村の比較的裕福な家庭で育ったキンは、電気も水道もなく、毎日井戸から水汲みをしなくてはならない漁村の生活になじめなかったようだ。やがてノン一家はハジャイに出て住むようになったが、間もなく妻はジッコを連れてチェンマイに帰ってしまった。ノンの父親は、たった一人の男の子の孫をとてもかわいがり、ジッコを追ってタイの南端から北まで二〇〇〇キロの道のりをチェンマイまで何度も足を運び、ジッコを引き取らせてくれるよう頼んだが拒否された。やがて、連絡がとれなくなり、ノンが死んだ時にも、ノンの遺産の相続権があるジッコには連絡はつかなかった。

写真 6-1　ノンの消防士研修修了証明書

その後ノンは、ハジャイのホテルで働いていた時に出会ったウエッブと再婚した。ウエッブは南タイのハジャイの裕福な家庭で育ち、大学を卒業していた。ホテルでは、彼女は受付で働き、小学校しか出ていないノンは駐車場でガードマンをしていた。ウエッブと結婚生活をおくっている間にも、ノンにはチェンマイ出身の別の愛人がいたという。その愛人はすでに死去しているが、四男のエークはその愛人からエイズがうつったのではないかという。ウエッブは三年ほど前に、ノンとの結婚生活に見切りをつけて姉の住むオーストラリアにいってしまった。その後、ノンは軍籍時代の上司に呼ばれて、再び兵士になった。今度は徴兵されたのではなく、志願して軍に入った。そこで、ハジャイの電力機構の警備にあたった。死の前年はバンコクで消防士の研修も受けて修了した。その修了証書が家に飾ってある〔写真6-1〕。最期の時には、一六歳の子供のいる女性と同居していたが、彼女とは公的な婚姻関係は結んではいなかった。彼女は、ハジャイの病院に見舞いにはきたが、四日間の葬式の期間中に一度も顔を出すことはなかった。(4)

二　家族にとってのノンの死――身体性

1　死に至る過程

ノンは四月六日の華人系タイ人の祭りの清明祭の時も、四月一三日のタイ正月にも帰省していたという。一

(4)　ノンの葬式後に財産分与をめぐって両親や兄弟とこの妻との間では確執が生じた。ノンの保険金約一〇万バーツのうち、ノンは生前この妻に三万バーツを分けてくれと言い残していた。しかし、彼女は、ノンの看病にあまりこなかったばかりでなく、まさに死の床においても病院に来なかったことから、ノンの遺志に反して、両親たちはノンに誠意のない態度をとった同居の妻に財産を分与することはしなかった。

表 6-1　ノンの死の経過

2008 年	
4 月 12 日	タイ正月のため帰宅.
4 月 16 日	ハジャイに戻る.
4 月 18 日	病状が急激に悪化.
4 月 21 日	ハジャイから村に帰る. 2 日間自宅に滞在.
4 月 23 日	村の近くの町の病院に入院.
4 月 24 日	ハジャイの病院に移送.
4 月 27 日	午前 1 時 10 分死亡. 享年 40 歳.

六日にハジャイに戻ったが、一日たったところで病状が急激に悪化し、両親や兄弟は車をチャーターしてハジャイにノンを迎えにいき実家に連れ戻した。この時、ハジャイの病院に連絡せずにサトゥーンに連れ戻したことによって、結果的にはノンは死に至ることになる。

二一日に村に戻ってからは、村では二日間すごした。体の肉が腐り強烈なにおいを発していた。布と接すると、肉がくっついてはがれてしまうので、バナナの葉を敷いてその上に寝かせていた。そんな状態でも仲間(phakphuak)はノンのもとを訪れ、家は見舞い客でいっぱいになっていた。ノンの仲間はみんなここにいるから、と調査助手のコーはいう[5]。

> ノンは昔は強健で、友達も多かった。エイズだと友達が嫌うのではないかと誰にもいわなかったのではないか。しかし、村人はみな察していた。みな普通に接しただけでは感染しないと知っていたから見舞いにきた。ノンの意識ははっきりしていて、声から誰がきたかわかった。彼は何も食べられないのに笑ってサーヤン(タイの人気歌手)の歌をききたがった。

二三日に村の近くのT町の病院に入院し、二四日にハジャイの病院に移送された。そこで三日後の午前一時一〇分になくなった。ノンの最後を看取ったのは、父親と弟のエーク、エークの友人、妹のアリヤ、姉オームの夫のコ・チアムであった。体の調子の悪い母親は耐えられないだろうと家に残らせ、死後二日たって初めてノンの死を知らせたという。それまで普段通りに元気そうにみえたノンの病状が急激に悪化したのは一八日からで、死に至る二七日まで、わずか一〇日ほどのことであった〔表6-1〕。

2 死に向かう態度

コーは、ノンが自分はもう長くないということを知っていたという。妹のアリヤも、ノンが四月一三日のタイ正月のソンクラーンの時に老人に水をかけながら[6]、僕も長くないから、といっていたという。アリヤは、「ノンがここ一年くらい、特に今年になってからよく家に帰ってくるようになった。一〇〇個もりんごを買って帰ったこともある。これまでやってきたことをつぐないたかったんじゃないか」という。

長男のレックは、ノンの妻のウエッブが、ノンと別れオーストラリアにいった後も電話で連絡してきていたという。ノンは友人と遊ぶのが好きで、家に帰ってくるのがいつも遅かった。早く帰ってほしいといってもきかなかった。ウエッブは何度もこうした諍いが繰り返されるうちに耐え切れなくなり、ついに姉のいるオーストラリアにいく決心をした。オーストラリアから一月にレックに電話があった。いつも電話カードでかけてくるから、そのカードの金額がなくなると終わりになる。こちらから電話はかけられない。彼女は体調がすぐれず、ノンはどうかときいた。その時にはノンは元気そうだったから、頑強で元気だと答えた。ウエッブは、以

(5) コーはノンより数歳年上の隣村の男性だが、子供の頃よりノンのことはよく知っている。
(6) タイで最も暑い時期に行われるソンクラーンは、タイ暦の正月にあたり水掛祭りともいわれる。年少者が年長者に水をかけて敬意を表する。

前はふくよかだったのが、やせてきていた。一月に結婚したといっていた。相手は白人だというが、四男のエークはその相手にもエイズが感染しているに違いない、その白人は姉が紹介したのだろうという。

ノンが死ぬ間際、キャンベラにいるウエッブに電話が通じた。電話番号をみんなで探した。ついに、シドニーに住んでいるノンの叔母の娘が探しあてることができた。その時の様子をエークは次のようにいう。

ノン兄さんが死ぬ前にオーストラリアのウエッブに電話をした。彼はもう話すことはできなかった。電話をこんなふうに胸においた。彼はウー、ウーというだけだった。彼は許しを請いたかった。

私がノンは彼女と理解しあっていたのかと尋ねると、エークはいった。

（ウエッブがオーストラリアに）行った時には理解しあってなかった。別れた。でも心はまだ愛し合っていた。電話をしたのは、午後三時くらいで、その夜中にノンは死んだ。そのぎりぎりまで電話番号は手に入らなかったのではない。時を待っていた。ノン兄さんが、まだその時がきていない（yang mai thung wela）といった。病院には五日くらいしかいなかった（本当は三日）。三、四日くらいは普通に話すことができた。（電話で話したらと）きくと、まだその時がきていないといった。

3　生きようとする身体

一方でノンの身体は、あくまで、ぎりぎりの最後まで生を志向していたともいえる。肉が腐り、皮膚がむけてしまっていたが、体は大きくやせていなかったという。エークは、死んだ時、彼の筋肉はこぶしのように塊だったという。ノンの症状はわずか四、五日のうちに急激に悪化したのだ。彼は死の床でも、なお体を動かして生きようとしていたとアリヤはいう。

彼はこんなふうにした。足もこうして（足指を動かす）手もこんなふうにして（握ったり開いたり）、治ったら映画を見にいくといった。彼は、自分がまだやれるか（wai）どうかをチェックしていた。足の先も上下に動かそうとしていた。何をしているのときくと、体を鍛えている、治ったら映画を見るという。彼は映画を見るのが好きだった。かわいそうだ。手をね、振って動かす、できなくなるまで。私たちも笑う。運動だ。

アリヤは続けた。

彼は最後まで自分が治らないとは思ってなかった。気力もあった。彼はいった。「治ったら、おいしいところで食べるんだ」と。彼は何日も食べられなかった。「もし治ったら、テントをはって招待する。カラオケをかけて招待する。お腹いっぱいになるまで」。可哀相だ。彼は「お腹いっぱいになるまでおごる。一晩中」といった。

4　死にゆく身体 ── 病院での死の床で

ノンは死の三時間前まで話すことができた。その日も他の日と変わらず会話した。エークはいう。

何もたいしたことは話さない。ただ、みんなそろっているのか、ピーノーン（キョウダイ・親族　第4章参照）は誰がきたのか。今日は、誰が訪ねてきたのか、ご飯は食べたかといったこと。まだ話せた。意識はまだあった。そのあと二、三時間後に、体を捨て始めた。心臓の鼓動も低く、低くなってきた。彼の近くに座っていた。病院で。はーはーと息をしてる。彼を呼ぶと少し目をあけた。

アリヤが「ノン兄さん」と呼ぶと気づいて「はい（khap）」と答えた。エークはいう。

後になるともう答えない。そして最後には息をして胸を上下させていたのが、じょじょに静かになって息が絶えた。彼が死ぬ前に、黒目が白目になった。死人は目の黒目がなくなる。白目になる。

5　遺体の搬送

ノンが死んだ時に、遺体には病原菌が多かったからビニール袋に入れてパックしたという。遺体の処理がおわってから、遺体を積んだ車と叔母（母の妹）の車の二台で、葬儀を行う母の実家のトラン県まで、山中のパッタルン県の道を通って連れ帰った。遺体を載せた車を先にいかせ、兄弟たちが乗った車はあとからついていった。この時、不思議なことが起こったという。それは、ノンが最後に同居していた妻の連れ子を家まで送ろうとした時のことだ。それより前、遺体に着せる服をとりに行った時には家まで五分でついたのに、今度は霧が深くてどうしても行き着けなかったという。子供といっても二一歳の大人だ。それなのに自分の家がある小路に行き着けない。

運転しているのは、先ほどと同じ運転手で、家の住人も一緒にいる。「ここよ、あってる。この小路だよ」という。ところが、小路はない。森しかない。見たことのある家は全くない。同じ車中にいる四、五人にも同様に見えた。「もう一つの角にいく。また小路がない。全部で四つ五つの交差点に行ったのに小路がない。行けば行くほど遠くなる。木があって、前には霧だけがある。一時間くらいだったか」。

そこで、ムスリムであるノンの叔母がコーランを唱えた。彼女が唱え終わったら、小路が見えた。霧が晴れ、探していた小路が目の前にあったという。

さらに不思議なことは続いた。病院から車で遺体を運ぶ時、ノンを呼んで「一緒に帰ろう」といった。帰って儀礼をするために、遺体と一緒に魂（winyan）も連れ帰る。なぜならタイ人は、どこで死のうと、魂を呼んで一緒に帰ることにこだわるからという。アリヤも、自分たちが車に乗る時、「ノン兄さんも一緒に家に帰ろう」と呼んだ、という。エークは、ノンは僕らが乗った車、叔母の車で一緒に帰ってきた、と次のようにいう。

ハジャイから車で外にでた。はじめは、鳥に出会った。鳥が車の前を横切った。時には犬が前を横切った。はじめはふつうのことだと思っていた。二匹出会う。またいくとまた会う。また出会う。二、三匹が座ってこっちを見る。横切る。何百頭も出会う。はじめは鳥に出会い、明るくなったら犬に出会った。またガソリンスタンドに至る前、犬が車をじっと見る。不思議だ。不思議だ。先に出発した遺体を積んだ車に乗った父にきいたが、彼は犬に一匹も出会わなかったという。でもこっちの車は道中ずっと犬だらけだった。横切ったり、立ってこっちをみたりしていた。

そのことはアリヤもいう。

ノンが私らと座っていたということだ。あっちの車では行かない。老人ばかりだ。彼は行かない。私らといいた。ノンは楽しいこと、大勢でいるのが好きだった。彼はそう考えたに違いない。いつもの態度からすると、そういう人だから。

さらに不思議なことは続いた。女商人が一人、朝の三時から四時に、ガソリンスタンドのところで、おかずを売っていた。彼女は托鉢僧に布施ができるように準備しているかのようだった。アリヤはいう。

私は「僧がきた」と聞こえた。（姉婿の）コ・チアムは、違う見えないという。でも私には「僧がきた」と聞こえた。おかずを一袋注文して、ご飯も一袋注文した。布施するために。そしたらしばらくしたら僧が本当にきた。そこで布施をした。考えてもみて。彼は一週間何も食べてなかった。水だけ。水も少しずつ。カイ・パロ（煮卵の汁料理）とご飯を注文して、托鉢僧に布施をしようと決心した。ノンに功徳を積む（tham bun）ように。女商人が、私らが布施するからと僧を呼び止めてくれた。僧がきいた、どこからきたのかと。それでハジャイからきたといった。僧はいった、心配するな。ちゃんと（死者に）届けるからと。

彼は知っていた。兄が死んだばかりとはいわず、ただハジャイからきたといっただけだが、彼は知っていた。

その後、車に乗って約一〇分間、車の中はカイ・パロのにおいがした。誰も食べていないのに、車の中にはパロのにおい、卵のにおいが充満した。アリヤはノンがおならをして卵のにおいがしたのだ、という。

彼は食べたと、われわれに知らせたかったんだ。なぜなら、布施したらすぐに経を唱えたから届いた。それにしても、なんでこんなに臭いんだ。きっと、何日も空腹で便秘してたんだ。きっとおならをした。卵のにおいのするおならをした。それで知った、功徳を受け取ったと。そのように(私は)考える。超自然だ(aphinihan)。

6 ノンの存在――におい

ノンの存在は、においによって家族に感じとられた。死ぬ直前に家にいた時のノンの様子を長男のレックは、「肉や皮膚がよくなかった。どうやってもよくなかった。肉はこんなに崩れてしまって、腐っていた」という。内側も全部腐っていたので、何も食べられなかったという。水と栄養ドリンクだけ飲んでいた。

ハジャイの病院へ移送する時の様子をレックは次のようにいう。

(ハジャイの病院へ一緒に)行くことができなかった。吐いていた。彼を車にのせるのに持ち上げた時に臭かった。ノンを病院へ連れていくのに持ち上げた時に。考えてもみろ。医者が二人、三人。そしてオーム（長女）の夫。そして自分だ。オームの夫が手をつかんで引っ張った。自分はベッドにあがってここ（背中から脇）をつかんだ。背中のにおいが、液体のにおいが鼻に入った。覆っていたにもかかわらず。二重三重に覆っていたのに、耐えられなかった。

ノンの死後数日して、レックが仕事をしていると、急に鼻のところに強烈なにおいがした。レックは、ノンが訪ねてきたと次のようにいう。

ゴム園を訪ねてきた。本当だ。においがした。病院にいく時に持ち上げた時の腐ったにおいがした。ゴムのタッピングをしていて、においが急におりてきた。とても臭かった。ふりかえってみた。そのとき夜の一一時過ぎ、タッピングをはじめていた。「お父さん、何のにおいだ」と、ゴムのタッピングをしている近所の子供がきいた。近所の子供にも臭った。見えなかったけれど、においがした。考えてもみろ、こうして顔をふせてこんなふうにタッピングをやっていて、急に鼻に入ってきた。

私は、「その時こわかった？」と尋ねた。レックは「いや」と答え、エークが「何を怖れる、兄弟なのに」といった。レックは、「（ノンが）が来たのは確かだ。彼が来たと知っていた」という。
エークは、葬式帰りに遺体を処理した手がにおったという。

遺体の処理が終わってから洗った。一〇回も洗った、石鹸をつけて。手ににおいがつくのを怖れた。遺体を処理した時には手袋をしていた。でもまだにおいがついた。他の人ににおいをかがせたら、いい香りがする石鹸の匂いだという。オーム姉さんにも。自分一人に、死体のにおいがした。毛が逆立った。コ・チアム（長女の夫）は、多くの死体を扱ってきた。二人で遺体の処理をした。コ・チアムが服を着せ、僕が死体をもちあげた。そして訊ねた。彼はいった。考えすぎるな。「全くにおいがしない」と考えろと。臭くないなら臭くない。自分の兄だ。そのうち、においがなくなった。考えた、臭くない。呪術（saiyasat）の一種だ。不可思議なこと、目にみえないもの。単に自分で考えただけ、でもにおいはある。それから一時間したらもう臭くなかった。他の人は臭くない。でも自分は一日中臭かった。

ノンのにおいは、家族のみならず友人にもにおった。ノンと同じく兵士をしている親しい友人がいった。ノンが死んだ時に、プーケットにいた友人はノンのにおいをかいだという。その友人が見舞いにきて帰った二日後にノンは死んだ。アリヤが、午前一時過ぎに死んだ時に電話をすると、彼は知っていたという。においがついていった。

においは受動的経験である。それは、直接に身体の物質性と繋がっている。物質としての身体は、腐ればにおいを発する物質となる。ここでは、ノンの死の経験は、死におけるにおいとして受動的に経験され、記憶され、思わぬ場面と時において想起されている。

三　村人の不満 ―― 身体を欠いた死

ノンの死は、直接には葬式をめぐって家族と村人との齟齬を露にすることとなった。葬式は、村ではなく車で一時間ほどの母親の実家のあるトラン県で行った。そのことが、村人の間に、波紋を巻き起こした。父親と兄弟は、ハジャイの病院でノンが死んだ後、遺体を村に戻すことなく、母親の実家であるトラン県の寺に直接運び込んだ。そこは村から車で約一時間の距離である。

父親の親族でもある同じ村に住む女性はそのことについての不満を次のように口にした。「L村（トラン県の母の実家の地名）の寺で何で葬式するのか、L村でもみんな不思議がっていた。葬式は住んでる家の近くでするもんだろう」。彼女は親族の葬式の時によくするように泊まりこむこともできない、知らないところだからという。また、別の村人は「人によっては、死体を連れて逃げたという。家で（葬式を）しないから、行く気がしない」。「行ったのは、親戚ばかりだ」という。こうした言説からは、村人の間にはノンの遺体を村に戻すことなく、葬式を村の外で行ったことに対して反発があったことがうかがえる。実際に、居住していた村もしくは村人の日常の行動範囲内の場所で葬式をしないことは珍しく、家が狭く自宅でできない時は、村の寺もしくはより設備の整った徒歩圏内の隣村の寺でするということが通例であった。私の二〇年間の断続的な長期・短期の調査においても、村在住の人が死んだ場合に、村の外で葬式をしたケースは思いあたらない。

村では、葬式には死んだ人（khon tai）のためではなく、生きている人（khon pen）のために行くという。葬式は、「助け合って功徳をつむ（タンブン）」場である（chuai thambun）ということはよくいわれる。今回は、こちらがタンブンにいったので、今度はあちらが来なくてはならない、という。特にタイ仏教徒の場合、五日から一週間のあいだ、葬式にきてくれた人に毎日食事を出してもてなすので、費用がかかる。[7] そのため、他村に住む親族が亡くなった場合、助けてもらうのに、友達をさそって葬式にいく (ork pak phwan)。一人だとわずかな功徳の額でも、大勢でいくとかなりの金額になるからである。時には死者当人を知らない場合でも、一台の車をチャーターして十数人で連れ添って葬式に出かける。親族であれば当然葬式に行くものとされ、近い親族だとそうした助力を期待される。ノンの場合は、同じ村人だったので、そうした親族の働きかけは無用である。行きたい人がいくという。

ノンが死ぬ直前に村に二日間滞在した時には、年寄りも同年代の若者も大勢の村人が彼を「見に」行った (pai du)。もう臨終が近いと村人が判断した場合には、それほど日常的に行き来がなくてもその病人を見にいく。そして、ついに死に至ると、身体は仏教徒の場合は一週間ほども葬式の場において安置され、ムスリムは二四時間以内に埋葬する必要があるので、それほど長い間ではないが、やはり墓に納められるまでは自宅に安置される。[8] そこには、死を可視化するような遺体の存在が前提とされているのである。しかし、ノンの死体は村には戻らなかった。したがってノンの死という出来事は、村人にとっては村の中に当然あるべき身体を欠いているのである。

実際には、ノンの葬儀の参列者が記載したノートから見ると、合計で二三五人の名前が居住地と寄付した金

---

(7) ムスリムの場合は、二四時間以内に埋葬しなくてはならないと考えられているので、死んだ場合には食事を供してもてなすことはない。そのかわりに、男性ならば死後四〇日、女性ならば四四日目に盛大な会を催すことはある。

(8) 仏教徒とムスリムの葬式の違いについては (西井 2001 第6章) 参照。

額とともに書かれている。二三五人（ムスリム六二人、仏教徒一七三人）中、村からの参列者は三〇人（ムスリム一〇人、仏教徒二〇人）で一二・八％であった。これは、例えば一九九一年に村で行われた仏教徒の葬式が参列者の合計で二二三人中、村からの参列者は九三人で四一・七％、また二〇〇二年のチャイの葬式（第4章）の参加者の村内率は三七・六％であったことに比べると確かに少ない。他の葬式においても、村人であればムスリムも仏教徒も参加するという言説はよくきかれ、例にあげた葬儀の場合も、M村ではムスリムと仏教徒の数がほぼ同数なので、村からの参列者もムスリムと仏教徒はほぼ同数であったが、他村からは同じ宗教の参列者の方が多いということからもわかる（西井 2001: 63）。

では、ノンの両親はなぜ母親の出身地で葬式をすることにしたのだろう。それは、ノンがエイズによって死んだため恥ずかしいからだ（ai khon）と解釈をする人もいる。しかし、死ぬ前にすでに大勢がおしかけて、そんなことはすでにみんなに知れ渡っている。今更何を恥ずかしがることがあろうかともいう。

母親自身は、ノンの葬式を自分の実家の近くの寺で行った理由を、「（向こうの親族は）車をみんなもっている。ここには何もない」と便利さをあげる。母の実家で行うことは、両親の合意の上で決めたという。ノンの母親は元ムスリムで通婚によって改宗しているので、実家はムスリムの親族が多い。それにもかかわらず、仏教徒の息子の葬式を実家の近くの寺で行うことにしたのは、実家の村ではムスリムも仏教徒もお互いの儀礼の時には助け合い通婚も多く、葬儀の手伝いをするにも宗教の差異がそれほど障害にならないといった状況もある。ゴム園経営で裕福な親族も多く、車でものを運んだりするにも、M村では車をチャーターしなくてはならないが、向こうではお金を出す必要もない。父親は「親戚が車を三台貸してくれた。ガソリン代だけ出して自分たちで使うだけ。もしここでやると車一台一五〇〇バーツ、四日で六〇〇〇バーツかかる。これでもまだ値引きした値段だ。へたすると一万バーツかかる」という。葬式を主催するノンの家族にとっては、そこに使用できる車があることが葬式を村外の母の実家で行うことを選択させた。

家族にとってはノンの葬式は、最も利便性のよい場所を選んだ結果、村外で行うことになっただけである。しかし、村人にとっては、すでに不在のノンの存在の最後の拠りどころである身体は奪いとられている。通常の村での葬式ならば当然のものとして前提とされる、死者との緊密な感情や関係の拠りどころであった身体とのつながりを拒否されたものと、村人には感じられた。それは、死者の生のサイクルの最後の機会において、村人と死者の住んだ家や家族との関係性が決着をつけられず宙吊りにされる事態であった。

しかし、密かに不満を口にする村人はいても、一方で葬式は「喪主しだい（laeo tae caophap）」、「喪主が便利なように（laeo tae saduak caophap）」といったように、葬式は家族のことであり、他人が口をはさむことではないという認識もある。ノンの葬式をめぐっては、村人にとっての死体、家族にとっての車といった異なるマテリアリティとの関係性によって、異なる行為や関係性の流れが作りだされ、異質性をかかえたまま一つに統合されることのない出来事が生成していくさまを見ることができる。

四　HIV感染による死――遇有の生

二〇〇一年から本格化した世界各地におけるARV治療（抗レトロウィルス剤治療）の導入によって、エイズは死の病ではなく、少なくともHIV感染症は慢性疾患と捉えられるようになった（田辺 2008: 169–170、白坂 2010）。タイにおいては、二〇〇三年にはグローバルファンド・プロジェクトによるARV治療が二〇〇八年までに六年間の予定で本格的に導入された(田辺 2008: 172)。それは、あくまで病院・医師中心の治療システムであるが、感染者たちも組織されボランティアなどとして新規の感染者の医療知識の定着や、養生の指導などに役割を担っているという(田辺 2008: 179)。

助手のコーの話は、ＨＩＶ感染が村人にどのように捉えられているのか示している。

エイズというのは恥ずかしい。みんなに嫌われている病気だ。ノンも昔は頑強だった、友達も多い。エイズだと友達にいうと嫌われると思って誰にもいわなかったのではないか。本人は知っていた。

コーはさらに村で初めてのエイズによる死者とみなされている若者にも言及した。

ミア先生(M村小学校の教師をしているムスリム女性)の弟もそうだ。彼とは一緒によく遊びにいって(女性とも寝て)いた。他にも大勢いっていたけれど、運が悪かった。彼だけが病気の人にあたった。危ないと知っていても酒を飲んだらわけがわからなくなってしまう。でも、あれ以来あまり遊びにいかなくなった。飲んでもそれで帰る。少なくとも二〇歳以上の若者は。怖れた。目でみてどのように死んでいくかわかって怖れる。まるで火事で焼けたようだ。真っ黒になった。若者はそれで畏れる。それをみて行儀よくなった。気をつけるようになった。感染している人も(自分ではそう)言わない。言うと終わりになるから、感染しても言わない。混乱する。言ったら、誰も付き合わないから。(9)

ノンは、誰にも、家族にさえ、自分がエイズに感染していることを知らせなかった。彼は家族には白血病だと言っていた。しかし、アリヤと父親は、彼がエイズであることは、手足に出来物ができたその症状からわかったという。また弟のエークは、ノンが飲んでいる薬からわかったという。エークはチェンマイで働いていたから、多くの友人がエイズで死んでいくのをみている。(10) 病院では医者はノンの病名を「血液の感染症」と言ったという。しかし、家族はみなエイズだと知っていた。悪い病気（rok rai）とエークはいう。ミア先生の弟の家族は、ドイツはしか（hat yaraman）という病名をつげられ、間違った注射をしたから死に至ったと説明した。コーは、ノンとミア先生の弟では、症状が異なっている。ノンは肉が腐るという症状だったが、ミア先生の弟は逆に、肉が干上がる、体がまるで燃焼したように真っ黒になったという。

当初私は、ノンがエイズによって死亡したときいた時には、エイズだとわかっても彼が病気にあわせて養生することなく、相変わらず酒をのみ生活も乱れていたからだと思った。ゆえに手遅れになったのだと。しかし、ノンの治療にあたったハジャイの病院のエイズ専門の看護師の説明を聞いて、そうではないことを知った。ノ

---

(9) エイズ患者がタイではどこでも、こうした偏見にさらされてばかりいるわけではない。例えば、村から一時間ほどのL町でも、ＨＩＶの治療センターがあり、そこでは二〇〇三年に麻薬中毒のエイズ患者の自助グループができ、さらに二〇〇六年には全部で三〇人のボランティア・グループができた。そのうち一〇人ほどがエイズ患者であるという。このグループがケアしている患者は子供一五人、大人一三五人である（二〇〇八年八月）。
　グループの活動は、体の養生法の指導や、食事や薬の飲み方の指導、および村長がイスラームのイマームと連携して周囲の理解を広げることを目的としている。このグループに参加しているエイズ患者たちは、エイズであることを自ら受け入れて「人生を戦う（su chiwat）」という新たな目標に向かって生活を立て直している。そのことによって不思議な明るさをかもし出していた。

(10) チェンマイを中心として北タイでは早くからエイズ感染の問題が広く知られ、一九九〇年代初頭から他の地域に先がけてエイズ感染者・患者相互扶助組織としての自助グループが形成され始めた（田辺 2003: 188）。

ンが死に至った原因は、治療を怠ったためではなく、定刻に薬を飲むという、これまでの彼の生活にはなかった薬の服用方法を努力して取り入れたのは良いとして、しかしアレルギー反応が出たにもかかわらず、中止することなく正確に薬を飲み続けたことに原因があったというのである（二〇一〇年一月三日インタビュー）。

二〇〇八年当時、病院では血液検査をして、エイズに感染しているかどうかの結果がでるのに一、二週間かかった。そこで確かにエイズだということになれば、身体の抵抗力を示すＣＤ４の値を調べる。彼の場合は、検査した結果ＣＤ４の値が当初から低かったが、様々な検査をして実際に薬を飲み始めるまでに約四か月かかった。また、日和見感染で結核にかかっていたため、その治療もした。抗ＨＩＶ治療は、はじめの二か月が、最も薬の副作用が出やすい時期である。ゆえに、はじめは二週間に一度診察を受けることになっている。その後は一か月に一度が二回、その後は二か月後の診察になる。はじめは少しずつ薬を入れる。しかし、「彼自身は早く治したくてたまらなかった（yag ca hai hai mak）」とその看護師は語った。もし薬を飲んで何か異常があれば、副作用などがあれば、電話してくるようにと指示していた。しかし、彼は連絡してこなかった。親族にもいわず、薬を飲み続けた。

はじめの二週間後の診察では、ノンには異常はなかった。しかし、その後急激に薬のアレルギー反応がでてきた。にもかかわらず、ノンは病院にはどうしても連絡しようとしなかった。少しくらい副作用があっても大丈夫だろう（mai pen rai）。薬さえ飲んでいれば、きっとよくなっているのだろう。我慢できるならしようと思っていたのだろう、ところが、ひどくなった、とその看護師はいう。看護師は、自分が知っている一〇〇〇人を越す患者の中でもノンのことは印象深く覚えているという。「膨れて、肉が剥がれて、親族がバナナの葉を敷いて寝かせて、サトゥーンから連れてきた」。

その病院では、二〇〇九年現在、約一六〇〇人の患者がおり、毎年新たな患者が二〇〇人くらいずつ増えているという。ノンが死亡した二〇〇八年においては、二二六人の新患のうち彼がたった一人、劇症のアレルギー反応であるスティーブン・ジョンソン症候群による死者で、〇・四六％の事例だという。薬の飲み方を正しくしさえすれば、こうした結果にはならなかった。ノンは最初からCD4がきわめて低く、正常な人なら値が七〇〇以上あるところが四〇しかなかった。二〇〇をきると抗HIV療法をはじめるが、ノンが死んだ時にはそのCD4はわずか三・一だった。治療をはじめて約五か月、薬を飲み始めて三週間で死に至ってしまった。

彼女は、こうした結果になったことはとても残念だという。その後、ハジャイ病院ではガイドラインを改善し、薬の飲み方のカウンセリング、感染者自身による訪問ボランティアなども増やし、当時は二、三人しかいなかったのが二〇一〇年のインタビュー時には七人にまで増やしたという。しかしノンの場合、家庭訪問をうける書類に同意していなかった。それゆえ、ノンの自宅を訪問することもできなかったのだという。

ノンは薬さえ飲めば、よくなると信じていた。彼は、死を受けいれていたのではなく、逆に生に向かって性急に行き急いだのだ。彼は、ARVという薬にすがって生を取り戻そうとしたのだといえる。ここでは薬をめぐって皮肉な事態が進行してしまった。ノンの身体は、薬を拒否しているにもかかわらず、ノンは生きるために薬を飲み続けた。その結果、ノンの身体は死に至ることとなった。あと一年発病が遅かったら違った結果になっていたかもしれない。しかし、それは取り戻せない。ノンも私たちも、偶有の生を、不可逆の時間を生きている。

五　偶有性の記述、受動性の人類学へ

出来事の記述は起点を必要とする。本章で扱った出来事の起点は、ノンの「生きたい」という欲望であったと考える。皮肉にも、私はノンの「死」という出来事に引き寄せられ、出来事を分析しようとするうちに見出した起点が「生きる」身体であり、その志向性であった。出来事の記述は、一つの物語に収斂しない。そこには様々な異なる行為やものや関係性の流れがあり、常に不確定な現在に生きる人々は、時として両立しがたいアンビバラントな流れの中に身をおくことになる。ノンの場合にも、容態が急変する直前に旧正月で実家に帰った時に、老人に水をかけながら「自分ももう長くないから」といっていたと妹が回顧的に語る。また助手のコーも、ハジャイへ搬送される前に自宅で寝ていたノンについて、彼は自分が死ぬことを知っていたという。しかし、一方で死の直前まで彼は身体の動く範囲で運動を続けていた。

ノンの生きたいという欲望を起点として出来事を記述する時に、私が想起するのは、例えば、ノンが死の床にあって、足の甲を上下させて指を動かしたり、手を握ったり開いたりして、自分がまだやれると確認し、治ったら好きな映画をみにいく準備運動をしているといったということである。そのように聞く度に、私は、彼が陽気に歌を歌い、大食い（yachok）というあまり上品ではない南タイ方言を私に教えつつ、じつに美味しそうによく食べていたことを思い出す。それゆえ、生き生きとして活動するノンの身体と、もはやそうした活動がかなわない身体のギャップを鋭く感じる。それは、ノンを身体として感じ、同じ空間に共在していたという遇有性にもとづいた記述である。出来事の記述は、人類学者の意図に回収できない、受動性にもとづいている。

それは、二重の意味で、主体性を超える記述となる。一つ目は、主体の欲望を起点とするという時の、欲望そのものが意思的で、自然とは異なった人間の主体を想定することから転回して、むしろそうした欲望そのものが身体性、自然性から分離することのできない受動性にもとづいているという視点である。そしてもう一つ、こうした受動的な、偶有の生と死を記述する人類学者自身が、フィールドの現場の外にたって記述するのではなく、そこに身体をもって共在し、自らの感性と情動の反響を通した受動性にもとづいて記述していると認めるということである。主体性の人類学ではなく、受動性の人類学、情動の人類学である。こうしたフィールドにおける受動性からの出来事のエスノグラフィは、出来事の記述そのものが読み手に働きかけ、日常的な身体感覚や行為に波及する時、出来事の現れは受動から能動へと相転移をおこす瞬間・時間性をもたらす可能性を秘めると信じる。

本章は、ノンという一人の青年の死を通して、においという受動的経験から、死の受容、生と死の偶有性の気づきへと出来事が生成していることを示そうとした。

においは肉体の腐敗から発するが、それに抗して生きようとする身体の存在をとりわけ鋭くつきつける。そこに、身体から発する情動の流れの起点をみることができよう。死をめぐる時間性は、モノや人の関係性が一挙に露になる瞬間を示す出来事となりうる。そこにおいて、情動を感受する身体を通して民族誌記述を行い、未来を志向しつつ現在を生きる人々のアクチュアリティを見出すこと、これが本章が試みたことである。

第7章

ナー・チュア
——人と家と「私＝民族誌家」
生のプロセス

本章の目的は、「家と人」の関係が、生命体が呼吸するように、生から死へのプロセスとして、生そのものとしてあることを、ナー・チュアという、フィールドにおいて私が深く関与した一人の女性の生を通して記述することである。本章では、フィールドにおける「家と人」の生のプロセス自体に「私＝民族誌家」が巻き込まれる過程を描く。それは、民族誌家としての責務の終着点を探し求める過程でもあり、その終着点は情動のエスノグラフィが向かう目的地でもある。

一　ナー・チュアと家

1　家

ナー・チュアの家は、夕方になるとなぜかこうもりが大挙して飛来する。そして、家の中をわがもの顔に飛び回る。私がナー・チュアの家に泊まった時、朝起きてまずしなければならないのは、床の上に散らばったこうもりの糞を掃くことだ。こうもりは、昼間は一キロほど離れたタナーン岩の洞窟の中にいる。なぜこんなにこうもりが多いのかについて、村人は「こうもりがナー・チュアの家を洞窟と勘違いしているからだ」と笑う。ナー・チュアの家は、三五年前、ナー・チュアが働いてためたお金八万バーツをかけて自分で建てた。当時はほとんどの家が竹を編んだ壁とサゴヤシで葺いた屋根の高床の家だったにもかかわらず、ナー・チュアの家は、コンクリートの床としっかりした木の壁、それにトタン屋根のモダンな家だった。天井がなく、梁がみえる家の中の空間は屋根まで直接広がっていて、こうもりにとっては絶好の運動場となっている。おまけにナー・チュアの家は窓が少なく、夕方になるとはやばやとすべての窓や戸を閉めてしまうので、家の中はよけい暗くなり、こうもりが勘違いするはずだ、という笑い話のネタにもなるのである。窓も板でできているので、閉めると外を見ることも、外から見られることもない。

こうしたナー・チュアと家の関係は、ナー・チュアの家からかなり離れたところに住むウダ(四〇歳代)、その母(七〇歳代)たちとの次のような会話にも見られる(二〇一二年三月)。

りょうこ　ナー・チュアは若い頃からずっと家にいたのか。
ウダの母　ずっと家にいた。
りょうこ　海には出ない。
ウダの姉　彼女は裁縫をしていた。
ウダ　家にいるだけ。家をきれいにする。ずっと家にいる。家を掃く。
りょうこ　ずっと家にいるのはよくないね。
ウダ　菓子をつくって売ってもいいのにね。散歩したりしてもいいのに。こっちの家にいき、あっちの家にいき、座っておしゃべりしたりして、話をして帰って寝ればいいのに。だから年寄りくさくなる。一日一度でも微笑んだり、笑ったりするといい。(ナー・チュアは)一日に一度も微笑んだり、笑ったりしない。
ウダの妹　誰とも話さない。
ウダ　家にずっと閉じたままでいる。空気を家に入れたりしないのか。

りょうこ　六時には家中閉じてしまう。
ウダ　家もずっと閉めて、空気を入れたりしない。
りょうこ　ちょっとだけは開ける。家の表と裏の扉を。
ウダ　そうだ、広く開けて明るくすればいい。

ナー・チュアは、きちんとしていて、謹厳な性格で笑うこともなく、どこにも行かないで家に一人で閉じこもっていると見られている。二〇一二年現在七六歳になるナー・チュアは、膝を悪くして歩くのが困難になり、ますます家から出ることがなくなった。若い頃はきれいだったというが、その潔癖な性格のせいか、男性にも縁がなく、一度も結婚することなく現在に至っている。しかし、一方で男性と浮いた話もなく貞操を守っていることで、周囲からある種の尊敬の念ももたれている。ナー・チュア自身、妹が多くの男性から求められた話をする時に、そうした誰にでもなびくと思われる妹に対し、自分自身を「夫はいないけれど、名を汚してはいない（mai mi faen kor mai sia chwu'）」と胸を張る。このことは、第4章で述べた、サックシー（名誉、尊厳）のある人という倫理の観念とも関わっている。(1)
ナー・チュアの親族も、やはりナー・チュアの謹厳さを感じる。何事もきちんとしないと気がすまない

(1)「コン・サックシー（khon saksi）」は「名誉、威厳、尊厳のある人」と翻訳できるが、第4章でみたように、女性は姦通することでサックシーを失い、男性は妻に姦通されることでサックシーを失う。サックシーがない女性とは、性的放縦をあらわすオーローとかドーグトーンという侮蔑的な名称で語られる。それゆえ、ナー・チュアは、サックシーのある女性であるとみなされるのである。

ナー・チュアは、小さな子供が水を飲む時にこぼしても厳しくしかる。だから子供たちは、あまりナー・チュアの家にはいかないという。小さい頃からナー・チュアと同居していたナー・チュアの妹ナー・リの孫は、かつてナー・チュアに厳しくされ何度も叩かれた。それで、二〇〇八年に久々に村に帰省した時には、「今は祖母（ナー・リ）がナー・チュアと別の家に住んでいるから、ナー・チュアの家には行かない」といっていた（ただし、後述するように後にこの評価は変わる）。

ナー・チュアの家は、二〇年ほど前には、村の「美しい家コンテスト」で選ばれたこともある。足が悪くなる前は毎日家の周りを掃き清め草取りをしていた。今でも、家の中は整理整頓され、台所では皿やカップ、鍋などもあるべきところにきちんと納まっている。

ナー・リの息子の一人（つまりナー・チュアの甥）が、あるとき酔っ払って当時ナー・チュアと同居していた母親を訪ねた。しかしナー・チュアが扉を開けなかったので、怒って入り口を蹴飛ばし、拳で板張りの窓を殴って壊してしまった。ナー・チュアは彼のことを決して許さず、それ以来彼はナー・チュアの家に出入り禁止となってしまった。ナー・チュアの妹である母親を訪ねることも難しくなった。そうしたこともあって、とうとうナー・リは、ナー・チュアの家を出て別の息子の一人と同居するようになった。そうすれば、ナー・チュアの家に出入り禁止になってしまった息子も泊まりにくることができる。ある親族はナー・チュアのことを「家に執着する人（khon thi huang ban）」と評した（写真7-1、7-2）。

2　ナー・チュアの一日

ナー・チュアは朝、コーヒーを飲む。前述したように、一九八七年から八八年にかけての最初のフィールド

写真 7-1　ナー・チュアの家

写真 7-2　家の中を掃除するナー・チュア

ワークの時には、もともとノンの家（第6章）の家族と同居していた私は、朝のコーヒーを飲むためにナー・チュアの家を訪ねるようになった。この頃は、村ではどの家でもまだ炭で煮炊きをしていた。当時ノンの家では、朝誰もコーヒーを飲まなかったので湯を沸かさない。湯を沸かすにも、炭をおこすところからはじめるので、時間もかかり一苦労だ。自分のためだけに湯を沸かしてもらうのも気がひけるので、そのうち一人暮らしで、毎朝湯を沸かして魔法瓶にお湯が溜めてあるナー・チュアの家に、インスタント・コーヒーのビンを預け、そこで朝の一時をくつろぐようになった。こんなふうに一人暮らしのナー・チュアの家が居心地がよく、一九八九年の二度目の調査の時から、私はそちらに居候するようになった。たまたま、二度目の調査の時にはノンの家には孫が生まれ、他のキョウダイたちも帰省していて人が多かったということもある。現在は、すでにガスボンベで調理をするようになって一〇年は経つ。

二〇一二年のある仏日(wan phra)(2)のナー・チュアの一日

六時に起床。朝起きるとまず家の裏の板を繋げて柵状にした扉をがたがたと開く。台所の窓を開け、やかんに水を入れてガスにかける。窓の外につくりつけた板にタライを置き、水の蛇口をつけて流し台にしている。そこで前夜、窓を閉めた後に使った皿やカップを洗う。沸かしたお湯を魔法瓶に入れる。

台所のドアの横にブロックを積んでつくったトイレは、その前年と前々年（二〇一〇、一一）の二年をかけて、甥が少しずつつくってくれたものだ。それ以前は、一〇メートルも先にあったので、夜中におきだした時には、柵状の扉をいちいち開けて出入りすることはせず、小さな壷を部屋の中において用を足し、朝こっそりと海岸にもっていって捨てていた。足が悪くなり歩行困難になってからは、長年の夢だった家から直接行けるトイレをついにつくってもらった。そこには、座式のトイレの他、大きな壷を置き、水をためて水浴びができるようになっている。水も、雨水をためた貯水タンクから栓をひねれば出るようにとりつけた。それまで水浴びは、家の裏の壷にためた雨水を使い、布をまきつけたまま屋外で行っていた[3]〔図7-1〕。

冷蔵庫から昨夜の残りのココナッツカレーの鍋を出して火にかける。その間、歯を磨きながら、タワシで窓の外に取り付けた板の流し台を磨く。

冷蔵庫は一九八八年に三二〇〇バーツで中古を村人から買った。今年二〇一二年に、プーケットに住む姪がより大きな冷蔵庫をくれたが、電気代がかかるので姪の子供が電気代分月五〇〇バーツをナー・チュアに送ってくれることになった。現政権（二〇一一年八月からタイ貢献党・インラック首相）になってからは、三〇〇バーツ以下の使用料の場合、電気代は無料となっていたが、この冷蔵庫を入れるとその限度を超してしまう。姪の子供はIT企業に勤めているが、それまで福祉施設に月五〇〇バーツを送金していた。しかし、誰にいくのかわからない寄付よりは、ナー・チュアに送った方がいいということになったという。冷蔵庫には二リットルのペットボトルにいれた水が数本、アルミの容器にいれた水、それにアルミの鍋にいれたカレーの残り、それに果物が少し入っているのみである。

六時四五分。近所に住む従兄弟の息子テートの嫁のチラーが朝食用の菓子をもってきてくれる。彼女は村の

(2) 仏日は、タイ暦の八日と一五日で月に四回あるが、この日に仏教徒はご飯を持ち寄り儀礼を行った後、みんなでおかずを交換しながら寺で食事をする。

(3) このように公然と雨水を水浴びに使えるようになったのは、二〇〇〇年代に入ってからほとんどの家庭に公的補助で貯水槽が備え付けられるようになってからである。それまでは雨水は貴重な飲み水で、水浴びはもっぱら塩分を含んだ井戸水で行っていた。私もそれまでは密かにバケツに雨水を汲んで最後に体をそれで洗い流していた。そうしなければ体中が痒くなってしまうのである。

中の店にバイクで買いに行くのだ。一つ二バーツで、もち米をバナナの葉でくるんだ菓子や、揚げパンなど日によって食べたいものを選ぶ。ナー・チュアは、菓子代として彼女に月六〇バーツ渡しているという。

棚のガラス戸を磨く。

六時五五分。インスタント・コーヒーをつくって菓子を食べる。

七時二〇分。家の中を杖をつきながら箒で掃く。

七時三〇分。線香を台所の入り口の上に安置している小さな仏像の前にたてる。仏日には、タナーン岩の寺

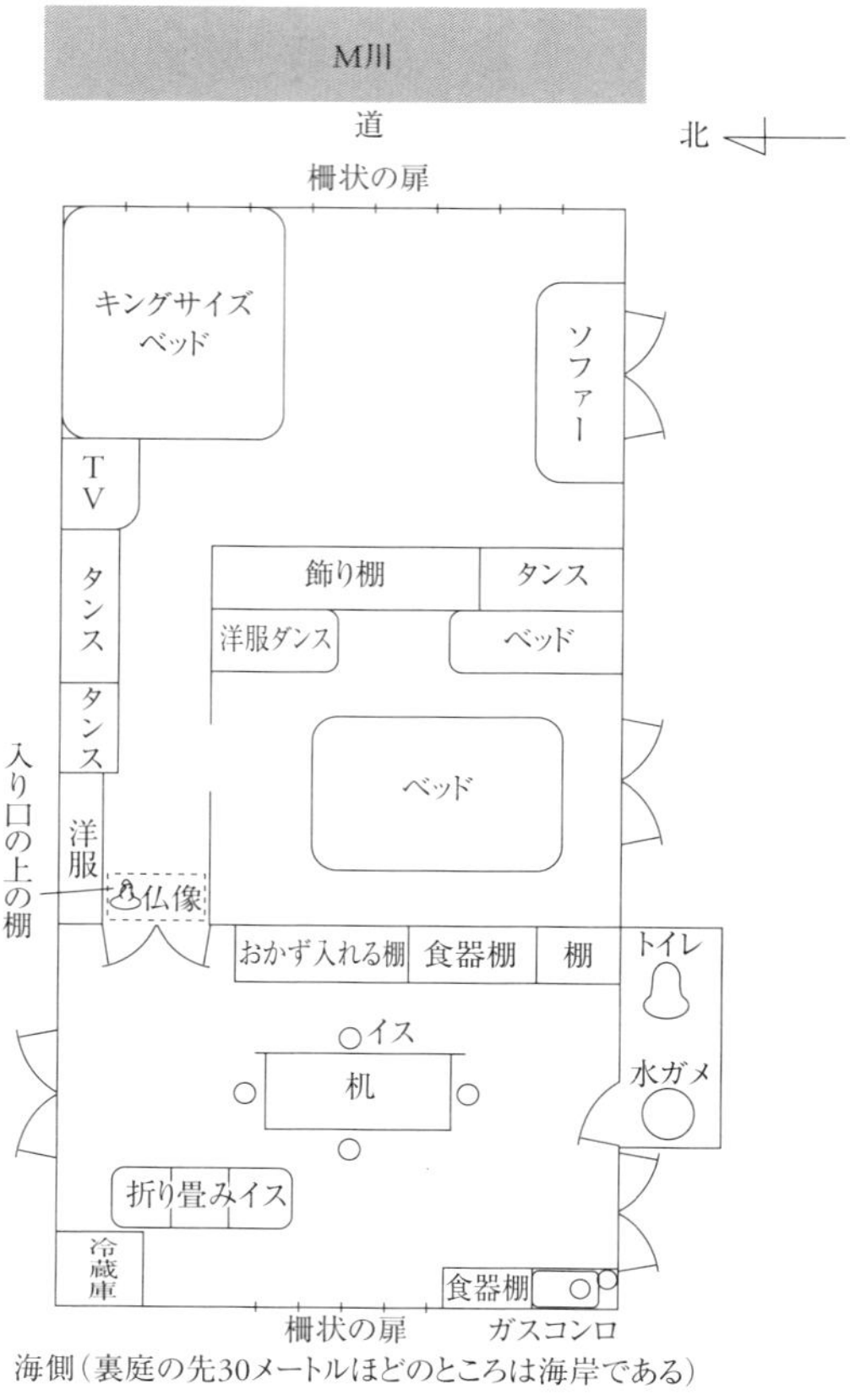

図 7-1　ナー・チュアの家の見取り図

写真 7-3　朝，托鉢する僧に布施をするナー・チュア

に出かける仏教徒、特に女性が多い。しかし、ナー・チュアはほとんど行ったことがない。妹のナー・リと同居している時は、ナー・チュアが料理をつくりナー・リがそれをもって行っていた。

以前は、毎朝ご飯を炊いて、朝夕ナーン岩から歩いて托鉢する僧におかずとご飯を喜捨していた〔写真7-3〕。しかし、今はそれも止めている。

食後は新しくできたトイレの中で水浴びをする。その時、下着を手洗いする。他の洗濯物は、チラーが月に二回まとめてしてくれる。今年、洗濯機が政府により支給された。人によっては鶏をもらって飼育し、売ることで収入の足しにしたが、ナー・チュアは、洗濯機を選んだ。自分では使わないけれど、テートのところにおいて、自分のものも、月二回まとめて一緒に洗ってもらう。

台所に折りたたみ式の長いすを広げ、雑誌を手にそこに寝転んで読む。この長いすはもう二〇年近くも使っているが、骨組みがしっかりしている。ナー・チュアは体重が七〇キロ以上ある妊娠中の姪がそこに座ると、「壊れる」と本気で怒る。

一〇時。昼ごはんの準備にかかる。

ときおり、通りがかりに窓を覗いていく近所の人と話をする。自分の孫をあずかって面倒をみている近所のチー・ニョは、毎日その孫を抱いては散歩がてらナー・チュアと話をしていく。

一一時。台所で昼食をとる。食べ終わると皿洗いをする。

一時　長いすで昼寝。

途中、携帯電話で妹の孫ケーと話す。生まれた時からここで育ったケーはレストランで働いていたが、やめて今度はコンビニエンスストアで働くという。その前は美容院で働いていた。いずれも六か月しかもたない。高校は二年生で中退している。その携帯電話は前のものが壊れたので、初めての給料でケーが買ってくれたものだ。

昼寝からさめると再び水浴びをする。

五時、家の窓と扉をすべて閉める。

表の部屋で床に座ってテレビを見ながら食事をする。台所で皿にご飯を入れ、その上におかずを乗せてもってくる。

表の部屋には、一部退色してしまっている祖父母や曽祖父母など親族の写真が壁の上方にかけられ、飾り棚に甥や姪などの写真、それにナー・チュアが一時預かり保育していた子供の写真、かつて同居していたクルー・ニット（後述）の学位授与式や結婚式の時の写真などがところ狭しと飾ってある。ナー・チュアの若い頃の写真も引き伸ばして額に入れて並べてある。

この部屋には、南側の壁沿いに、一部ビニールが破れてスポンジが出ている黄色いソファーが置かれ、その向かいの壁に大きなダブルベッドが置かれている。ベッドは板張りで、その上にゴザを敷いて寝る。その横にテレビがあるが、これは子守をしていた子の母親にもらったものだ。

八時　表の部屋のベッドで、蚊帳は張らず扇風機をまわしたままで床につく。

ナー・チュアの一日はこうして繰り返される。仏日でない時は、仏像に線香を立てないだけで同じような一日である。

二　家をめぐる生

ナー・チュアの家は、ナー・チュアが三五年前に建てたものだ。しかし、ナー・チュアはそこにずっと一人で住んでいたわけではない。ナー・チュアの家には、親族もそうでない人も含め様々な人が同居し、また出ていった。そして、再び帰ってくる人もいる。この家で暮らしている、もしくは暮らしたことのあるナー・チュア、妹のナー・リ、そしてナー・リの孫のプラーの三人の生を家との関わりで辿ってみよう。

1　ナー・チュア（七六歳）

ナー・チュアが一歳の時に父が死んだ。父は母とは再婚だった。前妻と別れ、子供もいたが、死んだ時は三〇歳くらいだったろうか。父は読み書きが好きで上手だったという。ナー・チュアも父に似たのかもしれないという。畑をつくり、稲作もしていた。その頃、ナー・チュアはころころ太っていたが、もう歩けた。母は、父の死後再婚して、妹のナー・リが生まれた。その母も、ナー・チュアが八歳の時に死んでしまった。腹膜炎か何か腸の病気で、当時は近くに病院もなく、舟にのせてトラン県の病院へいく途中に、吐いて、吐いて死んでしまった。

その時のことをナー・チュアは覚えているという。

全部覚えている。お母さんが死んだ時、ＴＢ村（二つ隣の村）にいて、ここ（Ｍ村）の学校に入った。小学校二年だった。覚えている。（お母さんは）横たわっていて布で覆われていた。耳を触ってみた。ウーン（硬い）、祖母にいった。お母さんは硬くなってしまった。耳なんか。ナー・チュアは布を開いて触ってみた。まだ棺おけに入れる前に。リは、大泣きして、お母さん、お母さん、なんで死んでしまったのといった。

その頃ナー・リはまだ五歳かそこらだった。葬式が終わってから、そのままＴ村（隣村）の母方の祖父母の家にきた。子供が多くてその家に住むことは好きだった。両親がＭ村にいても、孫たちは水田や畑をする時に祖父母の家にきた。十数人一緒にいた。異父妹のナー・リは、母の死後父親が再婚したので、その両親と別の家に住んだ。ナー・チュアはいう。

祖父の家は大きかった。寝室が四つ、客間が二つ外に。後ろに台所。子や孫（lu lan）がみんないた。ナー・チュアも家の表の掃き掃除をした。従兄弟のクー・ムアンも学校をでたら祖父の家にいる方が多かった。牛を引いて歩いた。男の子も女の子も一人一頭ずつ連れていった。大人と子供も一緒で、こんな大きな鍋でご飯を炊いた。一回に二キロも炊いた。

ナー・チュアは祖母にかわいがられ、悪戯をした子供たちを並ばせて次々に叩いても、ナー・チュアのところまでくると手を止めた。子供は代わり番こに寝た。喧嘩しても、ナー・チュアは恐れなかった。ナー・チュアはきかん気で、頑固だった。納得がいかないことは認めなかった。喧嘩するならする、といった風だった。ある時、ナー・チュアが部屋に入ろうとした時に「ちょっとどいて」といっても、どいてくれない。子供たちで部屋はいっぱいで、みんなで寝ていた。誰もどいてくれなかったので、ナー・チュアは、手にもっていたベルトで入り口にいた子を叩いたという。

小学校に入る前の一年間、幼児学級に七歳で入った。小学校には八歳で入学した。一年の時にはTB村、二年からM村で勉強し、四年を卒業してから母の妹のヤーイ・チョンがM村に連れてきた。卒業する時に、校長先生が「ワニダー（ナー・チュアの学校名）[4]、進学するか。校長先生が奨学金を探してあげる」といった。しかし、当時は女の子には進学をさせなかった。

船でしかいけない。両親もいなくて、祖父母はよけいに心配した。かわいそうに思って、どこにいくにも祖母はナー・チュア連れていった。もし両親がいたら進学させたかもしれない。本を読むのが好きだったから、もし進学していたら、先生になっていただろうね。

（4） 学校では住民票に記載された名前を使うが、日常生活における呼び名であるニックネーム（chew len）と全く異なっている。

一二歳で学校をでて、祖父母の家からM村にきてヤーイ・チョンといた。ヤーイ・チョンの夫のペ・テーンは仕掛け網漁(phongphang)をしていて、川の中に建てた大きな家で、四、五人雇い人もいた。その頃は毎日食べきれないほどエビや魚が採れて豊かだった。ペ・テーンは村長をしていて、役人が来るとペ・テーンの家で食事をした。ナー・チュアはエビや魚が水揚げされると、その仕分けや干しエビづくりなどを手伝った。今、一人暮らしをするナー・チュアを経済的に支えている一人であるチム・エーンは、この頃の知り合いだ。

チム・エーンはデーンやコ・キウがいるあたり(二〇メートルほど先)、あのあたりの家にいた。行ったり来たり。彼らはとても貧しくて、ヤーイ・チョンの家は豊かだった。たくさん食べることができた。仕掛け網漁で食べるものはたくさんあったので、チム・エーンの子供たちも食べることができた。向こう(チム・エーンの家)では食べ物が足りない。小魚ばかり。豚や鶏は食べない。中国系の祭り(thambun cin)の時以外には。舟をこいでカニを捕っていた。貧しかった。

その後、トランに行って仕事をした。親戚がいるわけではなく、親戚以外の他人に雇われて働き、そのうち自分で売るようになった。月曜日はこっちの定期市で売り、火曜日はあっちの定期市で売りというふうに渡り歩いた。病院の裏に家を借りて住んでいた。ナー・チュアもチム・エーンを訪ねて行った時には一緒に市場について行った。可哀相だった。可哀相で、忘れることができない。

そのチム・エーンやチム・エーンの子供たちが蓄財し、今では豊かになって一人暮らしの老人となったナー・チュアを支えている。

ナー・チュアは若い頃に二回婚約している。一回目は、一七、八歳の頃、相手は中部タイの人だった。二回目は二二歳の時で、相手はやはり中部タイのサムットソンクラーム県出身の人だった。タイで有名な俳優のミッチャベンチャーのような背が高く大きい人で、M村から一番近いT町の警官だったという。その二回とも結局結婚に至らなかった。当時のナー・チュアはまだまだ奥手で、M村の守り神ト・ナーンに、すぐに結婚しませんようにと願掛けをしたという。そのおかげか、とうとういまだに結婚していない。

二四歳の時に、トラン県のルワンシリ学校で美容師になるための勉強をし、同時に裁縫も習った。ルワンシリ学校は当時は有名な学校だった。金一バーツ(5)を売って学校へ行った。チャンタナーとチャンパーという先生で、二人とも結婚していなかった。一人あたり二五バーツとパーマ代金を設定している。安くしすぎて、名前を汚すな(ya sia chae)といわれた。二七歳の時に、裁縫をするために、ヤーイ・チョンがミシンを買ってくれた。一年くらいの間父の一番上の姉の家にいた時、木材会社に勤めている男性を紹介しようといわれた。M村に帰る、とナー・チュアが泣きながらかばんをつめていたら、伯母の妹が無理強いするなといって、結局その縁談は流れた。

その後、かつて祖父母の家で同居していたいとこのクー・ムアンの身のまわりの世話をするために、サトゥーンとプーケットに一緒についていって二年ほど一緒にいた。

三〇歳の頃、クー・ムアンは結婚してプーケットに移り、ナー・チュアはM村に帰ってきた。その頃に恋人となった小学校教員のソムリット先生がノートをくれた。その裏表紙には、ナー・チュアへの思いを綴った詩

(5) 金一バーツは約一五・二グラム。金一バーツは一九八〇年代末には約六〇〇〇バーツほどであったが、二〇一二年現在は二万バーツ以上になっている。タイでは、金の装飾品は婚資として贈ったり、頼母子講を行って買ったりする。金行はタイではちょっとした町ならどこにでもあり、手持ちの金の装飾品を必要な時にお金に換えることは頻繁に行っている。

が書いてある。そのノートをナー・チュアは今でも大事にとっていて、次節で紹介するように、それに、いつ、誰が、いくらナー・チュアに渡したのかの記録をとっている。結局ソムリット先生はその後、別の女性と結婚した。彼は小学校の教師として働くほか、副業で車に菓子を積んで村をまわって売っていた。それから三〇年以上経っても、ナー・チュアの家の前を車で通る時には、プー、プーとクラクションをならしていくので人が笑う、と二〇〇四年のインタビュー時にナー・チュアはいっていた。

ナー・チュアは服を売ったり、美容師をしたりしてお金をためた。服を売ることは村一番の金持ちである漁商（thao ke 頭家　華人系の商店主をさす呼び名、M村では一手に漁獲の買い付けを行っている）の娘がはじめたが、彼女は売っておいて買い手の給料から天引きできる。しかし、ナー・チュアにはつけで売って払ってもらえない場合、同じ村の人からはとりたてられない。本当は商売は好きだ。しかし、結局人からお金をとりたてることができないので、布を売るのも酒を売るのもいやになって止めた。村での商売は難しい、という。もともとナー・チュアの家も学校に近いし、店を開けるようにとペ・テーンがこういう作りにした（家の通りに面した壁が全開できる扉になっている。図7-1参照）。ペ・テーンは、自分が親族の間で一杯ずつ食事なども分けてもらえるようにと、チェ・シューとナー・チュアの家の間に家を建てた。

一九七七年、ナー・チュアはためたお金で家を建てた。ナー・チュアが四一歳の時のことだ。木材は元住んでいた祖父母の家を壊した廃材を使ったが、それでも八万バーツ以上かかった。当時、それはいかほどの大金であったろうか。米が一キロあたり一バーツ半から二バーツの時で、現在は二〇バーツほどである。また、干しエビは当時七～八バーツ、大きなエビでいいものだと一〇～一一バーツだった。それが現在では三五〇～四〇〇バーツになっている。ナー・チュアは村でも金持ちの成功者とみられていた(6)。

家を建てた翌年、ヤーイ・チョンが死んだ。家を建ててちょうど一年たったところだった。ヤーイ・チョンは二回ナー・チュアの家で泊まったが、その後は泊まりに来なかった。暑くて寝られないという。ヤーイ・チョンの家は川の中に建てた水上家屋で、大きくて涼しかったからである。彼女の死は高血圧のせいだった。酒飲みでもあった。病院へ連れていった時には、もう死んでいるといわれた。六〇歳だった。その頃、ナー・チュアは服や酒を売るのはすでに止めていた。

ヤーイ・チョンにブドウ糖の注射をしにきていたのが、保健所の医師モー・ソーンだった。その時から十数年にわたって、M村に来ると一日二日とナー・チュアの家に滞在し、食事もナー・チュアの家でするようになった。モー・ソーンは、その後、職場が遠方に異動となり、ナー・チュアの家を訪れることも間遠になったが、二〇一〇年にナー・チュアが足を骨折して入院した時には、噂をきいて、サトゥーンの病院に見舞いに訪れたという。

ヤーイ・チョンが死んだことで、ナー・チュアには一つ困ったことが起こった。ナー・チュアの家が建っている土地の持ち主がヤーイ・チョンの名義だったために、ヤーイ・チョンの死後は、その土地の相続権は、夫のペ・テーンに移った。ナー・チュアの家の土地はナー・チュアの母のものだというが、その証拠はない。当時ペ・テーンはナー・チュアに記録しておくようにと文書を書かせた。それは、かつて恋人ソムリット先生がくれた花柄のノートに、次ページに掲げたように記されている。

しかし、この時にペ・テーン自身が署名することはなく、ペ・テーンやヤーイ・チョンの署名の部分も含めて筆跡はすべてナー・チュアのものであり、このノートは法的な証拠とはならない。ナー・チュアは、当時ペ・テーンが書けといって書かせたけれど、自分はそんなのいらないといった。まさか後に問題になるとは思いも

（6）近所のある女性は、りょうこがお金を送るからナー・チュアは昔のように金持ちになったといっているという。

ナー・チュアのノートより１

テーン・S, チョン・S〈オジとオバ〉はワニダー・C〈姪〉に,
この土地に家を建てることを許可し寄贈する.
建築完了　2520（西暦 1977）年３月４日
署名　テーン・S, チョン・S
署名　ワニダー・C　寄贈受け取り人

よらなかったという。かつては、かわいがってくれたヤーイ・チョンの夫であり、小さい頃から一緒にすんで父親のような人からこんな仕打ちを受けるとは思わなかったという。ペ・テーンは水田などナー・チュアの母の相続分も売り払ってしまってお金を自分のものにしてしまったという。

　しかし、ナー・チュア自身も、生きているうちに自分を追い出すことはできないだろうが、死後にこの土地をナー・チュアの近しい親族が相続することは難しいということはわかっている。ペ・テーンはヤーイ・チョンの死後、六〇歳をすぎて二〇歳以上年下の女性と再婚し、子供を二人儲けた。ナー・チュアの家が建っている土地は、ペ・テーンの子供が相続することになるだろう。この土地問題のため、一〇年ほど前にペ・テーンが死んだ後は、ナー・チュアと隣あわせに住むペ・テーンの妻や子供たちとは口もきかないほど犬猿の仲である。

　ニット先生は、M村小学校に赴任してきて、学校の隣だったナー・チュアの家に五年間一緒にすんだ。その頃、ナー・チュアは豚を飼い始めた。ちょうどニット先生が結婚してナー・チュアの家を出る頃、入れ違いに、私が調査の間ナー・チュアと同居するようになったのである。前述したように、一九八九年の二度目の調査以来のことで、長い時で二か月ほど、一九九九年以降は二週間ほど、毎年のようにナー・チュアの家に滞在している。はじめの調査時には、ナー・チュアはまだ数頭の豚を飼っていた。ナー・チュアの家の裏側の海辺にあった豚小屋の床はコンクリートを流しこんであり、いつも水をかけてきれいに磨いてあったので、臭いと感じたことはなかった。豚を飼うのを止めたのは、えさの籾殻の価格の高騰により元が取れなくなったためである。一九九〇年代はじめのことである。それ以来、ナー・チュアは、時に村人や知り合いに一回一〇〇バーツといった低料金でパーマをかけることはあっても、常日頃は特にこれといった仕事をすることもなく暮らしている。(7) 次節で紹介するナー・チュアへの援助を記録したノートは、一九九一年から始まっている。ちょうどナー・チュアが自ら仕事をして稼ぐことを止めたあたりにあたる。それは、ナー・チュアが六〇歳になる前のことである。

M村は海辺にあり、生業が漁業という世帯が圧倒的に多い。彼らは蟹や貝などを日常的にとって家でもおかずにする。しかし、ナー・チュアは、若い頃から海に入ってそうした漁業に従事したことは一度もないという。陸で水揚げしたエビの仕分けを手伝ったりしても、自ら舟を漕ぎ出したり、海岸から徒歩で海に入ったりして、蟹や貝や魚などを採ることはない。それは、若い頃からやったことがないからというよりも、ナー・チュアの一つの信条であるようだ。美容師、裁縫、商売や養豚と様々なことをやってきたが、漁業だけはやらなかった。海辺にずっと住みながら海に入らない、というのが、裕福な生まれとその後の不遇な自らの生において彼女が保つ矜持かもしれない。

ナー・チュアの家では、一人暮らしゆえに様々な人が一時的に同居することを可能とした。ナー・チュアの妹ナー・リも、ナー・チュアの家を出入りしながらその生の軌跡を交錯させている。

---

(7) 町では三〇〇バーツ以上、一〇〇〇バーツするところもあるという。

2　ナー・リ（七三歳）

昔からナー・リはナー・チュアを頼ってきた。ナー・チュアは家をもち、お金があった。ナー・リは多くの子供をかかえ、炭焼き工場で日雇いで働いていた。ナー・リは壮絶な過去をもっている。

もともと、ナー・リは強姦されて産んだ子供の父親と一緒になったという。「ナー・リをせめるな」とヤーイ・チョンがいった。T村の寺のあるところは、以前は誰もいない寂しいところだった。そのあたりで無理やり犯され、大声で叫んだけれど誰も助けに来ることはできなかった。その男には妻も子供もいたが、家もなくあちこち住居を移していた。じつはナー・リとその男は、祖母同士がキョウダイであるという親族だった。ナー・リは言いなりになり易い（cai orn）という。誰にでも心をひらくから外の人には評判がいいけど、家の中ではよくないと、ナー・チュアはいう。

男の妻は、彼がナー・リと結婚すると夫を盗まれたと言いふらし、それをナー・チュアが罵ると怒って村長に訴えた。村長はナー・チュアを呼んで話を聞いて、親族内のことだといったが、訴えた元妻はその裁定に承服しなかった。しかし、その後ナー・リの悪口はいわなくなった、という。

そうして夫と一緒になったのは、ナー・リが二十何歳かの時である。トラン県のパリエンの炭焼き工場で働き、子供を二人儲けた。その後、同じくトラン県のB村に移り、さらにL村で三人目が生まれた。その後、T島（サトゥーン県）に移った。そこでは舟で漁をして、さらに四人目と五人目の子供が生まれた。T島に住んでいた時、事件が起こった。夫が長男を連れて舟で漁に出ていた時に、殺し屋に長男ともども銃で撃たれて殺された。長男は八歳だった。しかし、ナー・リは今でも長男が生きているかもしれないと、心のどこかで思っている。夫の遺体はみつかったが、長男の遺体は結局みつかっていないからである。

父親と一緒に長男も殺されたと当時の小学校の校長がいったけど、本当はトラン県のパリットの方で預けられ、証人として話させないためにつれていった。ヤクザ（nak laeng）仲間の間では知っていた。二〇年で罪は問われなくなるけど。

と、ナー・リは二〇〇四年の調査の時もいっていた。ナー・リはトラン県で行われた祭りの時に、もしかしたら長男ではないかと思う人に会ったという。小さい頃と同じだったという。

夫の死後、一九七四年にはM村に戻ってきて、炭焼き工場で働いた(8)。一日朝から夕方まで炭で真っ黒になりながら、炭を釜から搬出したり、ペナンに送る船に載せたりする重労働だ。当時一日二五バーツの日給だった(9)。五人の子供がいて、女の子は一九七〇年に生まれた四番目のジンだけだ。その頃、ナー・リは炭焼き工場の側の小屋に住んでいたが、娘のジンはナー・チュアが家を建てた一九七七年から、小学校の隣だったナー・チュアの家に預けられて小学校に入学した。翌年にはナー・リは他の子供たちを連れてナー・チュアと同居をはじめた。

その後、ナー・リの子供たちはプーケットで漁業に従事し、ナー・リも子供たちについてプーケットに移り住んだ。やがて、プーケットから一九八七年にナー・リと子供たちはみなM村に帰ってきた。ナー・リと次男、

（8）後に炭焼き工場は、マングローブが伐採禁止となったために一九九八年には廃業に追い込まれた。
（9）一九八七年には日給一〇〇バーツになっていた。

三男、長女のジンは、一緒にM村で炭焼き工場の持ち主が労働者に無償で貸している小屋に住んだ。ジンは一八歳の時に長女のプラーを生んだ。夫は長期の漁に出る船乗りで、半年に一度帰ってきた。

孫を育てるために安定した生活を必要としたので、ナー・リはジンと共に孫を連れてナー・チュアの家に住み、ジンの子供はナー・チュアの家で育った。五年後には二人目の子供ケーが生まれた。しかし、ジンは長女のプラーが八歳、ケーが二歳の時に、子供を残したまま家を出ていった。

3　ナー・リの孫プラー（二四歳）

プラーの父親は背が高く、体が大きい人だったという。プラーも一七〇センチ近くもある大柄な女性なので父親に似たのかもしれない。母親のジンが出て行った後も、父親は行ったり来たりして時々子供に会いにきてくれた。父は八歳の時に死んだ、もしくは死んだと思うという。ある時、テレビをみていたら、タイの漁船が沈み、多くの乗組員が死んでしまった。テレビに死亡した人の名前がでたので、父の名前がないか一生懸命に探したがなかった。しかし、父はそれっきり帰ってこない。きっとあの船に乗っていて死んでしまったのだろう。父の身分証明書は母の元にあったので、身につけていなかったからという。プラーはその後、父の夢を見た。ずぶぬれになっていた。プラーは父が海の底に沈んだと確信している。

父が最後に来た時のことを覚えている。プラーはその時、家の表の部屋で寝ていた。プラーの誕生日の時で、父は扉の外から呼んだ。ケーキを買ってきてくれた。翌朝には一人五〇〇バーツずつくれた。まだ覚えている。人形を一つくれた。これが最後の機会となった。

もし父がいたら楽だった。父は船乗りで、母のジンは銀行から給料を引き出して使った。父は何万バーツかおいていったが、母はすべて使ってしまった。彼女は遊びまわった。

ジンは出ていったらそのまま帰ってこなかった。一三歳の時に、ジンが子供に会いたいと手紙を書いてきた。祖母（ナー・リ）に連れられていって母に会った。ジンに（新しい男性との間に）子供がいるかと訊くと、いないといった。でもその男性には前妻の二人の子供がいた。女の子で三歳と二歳だった。その時ケーも連れていった。ケーはまだ小さかった。プラーは一三歳、ケーは七歳だった。ケーは母に会うと泣いた。ケーにとっては覚えている限り最初で最後の母との出会いだった。

ジンはプラーに勉強しなくていい。小学校六年生をでたらそれでいいといった。プラーは進学したかった。ジンはプラーに一緒にいるようにいったが、プラーは怒って、彼女と一緒に住まなかった。


迎えに来る必要はない。大きくなったから引き取るというのか。昔育てていないのにというと、彼女は泣いた。泣くなら泣けばいい、関心はない。プラーは怒っていた。母は寝る時に祖母の隣にいた。彼女は近くに来ようとした。プラーは気づいて壁の方に向いて寝た。近くに来させない。母は「お母さんのことを愛してる？」と尋ねたので「愛してない」と答えると、母は泣いた。

母は、プラーを愛してる。ケーよりもという。なぜなら、プラーは八年間一緒にいた。ケーは生まれたらすぐに捨てた。祖母と大伯母（ナー・チュア）が育てた。それからしばらくして、母は病気で死んだ。

プラーに、母に六年間会うこともなく、久々に会った時にはどのように思ったかと訊くと、「ちっとも恋しくなかった。会って嬉しくもなかった」という。彼女は怒っていた。ジンが自分を捨てたことに怒っていた。

とても怒っていた。自分が妊娠して初めて怒りが消えた。ずっと怒っていた。祖母がどのようにいっても聞き入れなかった。母が捨てたことを怒っていた。もし母が捨てなかったら、父だって自分たちといた。……でも、母もこんなふうに自分を妊娠してくれたんだと、妊娠してから怒りが収まった。他のことはまだ怒っているけど。妊娠するのは疲れるとわかる。怒っているのは捨てたことだ。プラーは残念だ。他人は父や母がいるのに、彼女は私たちを捨てていくことができた。プラーは考える、もし子供ができたら子供は捨てない、と。もし別れても、子供は渡さない。どんなに困難でも子供は手元におく。（母の）性格はケーと同じようだ。彼女は冷たい人だ。行きたければ、行ってしまう。

プラーはナー・チュアの家で育った。「この家にいた。小さい頃から大きくなるまで」という。プラーは小学校を出たら自分で稼いで成人学級（swksa nok rien）を中学三年生まで卒業した。ナー・チュアの家には、中学卒業後に住み込みで働きに出るまでずっといた。今はナー・チュアのように家をきちんと整理整頓する。すると夫は家が居ごこちがよくどこへも行かないという。

プラーは、二〇一二年八月の調査時にはトラン県の夫の両親の近くに住み、妊娠六か月だった。一度結婚に失敗し、二度目の結婚だ。夫は小さなゴム園をもっており、二人で自分のゴム園と、それだけでは足りないので請け負いのゴム園の両方でゴムのタッピングをしている。女の子がほしいと夫はいいながら、子供が生まれるのを待ちわびていた。

三　ナー・チュアをめぐる関係性

本節では、生涯独身で子供をもたない女性であるナー・チュアが、人々とどのような関係性を保っているのかを、南タイの仏教徒の最大の宗教的行事である十月祭における「功徳の転送リスト」と、一九九一年から二〇一二年現在まで二〇年以上にわたって書きとめられているナー・チュアへの援助記録からみてみたい。そうしたリストや記録からは、親族（ピーノーン）と、ナー・チュアの家での同居という二つの重なりつつも異なる関係性の系譜がみえてくる。

1　ナー・チュアの功徳の転送リスト

ナー・チュアの功徳の転送リストが飛びぬけて多いことに気づいたのは、十月祭の功徳の転送先を尋ねた時だった。前述したように、南タイの調査村の仏教徒が最も重視している祭りは、タイ暦一〇月の黒分（下弦）の第一日と、その日から二週間おいた第一五日に二回行われる。十月祭は、「戻ってきた死者の魂」のために功徳を積む機会だとして、プレート（餓鬼）と呼ぶ直接身寄りのない祖先のために食物を寺の表に並べて供えることが儀礼の主要部分をなしている（西井 2001: 79）。

その時に、プレート以外にも、直接功徳を送りたい親族の名前を書いた紙を燃やす。それが「功徳の転送リスト」である。一九九五年の調査時に、寺で誰の名前を書いたのかを尋ねた。その時の調査目的は、イスラー

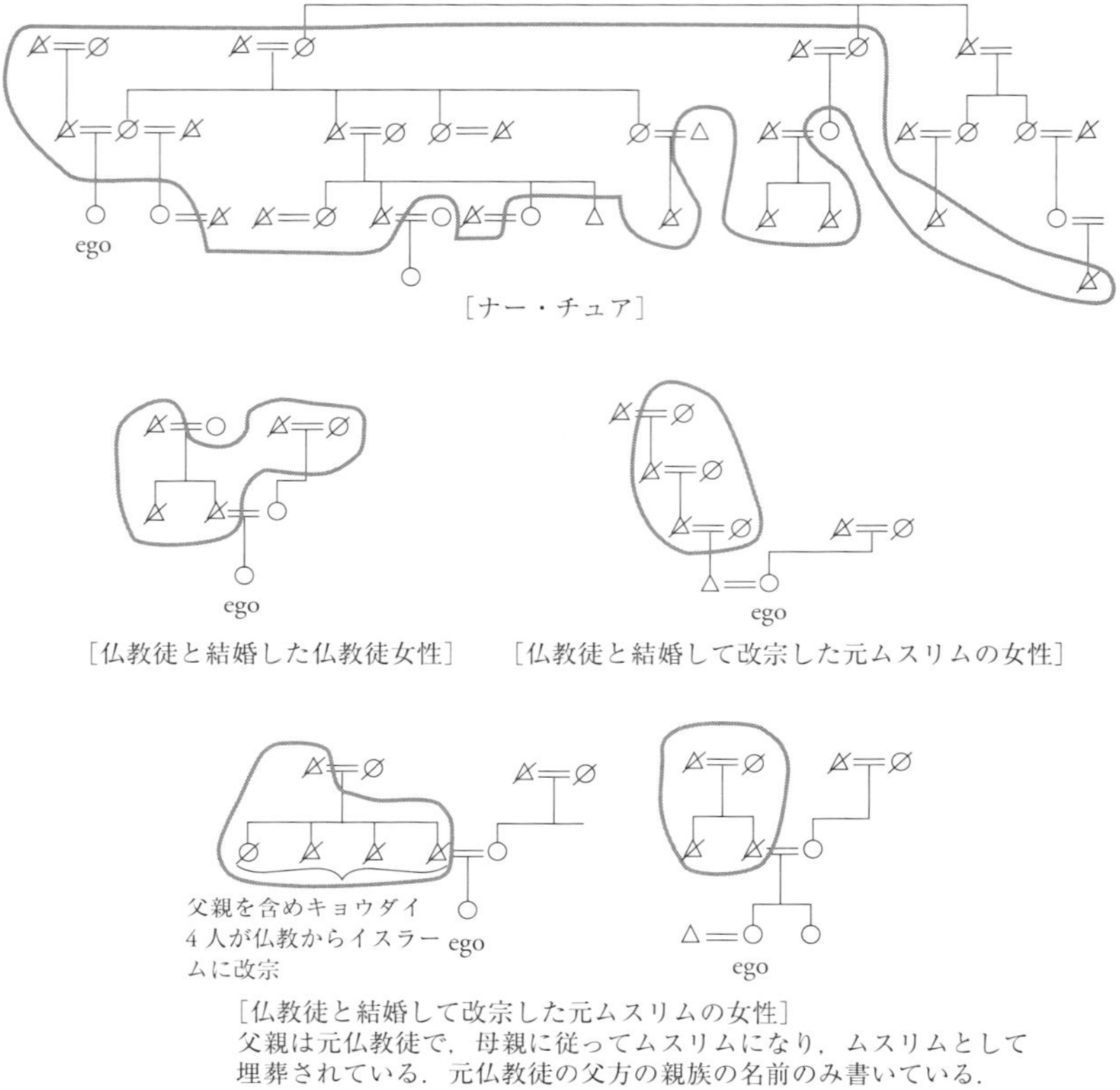

図7-2　十月祭に功徳を送った死者の範囲（1995年）

ムから仏教への改宗者が、異なる宗教の親族にどのように功徳を送っているのかを調べることであった。その調査結果が図7-2である。五人の女性の調査結果によると、ナー・チュア以外の女性の書いた名前は四人から五人の死者の名前で、すでに亡くなった両親や近しい親族であり、みな生前に直接面識のあった人々である。ナー・チュア一人が二五人の名前を書いている。それらの人々は、生前ナー・チュアが同居したり、近しい関係にあった人々であるが、なぜ彼女は他の人に比べて群を抜いてこんなに大勢の死者の名前を書いたのであろうか。それは、ひとえに父母を早くに亡くし、祖父母や母の兄弟など多くの親族とその都度同居してきたナー・チュアの複雑な生い立ちのせいであろうか。タイ人は結婚すると親の世帯とは別の家を建てて分出することが多い。しかし、ナー・チュアは、同じ家に父や母と同居した記憶もほとんどなく、また結婚して夫や子供と世帯を築いたこともない。しかし、ナー・チュアは、その都度ピーノーン（親族）と密接な関わりをもって同居し、また自分の家に親族以外の様々な人をも受け入れて同居してきた。

2 ノートの援助記録

次に、ナー・チュアがノートに書きとめた援助記録から、ナー・チュアがいかなる関係をもっているのかをみてみたい。このノートは、先にも書いたようにかつての恋人だったソムリット先生がナー・チュアにくれたものである。そこには、ナー・チュアへの思いを込めた自作の詩が書かれている。白地に赤や紫の花柄の大きなノートで、ナー・チュアはこれをとても大事にしていて、ノートの間に昔の銀行の貯金通帳もはさんである。一九九七年のこと、ナー・チュアがバンコクに行っている間に[10]、そのノートを小学一年生だったケーがもちだして学校で自慢し、ついでに落書きもした。ナー・チュアはバンコクから帰ってきてカンカンになって怒ったけれど、小学一年生でまだよくわからないのだからあまり怒ってもかわいそうといいつつ、落書き部分を破って取り除いたことで、分厚かったのに少なくなったとなげく。

(10) 一九九七年から九八年にかけて、私が七か月の長男を連れてバンコクに三か月滞在した時に、ナー・チュアに子守にきてもらった時のことである。

ナー・チュアのノートより２

祖父のトゥン	1964年11月，タイ暦12月下弦15日
祖母のダム	1975年9月，タイ暦10月上弦10日
ヤーイ・チョン	1978年12月9日
チャラーム（ヤーイ・チョンとペ・テーンの子供）	1993年10月18日
ニアット	1999年4月26日
パデーン（母方のいとこ）	2006年1月12日

表紙の裏には、上記のようにナー・チュアにとって大事な人々が死去した日付が書かれている。

その次のページには、家の土地を、ペ・テーンとヤーイ・チョンがナー・チュアに寄贈したという前節で言及した文書が書かれている。

援助記録でナー・チュアは、ページの上に人の名前を書き、その下に年と月、それに金額を書き記している〔写真7-4〕。はじめの記録は一九九一年のクルー・ニットとモー・ソーンで、二〇一二年現在に至るまで様々な人からもらった金額が記載されている〔表7-1〕〔図7-3〕。

そこから、ナー・チュアといかなる関係にある人がどのくらい援助しているのかをみてみると、私を除くと、親族（ヤード・ピーノーン 149ページ参照）が七九・二%、それ以外の関係が二〇・八%となる。しかし、私を入れると話は変わる。全体の約五〇%を私がナー・チュアに援助していることになる（これには、バンコクに三か月間、チェンマイに六か月間、私が子供を連れて滞在している時に子守にきてもらった給料として支払った金額も含まれている）。

ここから、ナー・チュアに援助している関係には、二種類の関係性があることがわかる。すなわち親族と同居者という関係である。しかし、この二つのタイプは必ずしも相反するわけではない。親族関係をみると、必ずしも関係の近い親族が援助者であるとは限らない。例えばチム・エーンは、親族関係でいえば、母の兄弟の配偶者（つまりオジ）の妹の子供である。その子供のキムは、親

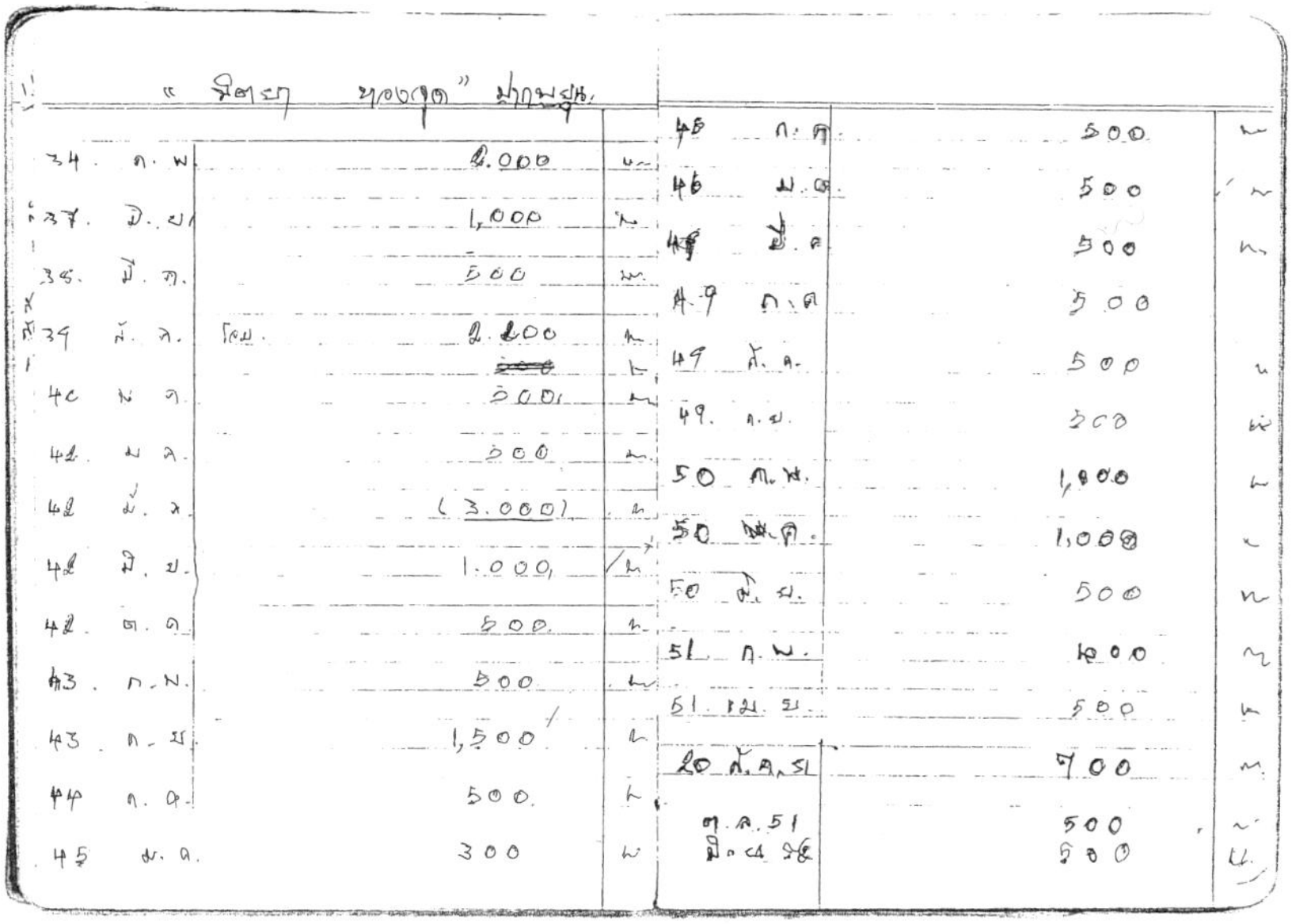

写真 7-4　ナー・チュアのノートのページ

族の中でも二番目に多い額をナー・チュアに援助しているが、関係はかなり離れている。しかし、前述したようにかつてヤーイ・チョンの家にいる時に、同じ家でしばしば共に食事をし、世話になったということで、その後ナー・チュアが困窮するとしばしば援助の手を差し伸べている。

親族の中で最大の援助者であるクー・ムアンは軍人であったが、若い頃に同じ家に同居し、ナー・チュアが身の回りの世話をして二年間にわたって同居している。プーケットに住むクー・ムアンは中国正月など祭事がある度に年に二回はナー・チュアを訪問し泊まっていく。その際、ナー・チュアに五〇〇バーツや一〇〇〇バーツを渡している。こうしてみると、親族といってもやはりナー・チュアと共に生活するという経験が、その後の関係の深さに結びついていることがわかる。

また、二一年間にわたる援助記録を年代順に

	2003年	2004年	2005年	2006年	2007年	2008年	2009年	2010年	2011年	2012年2月まで	合計
	500	1400 (3回)	1000 (2回)	5500 (4回)	5500 (6回)	2500 (3回)	2500(3回) 500(5回)	2200 (2回)	3000 (3回)		34500
	300	300	500	300	1000 (2回)	1700 (3回)	700 (2回)	1500 (3回)	1100 (2回)		17200
	2000 (2回)	500		3500 (3回)	500	1000	1000		1000		15500
				1000 (2回)	1500 (2回)	2000 (2回)	2000 (2回)		1000	2000	12600
				500	1000 (2回)		4000	3000 (3回)	3500 (4回)	500	12500
											5600
		200		800	300		100	500 (2回)	200		4900
	200					400 (2回)	800				3900
	500	200		400		700 (2回)	200 (2回)				3900
	100	200	300	1000		300					2700
									600 (2回)	1500 (2回)	2100
		1000	300	200	500						2000
											1800
					200 (2回)	100	400 (2回)	300 (2回)	200		1200
						200	200	300	300		1000
	200										600
											400
		200								200	400
		100									100
											122900
	500	500		1500 (3回)	2500 (3回)	2700 (4回)	1000 (2回)	1500 (3回)	1500 (3回)	500	27200
				1000			200				3200
				300		200	600 (2回)	200	300		1600
				200							200
				150							150
											155250
	15168 (2回)	8000 (2回)	35000	3000	4000	4500	1000	9091	4000		158135
											313385

表 7-1　ナー・チュアへの金銭援助者リスト

	1991年	1992年	1993年	1994年	1995年	1996年	1997年	1998年	1999年	2000年	2
①　クー・ムアン			2500	1000 (2回)	500	500	500		2500 (4回)	500	
②　キム					500					5300 (5回)	
③　サック		1000	300	500				200	2000 (3回)	1000	
④　ウタイ		2000	700	200							
⑤　ソム											
⑥　パーワン					1000	600	1000 (2回)			1500 (2回)	
⑦　スチャート	2000		300								
⑧　チム・エーン											
⑨　アマラー						400				200, 布	
⑩　ソムサック				200					600 (3回)		
⑪　ケー											
⑫　ケーソン											
⑬　チン			1200		600						
⑭　ダム											
⑮　ソムシー											
⑯　ティップ								200	200		
⑰　サーイピン									400 (2回)		
⑱　チンチャイ											
⑲　チュアップ											
小計（親族）											
20　ニット	2000			1000	500	2200	500		5500 (4回)	2000 (2回)	
21　モー・ソーン	2000										
22　ルンウィチット（イアットのボス）											
23　ソムソン						布	布、服 (2回)				
24　トック								布(2回)			
合計											
25　リョウコ			1000	4000	4200	4396	3000	10500	5000	25041 (3回)	1
合計											

①～⑲　親族　19/24(79.2%)　122900/155250 (79.2%)　(＋リョウコ)19/25(76.0%)　122900/313385 (39.2%

20, 21, 25　かつての同居人

23　隣人

24　子供あずかり

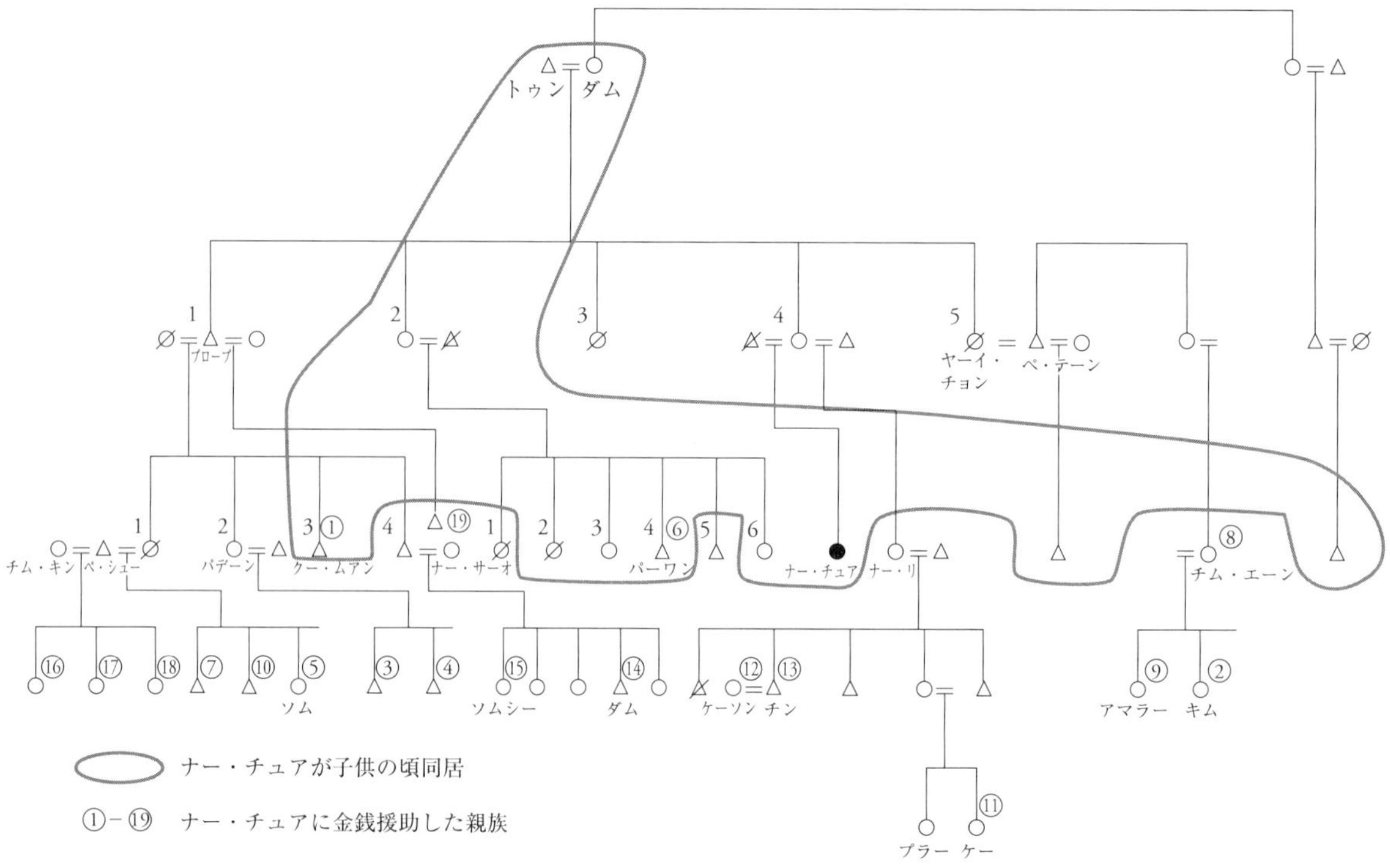

図 7-3　ナー・チュアの親族関係図

見直してみると、前半の一〇年と後半では、最大の援助者上位五人は変わらないが、ここ数年で援助を新たにはじめた人も数人いる（5、11、12、14、15、22）ことがみてとれる。中には、二〇〇六年にはじめ、二〇〇九年から年に三〇〇〇～四〇〇〇バーツの援助を続けている人もいる。こうした人は、すでにこれまでナー・チュアの援助をしていた人のキョウダイだったり、その子供だったりする。ナー・チュアが年老いるにつれて、自らが稼ぐようになった姪や他を援助していた親族がナー・チュアの援助を開始しているのである。

ピーノーンは、本来助け合うのが当然とされる関係である。例えば、甥のサックがバスの事故で足を骨折した時に、ナー・チュアはスラータニー県（南タイ東海岸）で二か月にわたり看病した。誰か動ける人が助けなくてはならないという。その事故について、その甥の従兄弟が弁護士として交渉にあたった。サックは二万バーツを御礼にわたそうとしたけれど受け取らなかった。「ピーノーン同士なのに、どうやってうけとることができよう」と、ナー・チュアはいう。

助け合いの絆が堅固であると、外からはそのピーノーンは評判が高く、尊重される。一方、ピーノーンの中での不和や確執が外部に知られると、それはピーノーンの恥になるという。ちょうど二〇一二年の三月の調査時にナー・リが突然体調を崩して入院した。その時にも、「病気の時に、子や孫（luk lan）が看病しなくてはならない。もし誰も（看病に）つけなかったら村人に恥ずかしい（ai chao ban）、噂になる」とナー・チュアはいった。ある人のピーノーンが老人の世話をしないというのも、またそのピーノーンの恥になるのである。

本来、子供が親の世話をするのが当然であるとされているが（第5章）、ナー・チュアは、そうした子供がいないケースである。そうした場合には、必ずしも近い親族から順に面倒をみるというわけではなく、誰が支えるのかは、その人との生の共有の度合いによって左右される。それが、同居した人たちの援助の仕方である。仮にナー・チュアに子供がいれば、その子供がナー・チュアの世話をしていれば、このように援助を行うこともないであろう。

逆に、ナー・チュアの家がなければ、ナー・チュアが一人でその家に住んでいなければ、ナー・チュアと同居するということもなかったであろう。ここでは、ナー・チュアの生と家とは切り離すことができない一体のものとして立ち現れる。

私がナー・チュアに、かつて婚約していた警官ともし結婚していたら今ごろ官僚(nai)の妻だったのにというと、そんな柄じゃないといって、「でも、もし結婚していたらりょうこに会わなかった」とナー・チュアはいったものである。

四 「家と人」の生のプロセス

人類学においてマテリアリティとしての家そのものをめぐる考察はそれほど多くはないが、家と身体の類比や関連性についてはしばしば言及されている。身体と家は意味と情動が濃密につながる場であり、世界を構造化し、思考し経験するための基本的な認知モデルを提供すると考えられてきた。しかし、カーステンとヒュー＝ジョーンズは、身体が人類学調査の焦点となり、キンシップの研究を再活性化させたことに比べ、家の研究は比較的無視されてきたという。家のマテリアリティとその象徴的側面、あるいはものとしての家と社会の関連は、居住することそのものよりも、シンボリズムやコスモロジーとして扱われており、建築の人類学は、むしろ建築家や歴史家に担われてきたという[11](Carsten and Hugh-Jones 1995: 3)。

家は二つの側面をもつという。一つは儀礼的に構築される側面であり、もう一つは日々の消費と生活をする空間である。カーステンらは、これまで人類学では前者に傾いていたとして、日常性の人類学の必要性を強調する。家をそこに居住する人々とともに、生のプロセスとしてみることを主張している（Carsten and Hugh-Jones 1995: 45）。

カーステンらはマレーシアの事例から、マレー語では、建物としての家（house）と家族が住む家（home）の区別がされず、家は、人、特に女性もしくは夫婦を含むことが前提となっているという（Carsten and Hugh-Jones 1995: 44, Carsten 1997）。タイ語で家「バーン ban」はやはり建物としての家houseの意味合いにとどまらない。バーンは、ディスコースによっては、houseもしくはhomeをさすが、村やコミュニティ、国をさす場合もある。タイ語には建物としての家そのものをあらわす「ルアン ru̓an」という言葉がある。家を出る「オーク・ルアン ork ru̓an」とは、子供が結婚して世帯を分けることをいう。ホームシックは、「キット・トゥン・バーン

（11） そうした中でも、ブルデューは家と身体の関連に注目し、家を「創発的スキームの客観化のための原理的な場」と描写している。ブルデューは身体で家を「読む」ことで、それぞれの人は文化の基本的な図式を実践的に習得する。これは、後にブルデューが展開することになる身体に埋めこまれた慣習としてのハビトゥスにつながってくる（Bourdieu 1977: 89, Carsten and Hugh-Jones 1995: 2）。

レヴィ＝ストロースは「家社会 house society」の概念において、kin-based と class-based の社会秩序のハイブリッドな遷移的形態を見出している。それは、基礎的な社会構造から複雑な構造へという進化史的な流れの中に位置づけられて、一つの社会形態として考えられている。カーステンとヒュー＝ジョーンズは、さらに家そのもののダイナミックな実態に注目すべきであるとして、レヴィ＝ストロースの定式化を超えて、家が生きた性質をもつこと、家とそこに居住する人を生活のプロセスの一部と考える（Carsten and Hugh-Jones 1995: 9–10）。カーステンとヒュー＝ジョーンズは、むしろ家が有機的全体であるとして、家の建築は進行中で不完全であることを強調している（Carsten and Hugh-Jones 1995: 23）。

khit thu̓ng ban（家が恋しい）」と人を含む家を用い、ルアンという単語は使わない。バーンはまた、近代的に対して伝統的という意味合いももつ。病院で処方される薬に対して「ヤー・バーン yaa ban（伝統的な薬）」と用いたり、田舎の庭で放し飼いにされている鶏は「カイ・バーン kai ban」と呼ばれ、工場で品種改良され管理された鶏「カイ・パン kai phan」に対比的に用いられる。さらに、洗練されていない、田舎くさいといった意味で「バーン・ノォーク ban nork」ともいう。バーンは村における日常生活の領域を示している。

タイにおいても、家が人、特に女性に深く関与して捉えられているのは、マレー人の場合と同様である。村で子供が両親のために家を建てるという時には、「お母さんのために家を建てる（sang ban hai mae）」といい、お父さんのために建てるとはいわない。これは女性の活動の場の中心が家の中にあり、男性は外でお金を稼いでくるという考え方と一致している。「よい夫は外で働き家に食物を持ち帰る、よい妻は家族のために料理をする」ということはしばしば口にされる。そうかといって、タイの男性は料理や洗濯など家事をしないわけではなく、村でも男性が魚をさばいたりして料理をしているのはしばしば見かける。しかし、夫があまりに家事に関わりすぎると、妻を恐れているとからかわれることになる。タイでも家が女性と特に結びつきが強いとみなされているのである。

本章は、このように家をそこに居住する人々とともに、生のプロセスとしてみるカーステンらの主張の延長線上にあるといえる。しかし、カーステンらは、文化固有であれ、普遍的であれ、一般化したパターンを見出すことを目的としている。彼らは、民族誌に基づいた家の理解を「普遍的な」生のプロセスとして説明しようとする。本章は、むしろ民族誌に基づいているという点では共通しているが、法則性を見出すよりも、その生の偶然性、固有性に強調点をおいている。ある意味では、固有の人物の存在論的な視点をとるといってもいいかもしれない。その固有性から、私を媒体として感受したものを取り出すことをめざす。

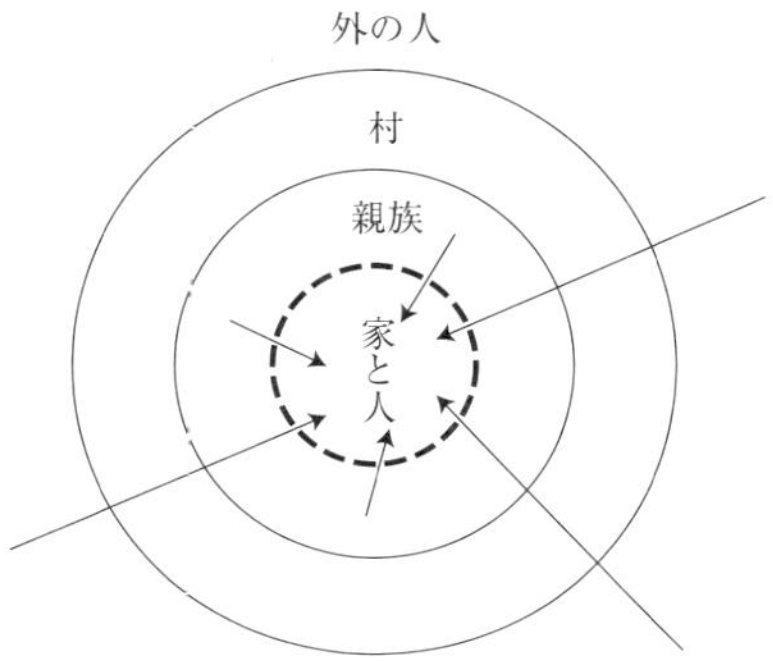

図 7-4　日常 ── 生きている間の家と親族と村のイメージ図

それでは、こうした視点で何がみえてくるのか。家そのものに注目してみよう。ナー・チュアの家は、親族や一部の近所の村人以外からみると、閉じているようにみえる。ナー・チュアが生きている間は、図7-4のように家のまわりに膜が張り巡らされ、その隙間から、外からの影響を受けているイメージである。しかし、その住人がいよいよ死が近くなると、日常的には行き来のない人が村中から訪れる（本書第6章など参照）。それは老若男女、ムスリム仏教徒を問わず、最期の時を迎える人を訪問し、訪問された家も誰かれかまわず受け入れる。村人は知り合いならば、死にそうになった時には、普段めったに顔を合わせない人でもその家を訪ねて、家には人があふれんばかりになる。

以前の調査時、妻が人付きあいの悪い家があった。誰もその家にあがって話しているのを見たことがなく、その女性が外で誰かと話しているところもめったに見たことがなかった。私がインタビューにいってもなかなか応じてくれなかった。しかし、その人が重病となり、いったん病院へ運ばれて帰宅してきた時には、その家には村人がいっぱいにつめかけた。それまでは、その家にそんなに人が大勢いるのも見たことはなかった。そしてとうとうその人が亡くなった時には、そのまま家で葬儀が行われ、毎晩人が供養のために訪れた。村人にとっては普段のつきあいはなくても、そのように死に際して訪問することは当然のことである。そ

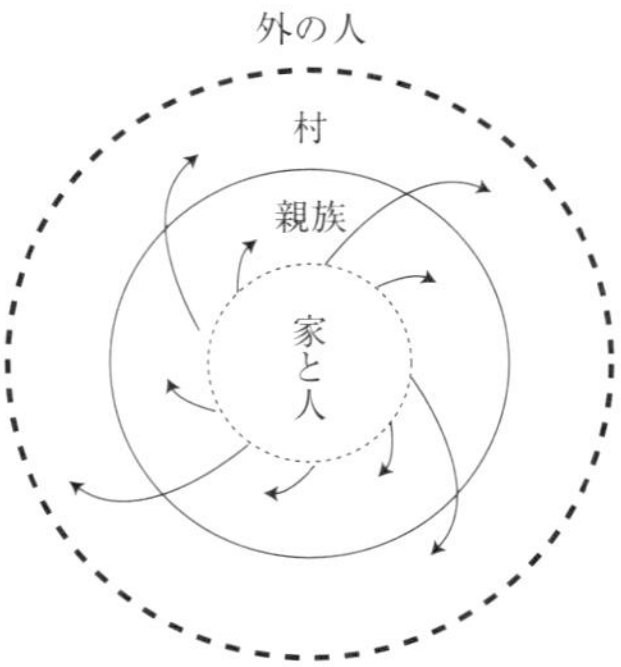

「家と人」の膜が融解し村が浮かび上がる

図 7-5　死 ── 葬式時における家と親族と村のイメージ図

れはムスリムであるか仏教徒であるかに関係なく、同じ村に住んでいるがゆえになされる。ゆえに、ノンの葬儀の時には、死の直前にはあれだけ人がつめかけ、また村の外で葬式を行ったことに反発が強かったのである。ノンの葬式を村外で行ったことに対する村人の反発は、こうした村人のコミュニティ感覚といってもいいような、日常的には意識することがないけれども、死に際しては当然のこととされている慣習的やり方を無視する行為と映ったのであろう。

そこでは、家は図7-5のように外にむけて開かれる。それは死から葬式に至るまで継続する。それは、あたかも「家と人」が一つの細胞として生き、死によってまわりへ融解する、生から死へのプロセスであるかのようである。ナー・チュアと家はまさにこの比喩のごとく、ナー・チュアの死とともに消滅するのではなかろうか。ナー・チュアの家の土地はナー・チュアがいなくなれば、隣に住む法的な持ち主によって回収され、すでに古くなったナー・チュアの家は取り壊されてしまうかもしれない。仮に家が取り壊されないまでも、そこに住む人が入れ替われば、その「細胞」はまた別の性質をもつものになるであろう。ナー・チュアと家は切り離せない生のプロセスなのである。そして「家と人」の外側を囲む村の境界もまた、透過性の細胞膜のように独自の性質を示しているのである。

人間の身体的存在は単に皮膚を輪郭とした外観に収まるわけではなく、その身体が動くことで他のマテリアリティとも独自の差異をもった輪郭を示す。「家と人」という輪郭も私が調査村で見出したそうした輪郭の一つである。さらにそれは、関係性が重層した村という輪郭をもつ。ただしそれは単に地理的な村の範囲というのではなく、人が生活する場としての村というマテリアリティも含みこんだ他とは区別される差異性をもった輪郭である。それらの輪郭は情動の反響の違いとして見出される。さらに人々の生きる場において国家といった他とは違った輪郭も考えることができよう。このように独自性をもった膜のような輪郭として身体をもった人間を捉えることは、ある意味で意志や意図をもった主体としての人間とは対極的な、受動性や偶然性を根幹にもった自然の一部としての人間の姿を浮かび上がらせるのである。

五　民族誌家としての関わり

私は、調査の過程でナー・チュアの「家と人」の生のプロセスに巻き込まれてきた。時に、自分自身の家族も巻き込み、ナー・チュアとの関係をもってきた。しかしそんな中、私は常にフィールドにおけるそうした関係に負い目を感じつつ、自分自身のフィールドワークの意味を捜し求めてきた。偶然に村を選び、偶然にナー・チュアと同居し、ナー・チュアと関係をもった。この偶然性やナー・チュアとの関係を引き受けることが、私のフィールドワークの意味なのだと、ようやく思い至ったのは二〇一二年三月の調査時の次のような会話である。

プラー　（ナー・チュアは）葬式をするお金がないのを恐れている。
りょうこ　葬式をするのに、恐れる必要はないよ。
プラー　恐れる必要はないよね。一人一万、一人一万、四、五〇〇〇と出せばいい。
ナー・チュア　村人はみんないっている。りょうこやクルー・ニットがいて、ナー・チュアは何の心配もしなくてもいい。ナー・チュアは運がいいと。

ここでようやく、私に期待されている最大で最後のことは、葬式をきちんと出す手助けをすることであるとわかった。それは、「家と人」のプロセスをきちんと閉じることである。前述したように、タイ人の葬式は一週間、長い時には二週間も続く。その間の食事代や菓子代など様々な出費がかさむ。もっとも、葬式にくる客がもたらす死者への功徳のためのお金でその出費はかなりまかなえ、時には収入の方が上回ることもある。しかしそうした収入があろうがなかろうが、ピーノーンは恥ずかしくない葬式をあげる準備をしなくてはならない。

ナー・チュアが一人暮らしだったこと、子供がいなかったこと、それゆえ私が彼女をめぐる関係性の網の中にいやおうなく巻き込まれざるを得なかったこと、これらすべての偶然性を自らの中に必然として引き受けること。それが私自身の生とつながるフィールドワークの意味である。そして、それがより大きな流れの中での自分の生の意味にもつながる。ナー・チュアの生の最後をナー・チュアのピーノーンと共にきちんと締め括ること、これが私に課せられた責務であると理解した。そして、もしもの時にはそれを必ず実行しようと決意している。それは私の、生のプロセスの一部でもある。

結語にかえて

本書の目的は、私自身が、私の身体が、共鳴体となり、出来事を感受し、それを人に伝えるように記述することであると序章で述べた。本書全体の記述を通して何を伝えようとしたのか、本書を書き終えた今、ここでもう一度自らの中を振り返ってみたい。

情動のエスノグラフィの記述においてキータームとなったのは、偶然性、受動性、必然性である。偶然性が最も前面に出ているのは、クルー・ノームの「のめり込む」生の記述である。クルー・ノームのエビ養殖へのかかわり、動き出した行為の流れに絡め取られてそこから抜け出すことが困難な状況は、まさに賭け事と相同のどう転ぶかわからない偶然性、モノと人の関わりの「今・ここ」という現在において未来が不確定なままの情動の流れの現れであると思える。しかし、そうした中で人々は果敢に流れに抗したり、また受容して方向転換をしたりしながら自らの生の営みを続けている。

チャイの「姦通殺人」はもちろん、偶然の様々な要素の絡まりによって起こった出来事である。しかし、出来事から浮かび上がってくるのは、人々がその場での行為において慣性ともいうべき情動の流れを感受しつつ、能動的に偏差をうみだして日々の生活を送っているということである。チャイの娘のチェーオが、チャイの事件の時も、またヤーイ・チットの「自殺」の時にも口にした「時が至れば死ぬ」という言葉は、まさに偶然性を孕んだ不確定の現在を未来にむけて拓いていく人々の運命の受容と覚悟ともいうべき出発点を示していると私には思われる。

ノンの死は、現在を生きるわれわれが身体をもつ存在であることを強烈に想起させる。肉体の腐敗とそれが発するにおいは、われわれの生の根源が肉体という物質の現在性によっていること、身体の物質性は生にとっては究極の受動性として経験されることをわれわれにつきつける。しかし、そうした受動性にこそわれわれは現在において未来へと生き延びる起点をみることができる。

ナー・チュアとの関わりに焦点化した記述は、受容したものをいかに自らが引き受けるべきかという逡巡から始まる。そこから、じつは受動性は必然性にそのまま繋がっているのではないかと感じ、では民族誌家としての私にとって必然を引き受けていくとはいかなることであるのかを、ナー・チュアとの村での関わりから具体的に考えていった試行錯誤の痕跡である。そこで最終的に私が見出したものは、一言でいうと、他なるものへの敬意、もしくは尊重ではなかったであろうかと今にして思う。

自分自身が情動の流れの中にあるとその受動性を認識し、そこから行為していく時に、自らのうちにある存在の潜在性が引き出され我知らずその流れの中で何らかの役割を果たしてしまうことがある。そうした存在の流れのようなものを内在的に感知していくことで、自らが自身のうちに絶対の基準をもたず、その時点で他とみえたものが、じつは自分の中にもあるものであったことがやがて判明することがある。そこにおいて、自と他の関係は常に不変なものではなく、他のうちに自があり、自の中に他がある可能性を常に排除しない存在のあり方を見出した。それが南タイのムスリムと仏教徒が混住する村におけるフィールドワークから辿りついた地点である。われわれはみな有限の生を生きているからこそ、死から逆照射して生において何が重要なのかを照らし出すことができる。調査村の人々と共に暮らした中で、私が人々から受け取ったことがこうした存在のあり方であり、それゆえの生き方の模索の仕方なのである。

人々自身がこうしたことを自覚的に語るというよりも、その行為と語り、そしてその環境における生き方で示してくれたことを、私は時間をかけてようやく少し感受できたかもしれないと思う。

情動のエスノグラフィではこうして感受したものを伝えるために、身体で感じたことをそのまま記述しようと試みた。感受したのは、同じ人間が同じ村で再びフィールドワークを行ったとしても、あの時の「今、ここ」は二度と再現できない一回性の出来事である。同じ人間という人類学者の側、同じ村という場自体も、じつは同じではありえない。出来事は再現不可能だからこそ出来うる限りミクロな具体的な記述を積み重ねる必要がある。そうした記述の積み重ねの中に私がフィールドで感受した情動の流れを書きもうとした。情動を感受して取り出した出来事は人間の生の問題に直結している。その時の私は一人の身体をもった人間であっても皮膚で閉じた個人ではない。情動の流れの一部である。本書は、情動の流れをエスノグラフィとして記述し、エスノグラフィ自体を人類学の一つの実践のあり方として提示しようとしたものである。それは、書く身体が感受した情動から読む身体の情動へと動揺の連鎖を引き起こそうとする試みである。

あとがき

本書の原稿を脱稿して二週間ほどたった二〇一二年一二月二六日に、タイから私の携帯に電話があった。電話はアリヤ(ノンの妹)からで、「かけ直して」と告げてすぐに切れた。ちょうど外出していた私は一時間ほどして自宅に帰ると、何があったのかと少しどきどきしながらかかってきた番号のダイヤルを回した。彼女はしょっちゅう電話番号を変えており、前回九月にかかってきた時の番号とは異なる番号だった。九月の電話は、ノンの兄であるアットが事故で亡くなったことを告げるものだった。

アリヤはすぐに電話に出た。そして「昨日お母さんが亡くなった。同じ日にチー・ヘー(ペン先生の義母)も亡くなった」といった。二人とも出棺は一二月三一日だという。それからすぐに私は、M村に行こうと飛行機便を探した。ちょうど年末だったため乗り継いで出棺に間に合うようにM村に辿り着く便を見つけることはできなかった。結局タイに住む友人に頼んで功徳のお金だけは間にあうように送ることにした。お母さんは享年七五歳、ペン先生の義母は享年九二歳だという。

アリヤと話した後、ナー・チュアにも電話をしてみた。ナー・チュアもよく電話に出ないことがあったが、この時はすぐに出た。彼女は背中や膝の具合がよくないので葬式には行かず功徳のお金だけを渡すという。葬式に体の具合の悪い人が行くとさらに悪化するといわれているので行けないといい、続けて葬式に出るためにナー・リの孫のプラーが帰ってきているという。プラーは夏に私がM村に行ったときには妊娠中だったが、その後元気な男の子を出産して、すでに四か月になるその子を連れて帰ってきているのである。さらに、プラーの妹のケーは、高校を中退し、どこで働いても仕事が長続きせずすぐにやめては別のところに移っていたが、M村出身の仏教徒の男性と結婚して近くの町に住んでいるという。ケーは二〇歳になったばかりだ。男性から渡された婚資は六万バーツと金が二バーツ(金一バーツが二万バーツほど)だという。両親がなく安定した後ろ盾のない花嫁にとって恥ずかしくない金額の婚資であり、村人はみな花嫁の美しさを褒めたたえたとナー・チュアは少し誇らしそうであるが、また寂しそうな口調でもあった。ケーは、生まれた時からナー・チュアと暮らし、成長してからもしっかりもののプラーと違い、腰を落ち着けることがなかなかできなかったため、ナー・チュアは心配ばかりしていたのである。

最後にM村を訪れてからたった半年の間に私がお世話になった人々にも次なる生が拓けつつある。お母さんがいなくなったノンの家では、これからはアリヤが中心になって切り盛りして行くことになるだろう。同居していたプラーやケーが巣立っていったナー・チュアの家には、ナー・リがまた同居する可能性もあるだろう。

本書は、M村での私の多くの人々との関わりから生まれたものである。その方々のお名前は仮名であれすでに本文中に記してある人も多いが、ここに名前をあげていなくても様々な形で関わりをもったすべての方々のおかげであり、心より感謝をささげたい。また、私自身も、これまでお世話になった多くの人々との関わりでここに至っていることはいうまでもない。学恩にあずかったのは大学時代に人類学を志しながらもわけもわからずゼミの端っこに加わらせていただいていた谷泰先生、(故)米山俊直先生にはじまり、(故)石井米雄先生、坪内良博先生、(故)土屋健治先生、田中雅一さんと一人ひとりお名前をあげていくときりがないくらいである。

しかし、現在の私の人類学研究をここまで導いてくださったのは田辺繁治先生である。それまでお名前はさんざんきいていたが、田辺先生に初めてお会いしたのは、タイに留学したばかりの時に参加したタイのある著名人を囲んだパーティー会場であったと思う。その会に連れていってくださったのは当時京都大学の東南アジア研究センター（現東南アジア研究所）のバンコク・オフィスに駐在してらした土屋先生であるが、土屋先生が「この学生はタイで人類学を研究したいといっている」と紹介してくださった時の田辺先生の眼光の鋭さは忘れられない。その強い光に導かれ、その光に照らされて恥ずかしくないようにと私はここまで来たのかもしれない。ありがとうございました。また本書は、職場である東京外国語大学アジア・アフリカ言語文化研究所（ＡＡ研）の私が研究代表を務めた共同研究プロジェクト「社会空間と変容する宗教」（二〇〇〇～二〇〇四年度）及び「社会空間論の再検討 ―― 時間的視座から」（二〇〇七～二〇〇九年度）に参加してくださった方々との刺激的な議論に触発されて生まれたものだ。どこに行くのかわからない、つたない研究会運営に辛抱強くつきあってくださった皆様に心より感謝を奉げたい。

本書は京都大学学術出版会から出していただくことになったが、編集担当の鈴木哲也さんには、二〇年も前、私が大学院生時代に翻訳をした時にお世話になったことがあり、出版の可否を打診した際にそのことを覚えていて快く引き受けてくださった。ただし、それからが大変であった。翻訳の時とは異なり、もしくは二〇年の編集者経験を経て鈴木さんご自身の方針が変化していたのかもしれないが、まさに本づくりとは編集者と二人三脚の作業であるということを実感する工程を経てこの本は生まれた。草稿のさらにその草稿のようなものをはじめに提出したのであるが、それに対して容赦のない鋭いコメントと建設的な示唆を与えてくださった。そのコメントに答えるべく四苦八苦しているうちに自分でも様々な発見を得ることができ、本書の輪郭は明確になっていったような気がする。その共同作業はとても大変でしたが、とても楽しいものでした。また、本書の装丁や扉にある村のイメージ画は、編集部の福島祐子さんの発案で村の空撮写真を参考にしながら、デザイナーの谷なつ子さんが作成してくださったものである。思いもよらないプロの斬新な発想には驚きつつ、ものとしての本が出来上がっていく過程を楽しむことができた。この共同作業に関わってくださったスタッフの方々に心より感謝をささげたい。

また本書は、ＡＡ研の叢書出版経費によって可能となった。匿名の二名の査読者の方々からは的を射た有益なコメントをいただき、原稿の改訂に大変役立った。本当にありがとうございます。

本書を、いつも家族をおいてはタイに出かけてしまう私を仕方ないと受け入れ元気を与えてくれる家族に、そして今年八五歳になる父に感謝をこめて奉げたい。

二〇一三年一月九日

西井凉子

初出一覧

本書のいくつかの章はすでに出版されている論考を本書全体の論旨にあわせて改訂した。初出は次の通りである。

序　章　書き下ろし
第1章　書き下ろし
第2章「南タイの学校における憑依の社会空間——情動のエスノグラフィにむけて」『アジア・アフリカ言語文化研究』八四、二〇一二年
第3章「「出来事」のエスノグラフィー——南タイにおけるエビ養殖という投機的行為の流れ」河合香吏編『生きる場の人類学——土地と自然の認識・実践・表象過程』京都大学学術出版会、二〇〇七年
第4章「マングローブ林漁村の社会空間——出来事としてのある「姦通殺人事件」を通して」西井凉子・田辺繁治編『社会空間の人類学——マテリアリティ・主体・モダニティ』世界思想社、二〇〇六年
第5章「老女は自殺したのか　制度の根拠をめぐる一考察」河合香吏編『制度　人類社会の進化』京都大学学術出版会、近刊
第6章「死をめぐる時間——情動《アフェクトゥス》のエスノグラフィにむけて」西井凉子編『時間の人類学——情動・自然・社会空間』世界思想社、二〇一一年
第7章　書き下ろし

Winzeler, Robert L.
1985 *Ethnic Relations in Kelantan: a Study of the Chinese and Thai as Ethnic Minorities in a Malay State*, Singapore: Oxford University Press.

University Press.

Morris, Rosalind
2000 *In the Place of Origins: Modernity and its Mediums in Northern Thailand*, Durham: Duke University Press.

Navaro-Yashin, Yael
2009 Affective Spaces, Melancholic Objects: Ruination and the Production of Anthropological Knowledge, *Journal of the Royal Anthropological Institute (N.S.)* 15: 1–18.

Ong, Aihwa
1987 *Spirit of Resistance and Capitalist Discipline: Factory women in Malaysia*, Albany: State University of New York Press.

Patmasiriwat, D., Bennis, M. and Pednekar, S.
1999 International Trade, Environmental Issues and the Impact on Sustainability of Shrimp Culture in Thailand. In Smith, P.T. (ed.), *Towards Sustainable Shrimp Culture in Thailand and the Region: Proceedings of a workshop held at Hat Yai, Songkhla, Thailand, 28 October–1 November 1996*, Canberra: Australian Centre for International Agricultural Research, pp. 132–141.

Samnakngan Satharanasuk Cangwat Satun（サトゥーン県保健省事務局）
2005 Raigan kanwicai rwang kan rabat khorng rok thang cit: kan pen lom na mwt nai nakrian mathayomswksa（タイ語）(The outbreak of Psychogenic illness: Syncope, Faintness in Secondary school).

Smith, P. T. (ed.)
1999a *Towards Sustainable Shrimp Culture in Thailand and the Region: Proceedings of a workshop held at Hat Yai, Songkhla, Thailand, 28 October–1 November 1996*, Canberra: Australian Centre for International Agricultural Research.
1999b *Coastal Shrimp Aquaculture in Thailand: Key Issues for Research*, Canberra: Australian Centre for International Agricultural Research.

Tamada, Yoshifumi
1991 Itthiphon and Amnat: An Informal Aspect of Thai Politics, *The Journal of Southeast Asian Studies*（『東南アジア研究』）28(4): 455–466.

Thrift, Nigel
2008 *Non-Representational Theory: Space, Politics, Affect*, London & New York: Routledge.

Gell, Alfred

1992 *The Anthropology of Time: Cultural Construction of Temporal Maps and Images*, Oxford: Berg.

1998 *Art and Agency: an Anthropological Theory*, Oxford: Clarendon Press.

Golomb, Louis

1978 *Borders of Morality: Thai Ethnic Adaptation in a Rural Malaysian Setting,* Hawaii: The University Press of Hawaii.

Henare, Amiria, Martin Holbraad and Sari Wastell (eds.)

2007 Introduction. In Amiria Henare et al. (eds.), *Thinking through Things: Theorising Artefacts Ethnographically*, Oxon and New York: Routledge, pp. 1–31.

Hirsch, Eric

1995 Introduction. In Eric Hirsch and Michael O'Hanlon (eds.), *The Anthropology of Landscape Perspectives on Place and Space*, Oxford Univ Pr on Demand, pp. 1–30.

Hirsch, Eric and O'Hanlon, Michael (eds.)

1995 *The Anthropology of Landscape Perspectives on Place and Space.* Oxford Univ Pr on Demand.

Ingold, Tim

2007 Introduction: Modes of Creativity in Life and Art. In Elizabeth Hallam and Tim Ingold (eds.), *Creativity and Cultural Improvisation*, New York: Berg, pp. 45–54.

Karim, Wazir J.

1995a Introduction: Gender in Southeast Asia. In W. J. Karim (ed.), *'Male' and 'Female' in Developing Southeast Asia*, Oxford and Washington D.C.: Berg Publishers, pp. 1–34.

1995b Bilateralism and Gender in Southeast Asia. In W. J. Karim (ed.), *'Male' and 'Female' in Developing Southeast Asia*, Oxford and Washington D.C.: Berg Publishers, pp. 35–74.

Lambek, Michael

1981 *Human Spirits: A Cultural Account of Trance in Mayotte*, New York: Cambridge University Press.

1996 Possession. In Alan Barnard and Jonathan Spencer (eds.), *Encyclopedia of Social and Cultural Anthropology*, London & New York: Routledge.

Massumi, Brian

2002 *Parables for the Virtual: Movement, Affect, Sensation*, Durham and London: Duke

Burr, A. M. R.

1974 *Buddhism, Islam and Spirit Beliefs and Practices and Their Social Correlates in Two Southern Thai Coastal Fishing Villages*, Ph. D. thesis, University of London.

Carsten, Janet

1997. *The Heat of the Hearth: The Process of Kinship in a Malay Fishing Community*, Oxford: Oxford University Press.

Carsten, Janet and Hugh-Jones, Stephen (eds.)

1995. *About the House: Lévi-Strauss and beyond*, Cambridge: Cambridge University Press.

Chavivun Prachuabmoh

1982 Ethnic Relations among Thai, Thai Muslim and Chinese in South Thailand: Ethnicity and Interpersonal Interaction. In David Y. H. Wu (ed.), *Ethnicity and Interpersonal Integration*, Maruzen Asia, pp. 63–83.

Clough, Patricia Ticinero

2007 Introduction. In Clough, T. P. with Halley, J. (eds.), *The Affective Turn: Theorizing the Social*, Durham and London: Duke University Press, pp. 1–33.

Clough, Patricia Ticineto and Halley, Jean (eds.)

2007 *The Affective Turn: Theorizing the Social*, Durham and London: Duke University Press.

Comaroff, Jean and Comaroff, John L.

1999 Occult Economies and the Violence of Abstraction: Notes from the South African Postcolony, *American Ethnologist* 26(2): 279–303.

2001 Millennial Capitalism: First Thoughts on a Second Coming. In J. Comaroff and J. Comaroff (eds.), *Millennial Capitalism and the Culture of Neoliberalism*, Durham and London: Duke University Press, pp. 1–56.

Fabian, Johannes

1983 *Time and the Other: How Anthropology Makes its Object*, New York: Columbia University Press.

Flaherty, M., Vandergeest, P. and Miller, P.

2002 Rice Paddy or Shrimp Pond: Tough Decisions in Rural Thailand. In P. Dearden (ed.), *Environmental Protection and Rural Development in Thailand: Challenges and Opportunities,* Bangkok: White Lotus, pp. 207–240.

箭内匡
2002「アイデンティティの識別不能地帯で現代マプーチェにおける「生成」の民族誌」田辺繁治・松田素二編『日常的実践のエスノグラフィ』世界思想社，pp. 214–234.
2008「構造から自然へ，そして具体の音楽へ――今日，レヴィ＝ストロースを読むこと」『思想』No. 1016: 144–161.
2011「情動《アフェクトゥス》をモンタージュする――フレデリック・ワイズマンのニューヨーク」西井凉子編『時間の人類学　情動・自然・社会空間』世界思想社.

吉田禎吾
1972『日本の憑きもの――社会人類学的考察』中公新書.

ラトゥール，ブルーノ
1999（1987）『科学が作られているとき――人類学的考察』川崎勝・高田紀代志訳，産業図書.
2008（1991）『虚構の「近代」――科学人類学は警告する』川村久美子訳, 新評論.

リーチ，E. R.
1987（1970）『高地ビルマの政治体系』関本照夫訳，弘文堂.

ルイス，ヨアン・M.
1985（1971）『エクスタシーの人類学　憑依とシャーマニズム』平沼孝之訳，法政大学出版局.

Ackerman, S. E. and Lee, Raymond L. M.
1981 Communication and Cognitive Pluralism in a Spirit Possession Event in Malaysia, *American Ethnologist* 8(4): 789–799.

Anuman Rajadhon, Phya
1961 *The Nature and Development of the Thai Language*, Bangkok: The Fine Arts Department.

Boddy, Janice
1989 *Wombs and Alien Spirits: Women, Men and the Zar Cult in Northern Sudan*, Madison: The University of Wisconsin Press.
1994 Spirit Possession Revisited: Beyond Instrumentality, *Annual Review of Anthropology* 23: 407–434.

Bourdieu, Pierre
1977 *Outline of a Theory of Practice*, Cambridge: Cambridge University Press.

松田素二
1991「方法としてのフィールドワーク」米山俊直・谷泰編『文化人類学を学ぶ人のために』世界思想社，pp. 32–45.
1998「フィールドワークをしよう・民族誌を書こう」船曳建夫編『文化人類学のすすめ』筑摩書房，pp. 152–170.
1999『抵抗する都市　ナイロビ　移民の世界から』岩波書店.

マリノフスキー
1980 (1922)「西太平洋の遠洋航海者　メラネシアのニュー・ギニア群島における，原住民の事業と冒険の報告」寺田和夫・増田義郎訳，『マリノフスキー　レヴィ＝ストロース』中央公論社.

宮内泰介
1989『エビと食卓の現代史』同文館.

宮城豊彦・安食和宏・藤本潔
2003『マングローブ――なりたち・人びと・みらい』古今書院.

宮坂敬造
1997「言説と実践のはざまにあらわれる身体をめぐって――ジェンダー，ダンス，身体化にかかわる儀礼の考察から」『儀礼とパフォーマンス』岩波講座文化人類学 9，岩波書店，pp. 267–314.

宮崎恒二
2005「時空間のあいだの翻訳――ジャワ系マレー人の呪力」真島一郎編『だれが世界を翻訳するのか　アジア・アフリカの未来から』人文書院，pp. 225–239.

宮崎広和
2009『希望という方法』以文社.

村井吉敬
1988『エビと日本人』岩波新書.
1992「養殖エビの時代――最新エビ事情」村井吉敬・鶴見良行編『エビの向こうにアジアが見える』学陽書房，pp. 19–39.

村井吉敬・鶴見良行（編著）
1992『エビの向こうにアジアが見える』学陽書房.

2011a「時間の人類学——社会空間論の展開」西井凉子編『時間の人類学——情動・自然・社会空間』世界思想社，pp. 1–36.
2011b「死をめぐる時間——情動《アフェクトゥス》のエスノグラフィーにむけて」西井凉子編『時間の人類学——情動・自然・社会空間』世界思想社，pp. 62–87.
2012「動員のプロセスとしてのコミュニティ，あるいは「生成する」コミュニティ——南タイのイスラーム復興運動」平井京之介編『実践としてのコミュニティ　移動・国家・運動』京都大学学術出版会，pp. 273–309.

橋本卓
1987「タイ南部国境県問題とマレー・ムスリム統合政策」『東南アジア研究』25(2): 233–253.

馬場治
2003「タイ国のエビ養殖業」多屋勝雄編『アジアのエビ養殖と貿易』成山堂書店，pp. 78–94.

浜本満
1985「文化相対主義の代価」『理想』8: 105–121.
1996「差異のとらえかた——相対主義と普遍主義」『思想化される周辺世界』岩波講座 文化人類学 12，岩波書店，pp. 69–96.
2007「妖術と近代——三つの陥穽と新たな展望」『呪術化するモダニティ——現代アフリカの宗教的実践から』風響社，pp. 113–150.

林勲男
2006「意識の変容，多次元的な自己——ベダムニにおける夢と交霊をめぐって」田中雅一編『ミクロ人類学の実践　エイジェンシー / ネットワーク / 身体』世界思想社，pp. 351–378.

藤本岩夫
2004『えび養殖読本　改訂版』水産社.

ブルデュー，ピエール
1988（1980）『実践感覚 1』今村仁司・港道隆訳，みすず書房.

ベイトソン，G.
2000（1972）「プリミティブな芸術の様式と優美な情報」『精神の生態学　改訂第 2 版』佐藤良明訳，新思索社，pp. 199–231.

真島一郎
1997「憑依と楽屋——情報論による演劇モデル批判」『儀礼とパフォーマンス』岩波講座 文化人類学 9，岩波書店，pp. 107–147.

デランダ，マヌエル

2008（2002）「ドゥルーズの存在論　ひとつのスケッチ」近藤和敬・小倉拓也訳，『現代思想』36(15): 126–149.

ドゥルーズ，ジル

2002（1981）『スピノザ――実践の哲学』鈴木雅大訳，平凡社.

2007（1968）『差異と反復（上）』財津理訳，河出書房新社.

ドゥルーズ，ジル / パルネ，クレール

1980（1977）『ドゥルーズの思想』田村毅訳，大修館書店.

ドゥルーズ，ジル / ガタリ，フェリックス

1994（1980）『千のプラトー　資本主義と分裂症』宇野邦一ほか訳，河出書房新社.

床呂郁哉

2002「語る身体，分裂する主体――スールーにおけるシャーマニズムの言語行為論」田辺繁治・松田素二編『日常的実践のエスノグラフィ　語り・コミュニティ・アイデンティティ』世界思想社，pp. 87–116.

中村武久監修

2002『ハンドブック　海の森・マングローブ』信山社.

西井凉子

1995「村の企業家（投機家）――プラノーム先生」『通信』85: 34–35.

2001『死をめぐる実践宗教　南タイのムスリム・仏教徒関係へのパースペクティヴ』世界思想社.

2002「硬直する身体――南タイにおけるムスリムと仏教徒」田辺繁治・松田素二編『日常的実践のエスノグラフィ　語り・コミュニティ・アイデンティティ』世界思想社，pp. 235–264.

2006a「序章　社会空間の人類学――マテリアリティ・主体・モダニティ」『社会空間の人類学――マテリアリティ・主体・モダニティ』世界思想社，pp. 1–36.

2006b「マングローブ林漁村の社会空間――出来事としてのある「姦通殺人事件」を通して」『社会空間の人類学――マテリアリティ・主体・モダニティ』世界思想社，pp. 255–285.

2009「今村仁司先生の遺したもの」河合香吏編『集団　人類社会の進化』京都大学学術出版会，pp. 321–326.

2010「PROFILE」『フィールドプラス』No. 4，アジア・アフリカ言語文化研究所，p. 32.

高谷好一
1988『マングローブに生きる　熱帯多雨林の生態史』NHK ブックス.

ターナー，ヴィクター
1981（1974）『象徴と社会』梶原景昭訳，紀伊國屋書店.

田中雅一
2006「ミクロ人類学の課題」田中雅一（編）『ミクロ人類学の実践　エイジェンシー/ ネットワーク / 身体』世界思想社，pp. 1–37.

田辺繁治
1998「儀礼的暴力とその身体的基礎——北タイの供犠と憑依について」田中雅一（編）『暴力の文化人類学』京都大学学術出版会，pp. 107–138.
2002「再帰的人類学における実践の概念——ブルデューのハビトュスをめぐり，その彼方へ」『国立民族学博物館研究報告』26(4): 533–573.
2003『生き方の人類学　実践とは何か』講談社現代新書.
2004「夢と憑依——宗教的体験から日常世界へ」『言語と身体　聖なるものの場と媒体』岩波講座 宗教 5，岩波書店，pp. 211–242.
2008『ケアのコミュニティ　北タイのエイズ自助グループが切り開くもの』岩波書店.

田辺繁治・松田素二編
2002『日常的実践のエスノグラフィ　語り・コミュニティ・アイデンティティ』世界思想社.

ダマシオ，アントニオ・R.
2005（2003）『感じる脳　情動と感情の脳科学　よみがえるスピノザ』田中三彦訳，ダイヤモンド社.

多屋勝雄
2003「日本のエビの流通と消費」多屋勝雄編『アジアのエビ養殖と貿易』成山堂書店，pp. 143–165.

ターンブル，コリン
1974（1973）『ブリンジ・ヌガク　食うものをくれ』筑摩書房.

デュモン，ルイ
2001（1980）『ホモ・ヒエラルキクス　カースト体系とその意味』田中雅一・渡辺公三訳，みすず書房.

佐々木宏幹
1983『憑霊とシャーマン――宗教人類学ノート』東京大学出版会.
1984『シャーマニズムの人類学』弘文堂.

佐藤仁
2002『稀少資源のポリティクス　タイ農村にみる開発と環境のはざま』東京大学出版会.

ジジェク, スラヴォイ
1994（1988）『ヒッチコックによるラカン――映画的欲望の経済』露崎俊和ほか訳, トレヴィル.

清水展
1990『出来事の民族誌――フィリピン・ネグリート社会の変化と持続』九州大学出版会.

白坂琢磨
2010「抗 HIV 療法（HAART）のガイドラインの概略」Guideline digest vol. 9. http://glaxosmithkline.co.jp/medical/hiv_lib/pdf/digest_0703.pdf（2010.3.17 閲覧）

末廣昭
1993『タイ　開発と民主主義』岩波新書.

菅原和孝
2002『感情の猿＝人』弘文堂.
2004『ブッシュマンとして生きる　原野で考えることばと身体』中公新書.

スピノザ, ベネディクト
2007（1924（1677））『エティカ』工藤喜作・斎藤博訳, 中央公論新社.

関本照夫
1988「フィールドワークの認識論」伊藤幹治・米山俊直編『文化人類学へのアプローチ』ミネルヴァ書房, pp. 263–289.

高木光太郎
1996「身構えの回復」佐々木正人編『想起のフィールド　現在のなかの過去』新曜社, pp. 219–240.
2002「想起の発達史――自白の信用性評価のために」田辺繁治・松田素二（編）『日常的実践のエスノグラフィ　語り・コミュニティ・アイデンティティ』世界思想社, pp. 40–60.

エリアーデ，ミルチャ
2004（1951）『シャーマニズム——古代的エクスタシー技術』堀一郎訳，ちくま学芸文庫.

小田亮
2009「「二重社会」という視点とネオリベラリズム——生存のための日常的実践」『文化人類学』74(2): 272–292.

鏡味治也
2011「文化人類学とフィールドワーク」鏡味治也・関根康正・橋本和也・森山工編『フィールドワーカーズ・ハンドブック』世界思想社，pp. 1–10.

春日直樹
2011「人類学の静かな革命——いわゆる存在論的転換」春日直樹編『現実批判の人類学　新世代のエスノグラフィへ』世界思想社，pp. 9–31.

川田順造
1998「メタサイエンス，そしてマイナーサイエンス」船曳建夫編『文化人類学のすすめ』筑摩書房，pp. 39–63.

川辺みどり
2003「アジアのエビ養殖」多屋勝雄編『アジアのエビ養殖と貿易』成山堂書店，pp. 1–18.

クラパンザーノ，ヴィンセント
1991『精霊と結婚した男　モロッコ人トゥハーミの肖像』大塚和夫・渡部重行訳，紀伊國屋書店.

ゴドリエ，モーリス
2011（2007）『人類学の再構築　人間社会とはなにか』竹沢尚一郎・桑原知子訳，明石書店.

小松和彦
1982『憑霊信仰論』伝統と現代社（増補版：講談社学術文庫　1994）.

コールブルック，クレア
2006（2002）『ジル・ドゥルーズ』國分功一郎訳，青土社.

酒向昇
1979『えび　知識とノウハウ』水産社.
1985『海老』法政大学出版会.

参照文献

安食和宏

2003「マングローブ林の破壊と養殖池への転用」宮城豊彦・安食和宏・藤本潔著『マングローブ——なりたち・人びと・みらい』古今書院，91–122.

足立明

2001「開発の人類学：アクター・ネットワーク論の可能性」『社会人類学年報』27: 1–33.

安部年晴・小田亮・近藤栄俊編

2007『呪術化するモダニティ——現代アフリカの宗教的実践から』風響社.

アーレント，ハンナ

1994a（1971）『精神の生活（上）』佐藤和夫訳，岩波書店.

1994b（1971）『精神の生活（下）』佐藤和夫訳，岩波書店.

石井美保

2007『精霊たちのフロンティア　ガーナ南部の開拓移民社会における〈超常現象〉の民族誌』世界思想社.

石塚尊俊

1959『日本の憑きもの』未来社.

今村仁司

2007『社会性の哲学』岩波書店.

岩城見一

2001『感性論——エステティックス　開かれた経験の理論のために』昭和堂.

内山田康

2008「芸術作品の仕事——ジェルの反美学的アブダクションと，デュシャンの分配されたパーソン」『文化人類学』73(2): 158–179.

エヴァンズ＝プリチャード，E. E.

1978（1940）『ヌアー族　ナイル系一民族の生業形態と政治制度の調査記録』向井元子訳，岩波書店.

2001（1937）『アザンデ人の世界　妖術・託宣・呪術』みすず書房.

人　名

[た・な行]

[は行]

[ま行]

[ら行]

索　引

事　項

著者略歴

西井　涼子（にしい　りょうこ）

東京外国語大学アジア・アフリカ言語文化研究所教授.
1959 年生まれ. 京都大学大学院文学研究科博士課程単位取得退学. 総合研究大学院大学文化科学研究科博士課程中途退学. 博士（文学）.
研究テーマは東南アジア大陸部の人類学.

主な著書に『死をめぐる実践宗教 ── 南タイのムスリム・仏教徒関係へのパースペクティヴ』（世界思想社, 2001 年）,『時間の人類学 ── 情動・自然・社会空間』（編著, 世界思想社, 2011 年）,『社会空間の人類学 ── マテリアリティ・主体・モダニティ』（共編著, 世界思想社, 2006 年）など.

情動のエスノグラフィ
── 南タイの村で感じる・つながる・生きる

2013 年 4 月 10 日　初版第一刷発行

著　者　　西 井 涼 子
発行人　　檜 山 爲 次 郎

発行所　京都大学学術出版会
京都市左京区吉田近衛町69番地
京都大学吉田南構内（〒606-8315）
電　話（075）761-6182
FAX（075）761-6190
Home page http://www.kyoto-up.or.jp
振　替　01000-8-64677

ISBN 978-4-87698-279-0
Printed in Japan

印刷・製本　㈱クイックス
装幀　谷なつ子
定価はカバーに表示してあります